經濟學祖師爺
向自尊開了槍

道德情操論的心靈雞湯
The Theory of Moral Sentiments

【英】亞當.斯密　原著
林真如，劉　燁　編著

崧燁文化

目錄

第九卷 論道德哲學體系

經濟學祖師爺向自尊開了槍，道德情操論的心靈雞湯
序言

序言

　　亞當·斯密生前發表了兩部代表作：《國富論》和《道德情操論》。前者的影響力在經濟學界，後者的影響力在倫理學界。也許是前者光芒太盛，以至於掩蓋了後者的光輝。其實，《道德情操論》相比《國富論》給西方世界帶來的影響更為深遠，對促進人類福祉這一更大的社會目的造成了更為基本的作用。《道德情操論》早於《國富論》近二十年發表，前後經過五次修訂，是亞當·斯密畢生最重視的作品。

　　在《道德情操論》中，亞當·斯密對市場經濟與道德的關係作了很好的回答。他認為，人有「自利」與「同情」兩種基本情感，《國富論》論人的自利形成市場經濟「看不見的手」，而《道德情操論》則將同情貫穿始終。但在亞當·斯密的思想中，「同情」占據著更為重要的位置，它存在著雙重的「規定性」：一是主觀個體美德，即「將心比心」、「己所不欲，勿施於人」——這成為市場經濟中個人所應具有的基本人文氣質與道德精神；一是客觀社會倫理關係及其主觀情感體驗，即彼此均是具有平等自由權利及其主觀情感體驗的存在者，這也是構建市場經濟正義性的方法原則：契約自由、平等互惠、自利利人。因此，市場經濟應是與道德相關，道德是市場經濟存在的基礎，是市場經濟健康發展的指引。只是市場經濟所需要的道德不是要求個人要具有多高尚的道德品質，而只需要個人自利的同時也保持對他人權利和公共規則的尊重。這種道德也不是只要求個人的德性，而是更注重要求制度的倫理性，即制度對市場經濟中個人平等自由權利的保障。

　　如果說《國富論》的主題是「財富增長」，那麼《道德情操論》的主題則是「慾望約束」。但它們之間的分工，並不是「兩種思想、兩個斯密」的對立，只不過一個談的是「自利」達致「利他」——個人與社會在理智行為中，基於理性自發達成一致；另一個談的是「自愛」達致「同情」——個人與社會在情感行為中，基於理性（合宜性）自發達成一致。觀點都是同一個：個體與社會基於某種理性，自發達成一致。於是，當我們發現市場經濟這只

經濟學祖師爺向自尊開了槍，道德情操論的心靈雞湯
序言

「看不見的手」對人類行為有著太大的牽制性影響時，而受市場經濟支配的人類行為又太容易導致個體的利己主義，最終將會導致社會公正秩序的瓦解，以致人類的倫理生活世界在巨大的市場經濟浪潮的衝擊下過於脆弱，甚至難以為繼。正是因為斯密發現了這一點，所以他的倫理關切和道德焦慮才會變得更為突出與嚴重。特別是在今天的全球化經濟當中，要求進行道德投資和企業的社會責任的呼聲越來越高。而這一切，也早已在斯密的預料之中。在他看來，這是自由市場經濟的發展必然。

令人震驚的是，兩百多年前的《道德情操論》裡甚至說過這樣的話：「假如中國這個偉大帝國連同其全部億萬居民突然毀於一場地震，那麼一個和中國沒有任何關係的很有人情味的歐洲人會有什麼反應呢？我覺得，他首先會對這些不幸的遇難者表示深切的哀悼，他會憂心忡忡地想到人世無常，人類創造的全部成果就這樣在頃刻間灰飛煙滅。」

「一個天良未泯的人如果從未見過那億萬同胞，就可以為了免除他的小災小難而甘願犧牲他們的生命嗎？」當然不會！在人類普適性價值觀面前，面對天災，人類集體表現的愛心大於私心。即使素昧平生，也會伸出援手，這才是對人性深沉的感受，也是《道德情操論》的核心思想！地震給了我們最嚴峻的考驗，但也給了我們對道德最深沉的體會。慷慨、大度、正直、勤儉等人性的美德閃閃發光，而這些正是亞當‧斯密在《道德情操論》中不厭其煩反覆思考的焦點。

在經濟學的發展歷程中，由於人們只看到《國富論》中論述資本主義生產關係，重視經濟人的謀利心理和行為，強調「自利」，卻相對忽略了《道德情操論》中所重視的社會人的倫理、心理、法律和道德情操，從而曲解、誤讀了亞當‧斯密的學說。當我們目睹了金錢欲爆發之後的種種罪惡，會感到亞當‧斯密稱《道德情操論》比《國富論》更基本的含義。市場經濟應該是一個講道德的經濟。沒有誠信、同情心這些最基本的道德觀念，市場經濟就會引發災難。

不讀《國富論》不知道應該怎樣才叫「利己」，讀了《道德情操論》才知道「利他」才是問心無愧的「利己」！如果這個社會的每個人在追求「利己」的同時，都滿懷「利他」的道德情操，才是一個真正和諧的社會。

第一卷 論自我情感

產生各種行為和決定全部善惡的內心情感，相對於激起它的原因或對象來說是否恰當、是否相稱，決定了相應的行為是否合宜、是莊重有禮還是粗野鄙俗。

▌論同情

自私是人與生俱來的天性。人的天性中，除了自私之外還有一些根深蒂固的本性。例如：憐憫與同情，這是一種當我們親眼目睹或設身處地地想像到他人的不幸遭遇時所自然產生的情感。這種情感本性使我們關心他人的命運，將他人的幸福看成自己的事情。雖然除了看到別人的幸福而感到高興外，並不會給自己帶來什麼好處，我們也仍會樂此不疲。

他人的悲傷常使我們感到悲傷。並且，這種悲傷的情感同其他天性的原始情感一樣，絕不僅僅在善良和仁慈的人身上發生，即使是最惡毒的、觸犯法律最為嚴重的人，身上也或多或少地存在這種情感。

既然人的天性中都存在同情，那麼，同情這種情感最初是如何產生的呢？

同情的產生有一個必要的前提，就是對他人的感受有一定的理解。如果我們對別人的感受沒有直接經驗，那麼，我們只有透過設身處地地想像，才能體會別人的感受。

如果我們對同胞兄弟正在遭受的刑罰感到安然自得，我們的感覺就不會告訴我們他們正在面臨的痛苦，因為感覺給我們帶來的情感絕不可能超越自身所能感受的範圍，所以，我們只能借助想像來理解他們的感受。

這種想像，使我們模擬自己的感官印象。透過它，我們設身處地地想到自己所面臨的同樣的痛苦，我們似乎進入了他們的身體，在感覺上同他們是一個人。這樣，當他們的痛苦落到我們身上，使我們承受並成為我們自己的痛苦時，我們終於受到影響，於是在想到他們的感受時就會顫慄和驚恐。

此時，從某種程度上說，我們已經和想像的對象融為了一體，他們的任何痛苦都會讓我們產生極度悲傷和煩惱的感覺。因此，當我們設想自己面臨這樣的處境時，產生跟我們的想像力的大小成比例的類似情感便是很正常的事情。

以上關於同情產生的論述，也許還不夠清晰明了，那麼我們再從日常觀察中進行證實，正是因為我們對他人的痛苦有所同情，即設身處地地想像受難者的痛苦，我們才能想像受難者的感受或受受難者感受的影響。

亞當 · 斯密像

　　例如：當看到他人的腿或手臂即將面臨一擊的時刻，我們會本能地縮回自己的腿或手臂；當這一擊真的落在他人身上時，我們也會產生就像打在自己身上一樣的感覺。又如，當觀眾正在欣賞繩索上的舞蹈者的精彩表演時，他們也會像舞蹈者扭動身體使自己保持平衡一樣，不自覺地扭動著身體，就好像他們自己正面臨那樣的處境。

　　生性懦弱的人在看到街上的乞丐暴露在外的膿瘡時，自己身上的相應部位也會產生一種搔癢或不適感。他們會對這些乞丐產生厭惡之情，這種情感來自他們對自己可能受苦的想像。所以，如果他們真的成了自己所看到的可憐人，並在自己身體的特定部位遭受同樣的痛苦，那麼，與身體其他部位相比，他們對那些可憐人的病痛抱有的痛苦之情，會在自身特定部位產生更為強烈的影響。這種想像力，足以在他們嬌弱的軀體中產生其所抱怨的那種搔癢和不適感。

　　與懦弱的人一樣，強健的人看到潰爛的眼睛時，他們自己的眼睛也常會因為相同的原因產生一種非常明顯的痛感。

　　同情的產生並不侷限於痛苦和悲哀的情景。在很多場合，同情這種情感都可能產生。例如：對於當局者的任何一種情緒，有心的旁觀者都會身臨其境地在心中湧起一種類似的情緒，從而與之同喜或與之同悲。

　　通常，我們將因為他人的悲傷而產生的相同的情感稱之為「憐憫」或「體恤」。這或許正是同情或同情感一詞的原義，不過，現在我們將同情的定義擴大為我們與任何一種情感的同感和共鳴，或對它產生相同的情感，也頗為恰當。

　　有時，只要我們在一個人身上看到一種情感，自身便會引起相應的同情。更有甚者，某種情感好像一瞬間就由一個人傾注到另一個人身上，之前因何發生都來不及感覺想像。如當一個人的面貌和姿態表現出強烈的悲傷或喜悅時，旁觀者見到後立即就會產生類似的悲傷或喜悅的感覺。人們常說笑臉迎人，令人開懷；愁容滿面，使人煩悶，說的就是這個道理。

　　當然，並不是所有的情緒都能讓我們產生同情。如有一些情緒，當我們不知道它因何而來時，我們就不會報以同情，甚至會厭惡它。胡作非為的憤怒者，因為我們不知道他為什麼發怒，所以就不會設身處地地替他考慮，也無法體會到他的怒氣。而對處於對方盛怒之下的遭受憤怒的人，我們總會同情他們的恐懼和不滿，同他們一起反對發怒者。

　　快樂的表情讓我們覺得他人正在享受好運，悲傷的表情讓我們覺得他人正在承受厄運，這就是我們與他人產生的同感。不過，只有主動感覺到它們的人才會受影響。怨憤則不同，它會直接使我們被動地、不由自主地聯想起所有我們關心的人及同其作對的人。正是由於我們對好運或厄運通常抱有的印象，我們才會去關心遭遇這種命運的人；而出於平時對憤怒的印象，我們也不會去同情那些發怒的人。對憤怒的反感，似乎是人類的一種天性，如果不知道發怒的原因，反對將是絕大多數人一貫持有的態度。

雖然我們會對別人的悲傷或快樂抱有同情，但如果我們不了解別人悲傷或快樂的原因，這種同情也是極為有限的。例如：在我們看來，痛哭流涕只是受難者內心痛苦的表現，它讓我們產生尋根問底的好奇心，或最多是某種同情的願望，這便與真正意義上的同情相去甚遠。

所以，與其說對方的激情讓我們產生了同情，不如說激發這種激情的情景讓我們產生了同情。當我們設身處地地設想對方的處境時，同情就會因設想而在我們心中產生，然而，這種激情對方似乎全然感受不到。他人的無恥和粗魯常使我們感到羞恥，雖然他們自己並不了解自己的行為有什麼不對的地方，但在我們看來，一旦我們自己做出這類荒唐的行為，便會羞愧萬分。

當人們面臨毀滅性的災難時，喪失理智是最可怕的事情。此時，鎮定理智的人往往會抱著比他人更強烈的同情心來看待人類的這種不幸，而那些可憐的喪失理智的人，卻依舊尋歡作樂，根本不覺得自己有什麼不幸。所以，人們看到這種情景而感到的痛苦，便不是那個患者情感的反映。旁觀者的同情心因這樣的想像而產生，即如果自己處於上述悲慘境地而又能用健全的理智和判斷力去思考，一定會痛苦萬分，因而對喪失理智的人產生了同情，但他所映設想的情況絕無產生的可能。

嬰兒略感不適，就會呻吟或哭鬧，因為他還無法用言語說出自己的感受。母親看到孩子有口難言的無助，會為孩子的身體健康感到擔心，甚至憂心忡忡，愁腸百結，忍受著痛苦的折磨。可實際上，嬰兒並無大礙，不久就會健康如初。嬰兒不會想那麼多、那麼遠，恐懼和憂慮反而得以免除；成人心中的痛苦一旦產生，便可能突破理性和理智的制約而瘋狂滋長。

我們對逝者的同情，主要來自那些衝擊我們感官的環境。其實，這些對逝者的安眠不會有絲毫影響，反而是他們處境中真正重要的東西——等待著他們的可怕的未來，被我們忽略了。逝者與人世隔離，無法享受陽光，在冰涼的墳墓中腐爛，在物質世界上銷聲匿跡，在親朋好友的傷感和回憶中逐漸消失被遺忘，這是多麼不幸的事情啊！

所以我們認為，對這些遭遇如此不幸的人報以最大的同情是理所當然的。一想到他們可能被人遺忘，我們的憐憫之心便無以復加。我們的虛榮心和悲傷，使我們努力保持著對他們的追憶。但我們的同情，似乎加重了逝者的不幸，而並沒有給他們帶來安慰。

我們所能做的一切都是徒勞的。無論我們怎樣消除逝者親朋的悲傷，消除他們對逝者的負疚和眷戀之情，也無法給逝者以任何安慰。逝者已遠離塵世紛擾，長眠於地下，他們所處的環境讓我們感到，他們永遠處於陰森恐怖之中。這種感覺，又加劇了我們的悲傷。

我們可以設身處地地想像，當自己鮮活的生命注入逝者僵硬的屍體時，恐懼感便會油然而生。也正因為這種想像，我們才如此畏懼死亡。儘管我們逝去之後不會感到任何痛苦，但有生之年備受此等折磨，仍讓我們逐漸形成了人性中最根本的一個特性──對死亡的恐懼。死亡破壞了個人幸福，卻給整個人類以公平；死亡使個人遭受痛苦，卻給整個社會以安定。

道德評論

同情是人類的天性。人類的同情心起源於對對象的感同身受。引起我們同情的也不僅是那些產生痛苦和悲傷的情形，也有愉悅和歡快的情形。很多時候，我們的同情只是來自於某種激情的環境。而對於被同情的對象，卻不一定和自己一樣有相同的感受。

▌論彼此同情的快樂

無論什麼原因導致了同情的發生，彼此相互同情都是一件最令人高興的事情；相反，我們滿懷激情，他人卻無動於衷，則是一件最令人掃興的事情。

喜歡用自己的原則去揣測他人情感的人，多是些自戀的人。這種人往往從自己的感覺出發，自以為完全了解喜怒之情。他們認為，當一個人覺得自己軟弱而需要他人幫助時，如果別人也有同樣的想法，那麼他就會很高興，

因為他由此而確信自己會得到那種幫助；反之，他就會不高興，因為他由此而認為別人會反對自己。

顯然，這種快樂和痛苦是瞬息萬變的，並且經常發生在那種毫無意義的場合，由此不難想像，任何利己的思想都不能使它們產生。一個人和同伴逗樂，之後環顧四周，除了自己每個人都對他的笑話無動於衷，他便會感到沮喪；相反，如果同伴捧腹大笑，他就會感到同伴的認可。

同伴表示同情時帶來的快樂，並不是所有愉快的來源；痛苦似乎也不是全部來自他得不到這種歡樂時的失望。當我們反覆閱讀一本書或一首詩以致不能再從中發現任何樂趣時，我們依然可以從為同伴朗讀中得到快樂。對同伴來說，它充滿著新奇的魅力。我們體會到在他心中而不能再在我們心中自然地激發起來的那種驚訝和讚賞；我們與其說是用自己的眼光，不如說是從同伴的角度來仔細玩味它們所描述的思想，並由於我們的樂趣跟同伴一致而感到高興。相反，如果同伴似乎沒有從中得到樂趣，我們將感到沮喪，並且在向同伴朗讀它們時，快樂也無從談起。

我們會為同伴的快樂而感到高興，也會為他們的沉默而感到失望。也許這正是我們時而高興，時而憂傷的原因。但需要指出的是，這並不是唯一原因。而且，雖然我們的情感與別人相一致看起來是愉快的一個原因，它們之間的相背似乎是痛苦的一個原因，但絕不是導致愉快和痛苦的全部原因。

同伴若能對我們的快樂表示同情，那麼，我們便會更加高興並確實感受到這種快樂。但是，如果他們對我們的悲傷所表示的同情只是增加我們的悲傷，就不會給我們帶來任何快樂了。無論如何，同情既能增加快樂，也能減輕痛苦。它透過提供另一種使人滿足的方式使快樂得到增加，使痛苦得到減輕。

因此，不容忽視的是，雖然我們願意和同伴分享我們的喜悅，但我們更加渴望向他們傾訴我們心中的煩惱。他們同情我們的煩惱，比同情我們的快

樂更能得到我們的認可；他們對我們的煩惱缺乏同情感，也比對我們的快樂缺乏同情感更令我們難以置信。

不幸者向一個善於傾聽的人傾訴自己悲痛的原因，總是一件令人寬慰的事情。由於傾聽者的同情，不幸者似乎解除了自己痛苦的一部分，或是說傾聽者同他一起分擔了痛苦。傾聽者不僅感到與不幸者相同的悲痛，而且感到減輕了不幸者的重壓。但是，當不幸者訴說自己的不幸時，他在某種程度上又重新想到了自己的痛苦。回憶使那些令他們苦惱的情景重新顯現，他們為此而淚流滿面，又沉浸在深深的痛苦之中。不過同時，對方的同情也會讓他們得到一些安慰，從而彌補自己劇烈的悲痛。這種悲痛是不幸者為了激起同情而重新提起和想到的。最令不幸者難以接受的是，傾聽者對他們所遭遇的不幸表示出視若無睹和無動於衷的姿態。對同伴的快樂無動於衷只是一種失禮，而在傾訴者訴說他們的痛苦時擺出一副事不關己的神態，則是不可原諒的殘忍行為。

愛是一種美好的情感，為人們所嚮往；恨是一種不好的情感，為人們所厭惡。雖然我們渴望朋友接受我們的友誼，但這種渴望的熱切程度，遠不及我們渴望他們體諒我們的怨恨強烈。當他們對我們所獲得的恩惠表現得無動於衷時，我們或許還能原諒他們，但如果他們對我們所遭受的傷害顯得漠不關心時，我們一定無法忍受。我們或許會因為他們沒有對我們心中的感激表示同情而心存怨氣，不過這種怨恨，也遠不及我們在他們不體諒我們心中的怨恨時表示的不滿強烈。

我們朋友的朋友，很少能直接成為我們的朋友；我們敵人的朋友，卻很容易成為我們的敵人。對於前者，我們或許抱有成見，也很少向朋友抱怨，雖然偶爾會假意發生爭吵，但如果他們和後者和睦相處，我們便會認真地和他們大吵一架了。愛與快樂無須其他情感的輔助，就能滿足和鼓舞我們的心靈；而對悲傷與怨恨來說，必須給予同情的撫慰。

興趣廣泛的人，會因得到同情而感到高興，會因得不到同情而感到失落。對於這樣的人，我們會在同情他時感到高興，也在無法同情他時感到沮喪。

成功的人需要我們的祝賀，不幸的人需要我們的安慰。在與完全懷有相同情感的人的交談中找到樂趣，對看到他的不幸遭遇使我們產生的痛苦來說，是一種難能可貴的補償。

與此相反，如果我們不能同情對方，就會感到不快；不能為對方排解憂愁，就會感到痛心。當我們聽到一個人為自己遭遇的不幸放聲大哭時，如果我們設想自己遭遇這種不幸時不會產生如此劇烈的反應，就會為他的悲痛感到驚訝不已，甚至認為他膽小軟弱。另一方面，一個人交了一點好運就過於興奮和激動，我們也會看不起他，覺得他興奮過度；如果同伴聽到一個笑話後大笑不止，遠遠超出我們預期的想像，我們甚至會怒不可遏。

道德評論

建立在同感基礎上的同情會使我們欣慰不已。因為我們會覺得生命並不孤單，我們會獲得關切和幫助。如果失去同情，我們會覺得孤立無助。但是，同情的給予也需要保持在合理的範圍之內。超出了這個範疇，也會讓我們不屑一顧，甚至憤怒不已。

▌論情感的一致性

如果我們設想的情緒體驗與他人本來的情緒極為相同，我們就會贊同和理解他人；反之，如果我們設想的情緒體驗與他人本來的情緒完全不同，我們就會認為他人的情感過於誇張，名不副實。所以，承認他人的激情，就是對他表示同情，否則，我們絲毫不會同情他。如果我們與他人在情感上產生共鳴，我們便能相互取悅，並能一同承受彼此的悲傷；如果雙方在情緒體驗上沒有共同之處，我們彼此就會心存怨氣。

當我們對別人的意見表示贊同和信服時，我們往往會採納它們。眾所周知，對別人的意見是否贊同就意味著它與自己的看法是否一致，情感也是同樣的道理。

不過也有例外。我們雖然贊同，但心裡似乎沒有任何同情或彼此一致的情感。所以這時，贊同的感覺和彼此一致的感覺是有所不同的。但我們仍會相信，我們的贊同還是來自於同情和彼此情緒的一致。

例如：我們記憶中總會有一個感覺不錯的笑話，這個笑話能輕易博得朋友們的笑聲，但是我們自己並不會笑，這是因為我們或許正憂心忡忡或心不在焉。可是根據經驗，我們知道一般情況下什麼樣的笑話會引起闔堂大笑，而這個笑話正巧是這一類。雖然當時我們心思不夠集中，沒有發笑，但平時我們肯定會與朋友們一起開懷大笑，所以，我們認為朋友們的笑聲是極其自然的，並不會招致我們的反感。

情緒也是如此。遭受喪父之痛的人，不管面容如何悲戚地從我們身邊走過，我們也不會對他的悲傷心存疑問。然而，即使我們不是冷血動物，我們也無法體會他悲痛欲絕的心情，甚至根本不存在對他表示絲毫關心的念想，這種現象是很常見的。

或許是因為與他的父親素不相識，或許是因為自己過於繁忙，我們沒有時間去想像他此時的處境。憑經驗我們已經知道，遭遇如此不幸的人必處於異常悲痛的境地，我們的理性也很清楚，如果偶有時間設身處地地為他想一想，我們肯定會對他表示同情。正因為意識到這種有條件的同情，我們才會認可他的悲痛。即使是在那種同情並未發生的情況下，我們也會對他的悲傷產生同情。因為透過日常生活的經驗，我們已經知道特定的場合需要特定的情感，所以，特定時候的不適宜的情感會在這種經驗的作用下得到改正。

對內心情緒或情感的研究，可從兩個不同方面或用兩種不同方法來進行：第一，聯係引起它的原因或動機；第二，聯繫它將要發生的結果或傾向於產生的影響。這種情感相對於激起它的原因或對象來說是否恰當、是否相稱，決定了相應的行為是否適宜，是莊重有禮還是粗野鄙俗。這種情感將要發生或傾向於發生的結果的有益或有害的性質，決定了它所引起的行為是值得肯定，還是應該否定。

最近，哲學家們往往將過多的精力放在了考察情感的意向方面，而忽視了情感同激起它們的原因之間的關係。日常生活中，我們在判斷他人行為和導致這種行為的情感時，卻往往是從上述兩個方面來考慮的。

例如：當我們對他人過度的愛、悲傷和憤恨表示不滿時，我們不僅會考慮它們通常會產生的破壞性的後果，而且還會考慮它們究竟因何而起。也許，他人所喜愛的人並非如此偉大，他人的不幸並非如此糟糕，惹他生氣的後果也並非如此嚴重，以致能證明我們對他們過度激情的反感並不是沒有根據。但如果他們這種強烈的激情的確事出有因，並沒有被誇大，我們則可能對他們的過激情緒有所遷就或表示認可。

以上這種判斷任何情感與激起它們的原因是否相稱的方式，所使用的唯一規則或標準就是：它們和我們自己的一致的情感。只要我們設身處地地加以考慮，就會發現它所引起的情感跟我們的情感相一致。由於與激起它們的客觀對象相符相稱，我們就會認可這些情感；相反，由於過度和不相稱，我們就會否定這些情感。

我們總是用自己的感覺去衡量他人的感覺：用自己的視覺去判斷他人的視覺，用自己的聽覺去判斷他人的聽覺，用自己的理智去判斷他人的理智，用自己的憤恨去判斷他人的憤恨，用自己的愛去判斷他人的愛。除此之外，沒有也不可能有任何其他方法來判斷它們。

道德評論

當旁觀者的情緒體驗與當事人完全一致時，他會贊同和理解當事人，反之就是不合時宜的。我們只有透過移情才能判斷一個人的情感與其產生的原因是否相稱，如果我們同理心後發現自己與他的情感體驗一致，那麼我們就會贊同他的情感，反之則否。

▌續論情感的一致性

我們之所以會透過他人的情感跟我們自己的情感是否一致來評價它們是否合宜，是以這兩種情況作為前提條件的：第一，當激起情感的客觀對象被認為與我們自己或我們判斷其情感的人沒有任何特殊關係時；第二，當它們被認為對我們當中的某個人有特殊影響時。以下將對這兩個前提條件進行具體論述。

第一，對於被認為與我們或我們判斷其情感的人沒有任何特殊關係時，如果我們的感覺與對方的感覺常常相互吻合，我們就會覺得對方有見識、有品位。美麗的草原、雄偉的山峰、建築的裝飾、書畫的意境、文章的構思、數學的奧妙、宇宙的深邃等，與我們沒有任何特殊的關係。所以，我們與對象之間不需要情感上的吻合，更不需要對它們報以同情，而只需以常規的相同角度去觀察它們。

當然，我們時常也會對這些事物有不同的感覺。不過，這也只是因為我們不同的生活習慣，使得我們在面對這些複雜的事物時，對其中各個部分所給予的注意程度有所不同，或是因為我們的心靈在感受這些事物時的敏銳程度天生有所不同造成的。

對於某種事物的看法，如果他人與我們的觀點完全相同，沒有人提出任何特別的見解，我們的內心便會表示贊同。不過，我們似乎並不會因此而覺得他值得我們稱讚或敬佩。如果他們留意到我們所忽視的大量細節，從而使得他們不僅與我們的觀點相同，還能指引和點撥我們，那麼，我們不僅會讚賞他們的那些情感，同時還會感到驚奇，並覺得他們應該享有我們給予的高度的稱讚和敬佩。

說出眾所周知的道理，並不能顯示自己的過人之處。只有那些明辨秋毫、高下立分的鑒賞家，以及那些思維敏捷、處理難題不費吹灰之力的數學家之類的人，才值得我們由衷的敬佩和讚頌。這些藝術和科學領域的天才指引著我們，他們廣闊的視野和超凡的見識給我們帶來了一個又一個的驚喜。

對此，肯定有人會這樣想，最初打動我們，讓我們覺得那些性質值得欽佩的，是那些性質的效用。的確，如果對效用略加思考，就會賦予那些性質一個新的價值。然而，我們最初之所以讚許某個人的判斷，並不是因為那個判斷有什麼用處，而是因為那個判斷公正、準確、符合真理和事實；而且很明顯，我們之所以將那些性質歸屬於那個判斷，除了因為我們發現那個判斷符合我們自己的判斷之外，沒有其他任何原因。同樣，某種品味最初之所以獲得讚賞，也不是因為它有什麼用處，而是因為它準確、優雅、絲毫不差地和它的對象相符。可見，所有屬於這一類的性質，並不是它們的效用引起我們對它們的讚許，其效用究竟如何，顯然只是一個事後才產生的觀點。

第二，對於那些以特別方式影響我們的人，就很難做到平心靜氣。我們的朋友當然不會從我們的角度去看待我們所遭遇的厄運和傷害。我們雙方並不是像觀賞一幅畫，或聆聽一首詩，或研究某一派哲學體系那樣，在相同的位置看待它們，因此，它們會對我們產生極不同的影響。

對一些客觀對象予以評價，如果朋友的觀點與我們不一致，我們仍可能輕易地寬容他們；但對我們遭受的不幸和傷痛，如果他們沒有感同身受，我們就難以原諒他們。例如：即使他人對我們所欣賞的一幅畫、一首詩甚至一套哲學理論感到不以為然，我們也不至於為此爭吵起來。因為這些對雙方來說都無足輕重，所以，我們不必為此過於介意，即使雙方的意見或許相反，我們的情感也仍可保持一致。

與上述情況不同的是，當面對對自己有特別影響的事物時，就完全不同了。即使雙方在理性上見解恰好相反，在個人喜好上也彼此背道而馳，我們也仍可大度地接受。如果心情不錯，我們甚至可以興致勃勃地與對方探討這些話題。不過，如果我們厄運纏身，悲痛欲絕，對方既不報以同情，也不願出手相助；如果我們蒙受冤屈，滿腔激憤，對方既不表示同感，也不仗義執言，雙方就會走向決裂。

那麼，該如何緩解這兩者之間的關係，使雙方達到心靈的溝通呢？

首先，對於旁觀者來說，應該盡可能地將自己置於當事人的情境中，用心體會當事人可能感受到的每一個苦惱的細節，以真正進入對方的內心世界。

生活中我們必須學會換位思考

顯然，不管旁觀者如何努力，仍不太可能達到當事人所感覺到的那樣強烈的程度。同情的確是人的天性之一，但對於發生在他人身上的事情，其心情激盪的程度，絕不會像當事人自然感受到的那樣強烈。設身處地地想像雖然能產生同情，但不會長久。他們在意識深處，總覺得自己是安然無恙的，從沒有真正地遭受傷痛。雖然他們在想像中會產生與受難者多少相似的感覺，但這種感覺的深切程度也是有限的。

以上這種道理，其實當事人也很明白，但他們還是渴望得到這種同情，得到這種別人與他悲喜與共的安慰。在內心激烈的掙扎中看到別人與自己心意相通，是他們可能得到的最好慰藉。為了得到這些，他只有控制自己的情緒，讓旁觀者能夠接受才行。

對當事人處境的體會，只是旁觀者潛意識中的一種想像，這不但降低了同情的程度，而且改變了同情的性質。所以說，他人的同感和自己的悲傷從來就是兩回事，兩者的感覺總是存在著差別。不過就這兩種情感之間協調一致的程度來說，已足夠維護社會的穩定。

為了達到溝通的目的，旁觀者和當事人會在人類本能的驅使下努力去設想對方的處境。旁觀者經常設身處地地去體驗當事人的情緒，當事人也同樣會把自己放在旁觀者的角度，用對方的眼光來冷靜地看待自己的命運。旁觀者常常想如果倒楣的是自己會有什麼感覺，受難者也時常顧影自憐。同情讓他們學會了從對方的角度反觀自己的處境。受難者會因為旁觀者公正無私地看待自己的遭遇而心存感激，這會使他跌宕起伏的內心趨於平靜。

朋友的陪伴會使我們煩躁不安的心情逐漸好轉，同情也會產生立竿見影的效果。他人關注自己處境的言行舉止，總使我們不自覺地用同樣的眼光重新審視自己的處境。剛剛認識的人不會像至交一樣同情我們，更不會耐心地傾聽我們的嘮叨。在他們面前，我們應盡可能地保持鎮靜，言簡意賅地說出自己的情況。素不相識的人更不可能對我們表示出多少關心，在他們面前，我們更應心靜如水，盡量將自己的情緒控制在他們能夠接受的範圍內。這不僅僅是自我約束。只要我們能夠控制自己，普通相識就比知己至交更能使我們保持平靜，陌生人就比熟人更能給我們帶來安寧。

所以，當我們無法控制自己的情緒時，參加社交和與人談話都是調節心情的良好選擇。這種方法能使我們恢復平靜並愉快起來。深居簡出和喜歡思考的人，常在家中憂鬱地想著自己的不如意之事，雖然他們較為仁慈、寬宏大量並具有高尚的榮譽感，但世人常有的那種平靜心情很少在他們身上得到體現。

道德評論

不論情感對象與判斷者有無關係，我們都可以透過別人與我們的情感是否一致來判斷其行為是否合宜。當客觀對象與我們沒有任何關係時，如果對方與我們在情感上完全一致，我們就會欣然接受並贊同他。如果客觀對象與我們有某種特殊關係，那麼我們要使自己的判斷與客觀對象本身的有用性保持一致，就必須心平氣和地做一些同理心。

▎論情感與美德

當旁觀者努力體諒當事人的情感和當事人努力將自己的情緒降低到旁觀者所能贊同的程度時，兩種不同的美德得以誕生。前一種誕生了仁慈、謙讓和寬容的美德，後一種誕生了崇高、莊重和克制的美德。

旁觀者為當事人的不幸感到悲傷，為他們受到的傷害表示不平，為他們的好運感到高興。他們看起來是那麼的和藹可親，他們對當事人的同情心似乎能反映出當事人的全部情感。如果我們設身處地地想像當事人的處境，就會同情當事人對他們的感激，並深切體會到他們從一個如此充滿深情的朋友的親切同情中得到的那種安慰。

而與這種旁觀者相反的人，其冷酷無情的心只是同情自己，對別人的幸福或不幸始終無動於衷，這樣的人看起來總是令人十分厭惡。此時，旁觀者的如此態度給當事人帶來的痛苦，特別是在我們最容易同情的那些不幸者和受害者身上所引起的痛苦，是很容易體會到的。

另外，那些在自己處境中盡力做到心境安寧和自我克制的人，我們也常體會到他們高尚的風度；而那些用嘆息、眼淚和討厭的慟哭來要求我們給予同情的人，只會令我們不屑一顧。不過，對那些有節制的哀傷、無聲而莊重的悲痛，我們也絕不吝惜我們的敬意。因為這種悲痛，只有在紅腫的眼睛、顫抖的嘴唇和臉頰以及看似冷漠卻感人肺腑的舉止中才能發現。它使我們同樣地沉默。為了避免我們不得體的舉止擾亂了那種需要作出巨大努力來保持的和諧與寧靜，我們必須謹慎地考量自己的所有行為，對它表示足夠的敬意。

同樣道理，如果我們任由怒火毫無節制地爆發，那麼，這種怒氣衝衝的傲慢無禮與殘忍野蠻就是所有事物中最令人討厭的。但那種憤恨之中卻不失寬宏大量的氣度，卻讓我們由衷地欽佩。即使遭受莫大的傷害，它也不會超越公正的旁觀者發自內心的義憤，縱容自己內心的怒火恣意的反擊。它將言行始終控制在情理的界限之內，痛快的報復和沉重的打擊從不會成為他們的要求和期望。

　　所以，構成完美無缺人性的，正是這種多同情別人少同情自己的情感，正是這種抑制自私和樂善好施的情感。這些情感使人與人之間的激情協調一致，人類的全部和諧和優雅因此而得以存在。像愛自己那樣愛鄰居是基督教的主要教規之一，相反，僅僅像愛鄰居那樣愛自己或僅僅像鄰居愛我們那樣愛自己，則是基督教的主要戒律之一。

　　鑒賞力和良好的判斷力之所以被認為是應予以讚揚和欽佩的品質，主要是因為它們具備細膩的情感和敏銳的洞察力。同樣地，情感和自我控制的美德也不被理解為存在於一般的品質之中，而是存在於那些絕非尋常的品質之中。仁愛這種和藹可親的美德確實需要一種遠比粗俗的人所具有的優越的情感。寬宏大量這種崇高的美德，也絕非常人菲薄的力量所能做到，它也需要更好的自控能力。

　　平庸的智力不會具備過人的才智，普通的品德也無法醞釀優良的美德。美德是卓越的、絕非尋常的高尚美好的品德，它遠遠高於世俗的、一般的品德。和藹可親的美德存在於一定程度的情感之中，它以其高雅、出人意料的敏感和親切令人吃驚。令人敬畏和肅然起敬的美德以其超越人類天性中最難抑制的激情而令人驚嘆，它的存在以一定程度的自我控制為前提。

　　由此不難發現，值得欽佩和讚頌的品行與只應得到贊同的品行這兩者之間，存在著很大的差別。很多時候，大部分凡夫俗子所具有的普通程度的情感或自我控制能力，就足以保證行為的完美和合宜，有時甚至連這種程度的自我控制也是多餘的。例如：當我們感到饑餓時，吃東西當然是完全正當和合宜的，所以，每個人都會表示贊同；然而，說吃東西是美德，就是荒唐可笑的。

　　與此不同的是，在那些極度適宜的行為中，往往蘊含著一定程度的美德，因為在某些場合，他們能比所期待的更盡善盡美，而在這些場合，做到這一點是非常困難的。這種現象就經常出現在需要自控的情況中。有些情況對人性的影響如此之大，以致如此不完美的人以最深程度的自控，也無法克制人類虛弱的聲音，或把激情的激烈程度降低到溫和的程度，使公正的旁觀者能

夠體會它。所以，在這些情況下，受難者的行為即使並非最適宜，也一定值得表揚，甚至在一定意義上，可以命名為美德。雖然這些還能表現出大多數人難以做到的寬厚和崇高的行為還不是絕對的完美，但與通常在這種場合中看到或期望的相比，已經與完美相差無幾。

我們通常會運用兩個不同的標準來決定對某一行為進行責備或稱讚的程度。第一種標準是某種完全合宜與完美的想法，即很少有人有能力對特定環境中的困難採取達到合宜與完美標準的行動。顯然，在這種標準的考量下，所有人類的行為都是不完美的，都是應當受到責備的。第二種標準是大多數人能達到的，距離真正完美還有一段距離的合宜與完美的程度。在這種標準的考量下，超過這個程度的，都應得到讚美；未達到這個程度的，都應受到責備。

這種評判標準也被我們用在藝術品身上。評論家鑒賞詩人或畫家的作品時，有時是以他心中某種完美的想法為準繩的。這種完美，僅存在於這特定的作品中，其他任何作品都無法達到，只要用這個標準來同大師的作品相比，它們就是有缺陷的，就是不完美的。但是，如果評論家開始考慮作品在其他性質相同的作品中應占有的地位，他就必然會重新樹立一個新的標準，即這一類特殊藝術品通常要達到的一般優秀程度。當他開始運用這個新的標準時，他所評論的作品就會經常受到最高的讚賞，因為這些作品與那些能與之媲美作品相比，更接近於完美。

道德評論

當旁觀者和當事人都努力調整自己的情感以期與對方相適應時，旁觀者會表現出和藹可親的良好品質，當事人也會表現出克制有加的令人尊敬的美德。我們討厭狂躁的憤怒，卻欽佩高尚的憎恨。只有那種罕見的超出一般品質的優越情感才足以稱為美德，美德是高於一般世俗的，令人敬畏的美德都需要以一種超乎常人的自制修養作支撐。

▌論源自身體的情感

如果情感與身體尚未處於相同的狀態或傾向時，那麼，任何強烈的表達都是不得體的。因為在這種情況下，同伴不會對我們的那些情感報以同情。

舉例來說，雖然強烈表示饑餓通常是很自然的，也是無法避免的，但狼吞虎嚥的不雅吃相還是普遍被視為一種不禮貌的行為。不過對於饑餓，人們多少總是抱有一些同情感。看著同伴吃得很香，我們也會覺得愉快；如果我們露出厭惡的神情，他們就會有些不快。

圍城日記或航海日誌中記錄的極度饑餓的場景，很容易使我們體會到饑餓的痛苦。我們設想自己就是那些受難者，從而在心中生出擾亂他們的那種苦惱、憂慮和驚慌失措的感覺，這些感覺讓我們對他們的不幸產生了同情。但是，即使是這樣的同情，也是不合宜的，因為那些描述饑餓場景的文字並沒有真正使我們變得饑餓起來。

兩性結合是人類所有情感中天生最為熾熱激烈的一種，然而任何時候，即使那些強烈表示這種情感的動作在法律和宗教戒律所允許的範圍內，它們也仍被認為是不得體的。不過同樣，我們對這種情感也抱有某種程度的同情。如果我們將對男人說話的方式運用在女人身上，那就會被認為不合宜。與女性交談，我們應該顯得更輕鬆、幽默和專注。那些對女性無動於衷的男人，甚至會受到男人的鄙視。

我們會反感一切源自身體的慾望，所有強烈表示它們的舉動，都讓我們覺得噁心和不快。古代一些哲學家認為，身體慾望與人性中特有的性質無關，它只是人類和動物共同的情感，所以不配享有人性的尊嚴。但是，人類和動物共同的情感並不僅僅只有慾望，還有憤怒、自然的親情，甚至感恩，它們卻不會因此而顯得荒淫。

我們之所以對他人表現出的身體慾望感到噁心，是因為我們對此沒有同感。就是那些身在其中的人，一旦他們獲得滿足，則曾經引發他們獲得滿足

的那個事物，也會立即變得不再令他們覺得愉快，甚至會導致他們的不快。他們回頭想要尋找那個在片刻之前還是他夢寐以求的事物，現在卻消失

得無影無蹤。他們自身再也無法體會之前的情感。比如：我們用完晚餐後，會吩咐馬上撤走餐具，任何使肉體產生強烈慾望的客觀對象都會像餐具一樣受到同樣的排斥。

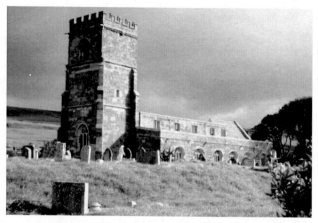

亞當 · 斯密的家鄉——蘇格蘭的美麗風光

作為美德的一種，節制的本質就在於控制身體的那些慾望，將它們限制在健康和財富允許的範圍內，讓它們符合優雅、合宜、細緻與謙遜的要求，這也是節制作用的體現。

不管我們的身體遭遇多麼難以忍受的疼痛，只要我們因疼痛而呼喊，就會顯得懦弱和失禮。不過對於身體疼痛，我們還是有不少的同情感。同前文已經指出的那樣，如果我們看到一根棒子正對著另一個人的腿或手臂就要打下去的時候，我們會自然而然地縮回自己的腿或手臂；而當那一棒真的打下去時，我們多少會覺得自己像被打中似的，並且感到疼痛。然而，這種疼痛感無疑是極其微小的，所以，如果他發出任何激烈的呼喊，由於無法附和他的感覺，我們就會在心裡鄙視他。

　　這正是所有源自身體的情感所面對的處境：它們或者完全不會引起同情感，或者所引起的同情感是如此微弱，以致與當事人所感覺到的原始情感的強烈程度完全不成比例。

　　與以上完全不同的是源自想像的情感。我們同伴身體上的感受，不可能對我們有很大的影響。但是，我們卻很容易想像我們所熟悉的人腦海中的情況。戀愛或雄心壯志遭受挫折，將會比身體遭到更大的傷害，引來更多的同情。失戀或壯志未酬所引起的那些情感，完全源自想像。

　　例如：一個人即使失去全部財富，只要他還擁有健康，便不會覺得身體上有什麼痛苦；讓他感覺到痛苦的，全部來自他的想像。這想像讓他意識到，他將失去尊嚴，他的朋友將忽視他，他的敵人將輕視他，他將乞憐於他人，貧窮困頓與悲慘不幸的命運很快會落在他身上。因為我們的想像與身體相比更容易受到他們的影響，所以，我們往往會給予他們更多的同情。

　　生活中，失去一條腿總是比失戀更為不幸，這向來是人們的一致觀點。但是，如果將前一種結果當作一個悲劇的結尾，那麼，這個悲劇無疑是相當失敗的；而如果將後一種不幸作為悲劇的主題，即使這種不幸看起來是多麼的微不足道，但就是它們，使一個個精彩絕倫的悲劇得以問世。

　　身體的疼痛一旦好轉，就會很快被人們遺忘，所有的苦惱、掙扎，都會煙消雲散，即使偶爾想到，也不再給我們帶來任何煩惱。甚至，我們再也無法體會到當初那種焦慮不安與悲痛的感覺。

　　相比於身體，朋友對我們不經意說出的一句話所引起的不快，反而較為持久。它所造成的心理傷害絕不會隨著那句話的結束而消失。最初讓我們覺得不快的，不是刺激我們感官的那句話，而是在我們想像中引起的某種想法。正因為它是一個想法，所以我們會因不斷想到它而覺得煩躁與悲痛，直至時間或其他因素使它在我們的記憶中徹底消失。

　　真正的同情從來不會因身體的疼痛產生，除非這疼痛有危險相伴。我們對受難者的同情，便不是源於他的痛苦，而是因為他的恐懼。恐懼完全是一

種來自於想像的情感，這想像不是我們實際感覺到的，而是我們未來或許會嘗到的痛苦景象呈現在我們腦海裡的情境。這想像的不確定與起伏波動，使我們更加焦慮不安。痛徹心扉的痛風或牙疼，從不會引起多少同情；一些重大疾病，即使沒有什麼難以忍受的痛苦，也能輕易得到他人深切的同情和關注。

我們對於身體外部原因所引起的疼痛感的想像，比我們對於身體內部生病所引起的疼痛感的想像，更為生動鮮明。有些人一看到外科手術的場景，就會昏厥或噁心嘔吐，撕裂肌肉所造成的那種身體疼痛的場景，似乎在他們身上引起最劇烈的同情感。對於鄰居正在遭受的痛風或結石帶來的疼痛，我們幾乎無法想像他究竟受到怎樣的痛苦；而如果他的痛苦是由於割傷、創傷或挫傷，那我們對他的痛苦就會有很清晰的概念。

我們之所以對這種景象產生如此劇烈的影響，主要原因還是在於對它們的新奇。一個曾目睹數十次解剖和截肢手術的人，以後再看到這種手術，就會淡然處之，甚至完全無動於衷。然而，即使我們看過數百部悲劇，當我們欣賞新的悲劇時，我們的感受也會有新的觸動。

在很多希臘悲劇中，身體的疼痛和掙扎並不能引起我們多少悲情和憐憫，真正感動我們的是身體之外的一些東西。欣賞這些悲劇時，縈繞在我們腦海中的是一種孤獨寂寞的氣氛，這氣氛使整個悲劇瀰漫著一種令人嚮往與心曠神怡的浪漫野性，悲劇因此也更加精彩迷人。在常人看來，英雄的掙扎是死亡的前兆，所以，英雄的痛苦掙扎能激起我們的同情；如果最後的結局是復活，那麼，英雄受苦掙扎的場景，就是荒謬可笑的。以痛苦為主題鋪設的悲劇，不算是真正的悲劇。這些企圖借由鋪陳身體的疼痛掙扎來引起悲情憐憫的悲劇作品，並沒有很好的繼承和發揚古希臘悲劇中的精髓。

他人身體的疼痛，不會引起我們多少同情感；而他人面不改色地忍受著身體的痛苦，絕不露出任何怯懦的表情或發出任何呻吟的聲音，則會引起我們由衷的讚賞。對我們的冷漠和無動於衷來說，他人面不改色的堅毅就是一種寬容。這種寬容讓我們不由得表示欽佩和讚許。懼怕痛苦是人類身體天生

的弱點，然而，他們的堅毅卻使他們將如此難以忍受的痛苦視若無物，這樣偉大的行為使我們感到驚奇。它激發了我們更為強烈的同情，也理應得到我們的讚賞。

道德評論

對肉體的激情反應過度強烈是不妥的，同理，不分場合地流露兩性情慾也是不妥的。肉慾需要節制，審慎要求我們將其約束在健康和財產的範圍內，而節制的含義是更注重情理、禮貌、體貼和謙遜。我們對肉體的痛苦並不充滿多大的同情，相反，對於那些能忍受肉體痛苦的人，我們會自然流露出欽佩之情。

▌論源自習性的情感

無論一種情感有多麼自然，只要它是因某種特殊的想像傾向或習性而產生，就不會引起多少同情。由於一般人的想像尚未養成那種特殊偏向，所以無法認同他們。儘管這類情感是生命中不可或缺的一部分，它們也仍顯得有些可笑。戀人因長期相互思念對方而自然滋長出來的那種強烈依戀的情感，就是這類情感之一。

我們的想像和戀人們的想像向來是在完全不同的跑道上前進的，所以，我們的情感自然就無法達到他們那樣的熱烈程度。我們很容易同情朋友受傷後的憤怒，並且對他所憤怒的人也感到憤怒；我們也很容易體會並認同他們得到恩惠後心中存有的感激，並且也會感激他所感激的人。但是，如果他們是在戀愛，我們便絕不會認為我們自己有義務懷抱同一種情感，或有義務對他情感投注的對象同樣懷有這種情感，即使他們這種情感同任何同類情感一樣再為正常不過，我們也常常予以忽略。畢竟這種情感，除了親身感受它的當事人之外，對任何人來說都不具備相應的價值。

雖然戀愛是一種很自然的現象，但即使到了適當的年齡，戀人們也會受到一些嘲笑，因為我們無法體會認同它。對第三者來說，戀人之間的一切真

摯強烈的示愛動作，都是荒唐可笑的。戀人對自己的戀愛對象來說，或許是一個很有趣的伴侶，但對其他任何人來說，卻什麼都不是。戀人們也很清楚這一點，所以，只要各種感官還保持冷靜清醒，他們總會努力以一種開玩笑的方式來對待他們自己的這種情感。這種講述情感的方式也是我們所喜歡的，因為如果我們戀愛，也會和他們一樣。

戀人之間的行為的確很難引起我們嚴格意義的同情感，甚至絕不會使我們心動想要對被愛戀的那個人懷有任何同樣的情感，不過，由於我們或許曾經懷抱過，或傾向懷抱過同一類的情感，所以，一個人在高度期待他的愛戀獲得滿足時的那種幸福陶醉的心情，以及他在憂慮愛戀落空時那種痛苦的煩惱，很容易被我們體會到。

我們被這種愛戀感動，並不是因為它是一種情感，而是因為它是一種情境，會引起其他一些情感使我們感動，即它會引起各種期待、憂慮與苦惱。有一本航海日記曾這樣描述：感動我們的不是饑餓，而是饑餓所引起的痛苦，這就像情人間的依戀之情難以得到我們足夠的體諒一樣。不過，他們從彼此依戀的深情中產生的對羅曼蒂克幸福的期待，卻很容易得到我們的讚許。

對一個因懶惰而鬆懈的、因慾望很強烈而疲勞的心靈來說，戀人之間的這種羅曼蒂克的期待，是一種難能可貴的自然，是希望在滿足那種擾亂心靈的激情之後找到平靜和安寧，並想像一種安靜的、隱居的田園生活。

這種生活正是詩人們所描述和憧憬的生活：充滿友誼、自由和恬靜，不受工作、憂慮和隨之而來的所有擾亂人心的激情的影響。雖然它只是一種想像，但對我們仍有著無窮的吸引力。那種混合著愛情基礎或許就是愛情基礎的肉體的激情，當它遠不可及或尚有一段距離時，就會消失；而當它唾手可得時，又會使所有人心生厭惡。

所以，與幸福的激情對我們的吸引力相比，那種擔心和憂鬱的激情更能吸引我們的注意。我們擔心這種不管怎樣自然和令人高興的希望可能落空，

所以自然地體諒情人的一切焦慮、關切和痛苦。這也正是那些現代悲劇和浪漫劇中的情感總顯得那麼精彩有趣的原因。

愛情本身並不能真正吸引我們，真正吸引我們的是那些愛情所引起的苦惱。如果作者呈現給讀者和觀眾的是一對戀人在一個無憂無慮的場景中互訴衷情、互吐愛意，那麼他帶來的，將是觀眾的嘲笑，而不是同情。這一類場景出現在任何悲劇裡，都會多少顯得有點不倫不類，即使它的出現偶爾被容忍，也絕不是因為觀眾對那種場景所表達的情感抱有同情，而是因為觀眾預先見到要實現這種情感可能會遭遇許多危險波折而惴惴不安。

愛情是人性的弱點之一，社會法律強制女性保持含蓄和節制，卻使愛情在她們身上變得更為苦惱，不過，她們的愛情也因此變得更加扣人心弦。菲德爾的愛情讓我十分著迷。儘管在這出與女主角同名的法國悲劇中，為人繼母的女主角菲德爾愛上自己的繼子，處處流露著極大的放肆與罪惡感，但這種愛情還是深深地打動了我。甚至從某種程度上說，她那種富含放肆與罪惡感的愛情，對我們更具吸引力。她的憂慮，她的羞愧，她的懊悔，她的恐懼，她的絕望，都顯得那麼自然和感人肺腑。在愛情的場合所衍生出來的這一切「次生情感」，必然變得比在其他任何場合更為猛烈與狂熱；而在愛情的場合，也只有這些「次生情感」，能真正使我們對之產生同情感。

對最軟弱的心靈來說，愛是唯一既優雅又美好的情感。首先，就它本身而言，雖然它也許是荒謬可笑的，但它不是生就一幅可憎的面目，而且雖然它可能導致令人難以接受的可怕後果，但它很少懷有什麼不良的意圖。其次，這種情感本身雖然很少有什麼合宜性，不過，在某些總是和它相伴而來的情感中卻有不少的合宜性。愛情當中混雜大量的仁慈、慷慨、親切、友誼、尊重；即使我們覺得這些情感多少有點失之過度，但在所有其他情感中，它們仍是最容易激起我們同情的。

在這些情感的陪伴下，愛情不再令人感到討厭。我們甚至會在想像中鼓舞與支持愛情，儘管我們知道通常會有許多壞德惡行隨著愛情而來。對女性來說，這些情感最後必然導致身敗名裂；對男性來說，至少也會造成工作倦怠、

玩忽職守、輕視榮譽，甚至將聲譽視為兒戲的後果。不過，這些不良後果並沒有阻撓人們心目中與愛情共生的敏感和大度，愛情仍是許多愛慕虛榮的人競相追逐的對象。

同愛情一樣，當我們論及自己的朋友、自己的研究課題或自己的專業時，最好要有所節制，畢竟同伴對這些事物感興趣的程度，絕不會像我們一樣強烈。如果沒有這種節制，人類的一半與另一半將很難相處。哲學家的好夥伴只可能是哲學家，俱樂部會員的好夥伴也只可能是他那個俱樂部的一小部分會員。

道德評論

在所有情感中，愛情無論對誰都是一種美好的情感。愛情本身可能並不存在合宜性，但它往往帶有諸多的美好情感，因而為人們所青睞。

▌論不友好的情感

憎恨和憤怒是另一種情感。雖然心懷怨恨的人和他所敵視的對象在利益上是完全對立的，但這兩者還是會引起我們的同情。我們對前者的同情，會讓我們滿懷希望；對後者的同情，會讓我們憂心忡忡。我們對兩者表示關心，其中需特別指出的是，我們對後者可能遭到報復的擔心，會削弱我們為前者受傷害而感到的憤怒。

所以，被激怒的人引起我們的同情，遠遠不及他內心的怒火，這不僅是由於所有的同情一般都無法與當事人自身的情感相比，而且還因為我們對另外一個人也抱有相反的同情。因此，將憤怒的激烈程度控制在其他情感之下，是使憤怒變得容易讓人接受的一個好辦法。

對於自身所受到的傷害，人類向來有著很深的感受。悲劇或浪漫劇裡的反面人物引起我們的憤慨程度，遠在我們對劇中主角感動的同情和喜愛之上。雖然人類對施加在他們同胞身上的傷害有著如此強烈的感受，但他們不一定

會因為受害者露出憤怒受傷害的樣子，而更加憤怒他所受的傷害。對於他人對自己的傷害，如果他表現得越有耐性，越平和，越仁慈，並且不會因此顯得缺乏勇氣，或顯得他容忍是因為他害怕，那麼他們對傷害自己的那個人的憤慨就會越強烈。從某種程度上說，他和顏悅色的品格使別人的暴行更加凸顯出來。

這種激情常被視為人類天性之一。我們向來都會鄙視那些溫順的忍受和順從，既不想抵抗也不圖報復的人，如同行屍走肉一般，其麻木不仁同他們敵人的傲慢一樣讓我們憤慨不已。當人們看到一個人對凌辱和虐待俯首帖耳時，會感到義憤填膺。他們渴望看到受害者對這種侮辱表示憤怒，便紛紛起鬨要他奮起反擊。一旦他的怒火爆發，他們便會鼓掌喝彩。如果受害者的復仇並不過火，他們更會為他的復仇感到由衷的高興，就如同自己受到這種傷害一樣。

雖然人們的這種激情對公眾的作用像後面將要說明的那樣，同維護正義和保障平等一樣不可輕視，但不得不指出，這種激情仍可能侮辱和傷害到自己，而且，其本身也有一些不盡人意的地方，使它們出現在他人身上時，受到我們的厭惡。如果受害者的復仇超出了我們所感覺的他受迫害的程度，我們就會認為，那不僅是對對方的侮辱，也是對現場所有人的無禮。雖然這些激情的間接效果令人愉快，但其直接效果卻給受敵視的人帶來了傷害。因此，我們應該克制那種狂躁不安的情緒，這也是出於對其他人應有的尊重。

但通常看來，決定著人們對某種事物是否感到愉快的，是這些事物產生的直接效果，而不是該事物的長遠影響。我們所討論的憤怒這種激情也正是如此。它的直接效果是如此令人不快，即使爆發得完全合理，也總讓人有點反感。這正是我們在知曉其緣由之前，不願對之報以同情的原因。

從遠方傳來的慘叫聲，總能引起我們的關注和遐想。當我們聽到這種聲音時，立即就會關心發出這個聲音的人的命運，如果那聲音不斷地傳來，我們甚至會不由自主地跑過去幫助他。同樣，即使是正在沉思的人，當他看到微小的臉龐時，他的心情也會受到鼓舞而轉為輕鬆愉快，他會覺得那顆原本

因為苦思焦慮而收縮鬱悶的心馬上舒張高興起來。與此完全不同的是仇恨和怨憤。如果從遠方傳來的是咆哮和怒吼的聲音，那麼，我們的感覺只會是恐懼和厭惡。我們絕不會像那慘叫的聲音一樣想跑過去一看究竟。

恐懼會使女性或神經比較脆弱的男性渾身發抖，甚至暫時癱瘓。雖然他們知道這怒火並不是衝著他們來的，他們還是會因設身處地地想像而感到害怕。即使那些心臟比較強健的人，也可能被攪亂心情。設身處地地想像雖不至於使他們感到害怕，卻足以令他們憤怒和生氣。

仇恨和怨恨是我們天生就厭惡的兩種情緒。這兩種情緒總是表現得如此粗暴激烈，以致不能引起我們絲毫的同情，甚至會適得其反。同它們一樣，悲傷也並不能吸引我們多少注意力，在未了解悲傷的原因時，我們往往會嫌棄並遠離悲傷的人。粗暴和不友好的情緒使人們彼此疏遠，故難以得到人們的認可和傳播，這也許正是造物主的意圖所在。

悲傷或歡快的音樂能在我們心中引起類似的情感，或至少使我們的心情傾向於這種情感。憤怒的曲調則令人不寒而慄。歡快、憂傷、愛戀、欽慕、熱誠這些情感具有天然的音樂性。它們天然的曲調顯得柔和、清晰而優美，段落由有規則的停頓很自然地劃分開，因此很容易對應轉化為節奏分明的曲調旋律。相反，憤怒以及與之相近的所有情緒的聲音都是刺耳和不和諧的。它們的聲調段落全都不規則，時長時短，段落之間的停頓也沒有規則可循。因此，音樂很難模仿這些情感，即使勉強模仿出來，也絕不會是什麼好聽的音樂。和諧而令人愉快的音樂總是顯得非常完美，仇恨和憤怒的音樂也總顯得荒誕不稽。

如果一種情緒讓旁觀者感到不快，那麼它同樣會導致當事人的不快。仇恨和憤怒的情緒中包含著尖銳、刺激、讓人心痛的東西，使人心煩意亂，會徹底摧毀心靈的沉著與寧靜，而這沉著與寧靜正是幸福的必要條件；相反，心懷感激與慈愛，則是最有益於增進心靈沉著與寧靜的情緒。

對慷慨仁慈的人來說，無論他們曾經失去了什麼，也不會因為這些損失而對那些背信和忘恩負義的人而感到心痛不已，即使沒有這些東西，他們通常也能過得非常愉快。最令他們感到痛心的，是有人對他們背信與忘恩負義的那個想法，這想法所引起的種種不和諧與不愉快的情感，才是讓他們深感痛心的根源所在。

發洩憤怒可以令人愉快，報復也可以引起旁觀者充分的同情，但必須注意的是，使人發怒的事情必須足夠嚴重，以致不在某種程度上表示憤怒，就會遭人鄙視甚至侮辱。對細小的事情發怒，只會使自己剛愎倔強和吹毛求疵的脾氣更令人討厭。對這類瑣碎小事，最好的辦法就是不予計較。

所以，我們不應任由內心怒火的擺布，而應將憤怒的情緒限制在合理恰當和附和別人要求的範圍內。在人們所能感到的激情中，我們最應懷疑憤恨的合理性，最應根據我們天生的合宜感仔細考慮是否可以放縱憤恨的激情，或最應認真考慮冷靜和公正的旁觀者會是什麼情感。從維護自己的社會地位和尊嚴角度來說，寬宏大量也許是使這種令人不快的激情變得高尚起來的唯一動機。我們全部的風度和品行都包含在這動機之中，它包括樸實、坦白和直爽；有決斷而不剛愎自用，氣宇軒昂而不失禮；不僅不狂妄和粗俗下流，而且寬宏大量、光明磊落和考慮周到，這甚至也是我們對待曾經觸犯過我們的人的態度。

總之，這種風度證明了憤怒的情緒並沒有泯滅我們的人性。我們之所以選擇復仇，只是因為我們一再受到挑釁和被逼無奈。這樣的憤怒，或許可認為是寬宏大量和高尚的，因為它受到了很好的約束和限制。

道德評論

有一種情感是憎惡或憤怒。這種情緒的施者和受者之間利益是對立的。憤怒是一種不友好的情緒，在知曉其產生的原因之前，人們是不會報以同情的。如果我們的憤怒是為了維護自身的尊嚴和社會地位，那麼這時憤怒帶給旁人的困擾是可以原諒的，有時甚至會受到尊重。

▊論友好的情感

憤怒是不友好的情感，寬宏、人道、善良、憐憫及相互之間的友誼和尊敬，則是友好的情感。友好的情感一旦透過人們的面容或行為表現出來，便會贏得幾乎所有旁觀者的好感和同情。當然，那些敵視的人除外。

發出友好情感的人的幸福，受到旁觀者的極大關注，同時，這種關注又進一步激發了旁觀者對施與這些情感的人以更大的同情。所以，仁慈的情感總讓我們懷有最強烈的同情傾向，我們似乎對它們的每一方面都感到十分滿意。對感到這種仁慈情感的人和成為這種情感對象的人的滿足之情，我們都會表示同情。

與敵人的暴行可能使勇敢的人產生害怕的情緒相比，成為仇恨和憤恨的對象總是更使人痛苦不堪。同樣道理，在為人所愛的意識中存在的一種滿足之情，對一個感覺細緻靈敏的人來說，其對幸福比對他希望由此得到的全部好處更為重要。在朋友之中挑撥離間，以將親切的友愛轉變成人類的仇恨為樂，沒有人比這種人更為可惡了。

那麼，這種如此令人憎恨的傷害，其可惡之處又在什麼地方呢？在於失去如果友誼尚存他們可望得到的微不足道的友愛相助嗎？它的可惡，在於擾亂了他們內心的平靜，並且中止了他們之間的愉快交往。這些情感，這種平靜，這種交往，不論對和善敏感的人的幸福，還是對平庸粗俗的平民的幸福，都較那些可望由此得到的一切好處顯得更為重要。

戀人總會因愛情而感到愉悅。的確，愛情能撫慰心靈，甚至有利於維持生命的活動，促進人體的健康。而且，如果人能意識到愛情能激起其他所愛對象的感激和滿足的心情時，愛情就會使自己更加愉悅。戀人的相互關心使他們彼此感到幸福，而對這種相互關心的同情，又使得他們同其他任何人保持一致。

如果有這樣一個家庭：所有成員之間充滿著熱愛與尊敬，父母和子女都是彼此的好伴侶；除了一方抱著尊重對方情感的心情，另一方抱著親切的寬

容態度外，再也沒有任何其他的爭吵；房間內充滿著自由、溺愛、善意的玩笑和親暱的舉止；沒有對立之利使兄弟疏遠，沒有彼此爭寵使姐妹不和。那麼，這個家庭的一切使我們自然產生的平靜、歡樂、和睦和滿意的感覺，究竟會給我們帶來怎樣的愉悅呢？

如果又有一個這樣的家庭：成員之間的衝突爭論使他們一分為二，一半成員反對另一半成員；溫文爾雅和順從殷勤的表情中，蘊藏著無盡的猜疑；突然的情感發作泄露出他們相互之間的強烈妒忌，這種妒忌隨時都會衝破朋友們在場時加在他們身上的一切拘束而突然爆發出來。那麼，這個家庭又會讓我們感到怎樣的失望呢？

和顏悅色的情感從不會招致反感，即使它們有時也的確有些過度；甚至友善和仁慈情感的缺陷方面，也有一些令人愉快的東西。過度溫柔的母親和過度遷就的父親，過度寬宏和痴情的朋友，有時人們可能由於他們天性軟弱而以一種憐憫的心情去看待他們。然而，這憐憫之中混合著一種熱愛，這種熱愛使他們絕不會帶著憎恨和厭惡的心情，甚至也不會帶著輕視的心情去看待他們，責備他們過度依戀時也總是帶著同情和友善。當然，最蠻橫和最卑劣的人除外。

孤弱無能常在極端仁慈的人身上得到體現，這是一種比其他任何東西更能引起我們憐憫的品性。仁慈者所具備的仁慈本身，並不包含任何使其變得低等卑俗或令人不快的東西。可令我們感到懊惱的是，仁慈者對世人如此仁慈並不合適，因為世人不配得到它。仁慈者之所以成為虛偽欺詐的背信棄義者和忘恩負義者作弄的對象，就是因為他們本身具有的仁慈的品性。

其實，在所有人中，仁慈者最不應該，也最難接受這種痛苦和不安。憎惡和憤恨則完全相反。那些可憎激情的強烈發洩，會使人變得足夠招致每個人的恐懼和厭惡，這樣的人猶如文明社會中的野獸，應該遭到驅逐。

道德評論

與憤怒等不友好的情感相反，還有一些總令人愉悅的情感，如仁慈、善良、寬容、憐憫等友好的情感。這類情感無論何時何地都會讓人心情舒暢。和藹可親的情感，無論表現得如何過度，都不會招致我們的反感。

▌論自私的情感

還有一類情感，介於上述友好與不友好的情感之間，我們稱之為自私的情感。這類情感絕不像友好的情感那樣，有時使人覺得十分合宜與優雅；也不像不友好的情感那樣，有時又使人覺得煩惱和討厭。

個人的幸運或不幸，是我們快樂或悲傷的起因，第三類情感便據此構成。即使快樂和悲傷如何過度，也絕不會像過度的憤怒那樣令人不愉快，因為絕不會有相反的同情感促使我們去反對它們；而即使它們恰如其分，也絕不會像公正無私的博愛與慈善那樣令人愉快，因為絕不會有加倍的同情感使它們得到我們的讚許。但是，悲傷與快樂之間還是存在著這樣一個差異：小快樂和大悲傷最容易引起我們的同情。

如果一個人的運氣足夠好，以致他的生活層次突然得到了很大程度的提升，那麼有一點不容置疑，他最好的朋友們給予他的那些祝賀，並非全都是真誠的。即使一個暴富者具備最偉大的優點或功勞，他也常常使我們感到不快，因為嫉妒的感覺往往阻止我們衷心附和或同情他的喜悅。

對於這個暴富者來說，如果他的判斷力還沒有完全喪失，他就一定會察覺到這一點，從而盡可能克制他的喜悅，盡可能壓抑他的新處境自然會在他身上激起的那種飄飄然的感覺，而不是表現出一副因為交到好運而得意洋洋的樣子。他裝模作樣地採取適合自己從前處境的樸素打扮，做出適合自己從前處境的謙遜行為；他加倍關心起他的老朋友們，並努力顯得比從前任何時候都更為低調、殷勤和彬彬有禮。

暴富者的這種舉動，正是我們所要讚許的那種行為。因為我們似乎期待，和我們同情他感到的幸福相比，他更應同情我們因他的幸福而感到的嫉妒與憎惡。

但是，暴富者的這一切努力最終也很難贏得我們的讚許。一方面，我們懷疑他的謙卑缺乏真誠；另一方面，他對刻意的謙卑也感到厭倦。因此，用不了多長時間，所有老朋友都會被他拋諸腦後，只留下一些最卑鄙的人甘心成為仰賴他的附庸。同時，他也很難交到新朋友。他和新朋友平起平坐的行為，會讓新朋友們覺得自尊受到了羞辱，這種羞辱，絕不亞於他的舊交們因為他超越了他們而覺得自尊受到羞辱的程度。

此時，暴富者如想對這兩種羞辱作出彌補，就對他保持謙卑的耐性提出了更高的要求。但通常，他很快就會覺得厭倦，很快就會被舊交們的慍怒和新朋們的傲慢所激怒。他們會以輕視的態度對待前者，以粗暴的態度對待後者，直至最後變得狂妄不可理喻，遭受眾人的鄙視。

被人關愛總使人感到幸福，如果這種感覺就是幸福的主要部分，那麼，絕對意外的幸運的降臨就不會對幸福有什麼促進作用。最幸福的應該是這樣的人：他緩慢而穩健地逐步晉升到高貴的地位，在他的每一次晉升前，大家便已盼望他占有那個位置很久了，所以，他的每一次晉升，絕不可能在他身上引起過度的喜悅，也不可能招致旁人的猜忌或嫉妒。

但是，如果幸福並不十分重要，就比較容易引起人們的同情了。在獲得極大成功時，得體的舉止是保持謙卑；在日常生活的小事上，例如：在昨晚和我們共度良宵的朋友們身上，在為我們安排的節目上，在昨晚所說的話及所做的消遣上，在此刻交談時的小插曲上，以及在所有填補人生空虛的那些可有可無的小玩意上，我們可以盡情地表示自己的心滿意足。

愉悅的心情是建立在一種特殊的品味風趣的基礎上，對所有日常發生的小事都覺得趣味盎然的興致。經常保持這種心情，會使人顯得優雅合宜，因為我們很容易對這種愉悅的心情產生同情：它使我們內心產生同一種喜悅，

讓我們對每一件給別人帶來幸福心情的事情感到由衷的愉悅，即使是一些瑣碎的小事也不例外。

青少年時期是人生最美好的季節，我們之所以如此喜歡這個人生季節，就是因為以上這個原因。朝氣蓬勃的青少年雙眼中閃耀的喜悅傾向，似乎使他們紅潤的臉頰更顯光輝。這種喜悅即使出現在與老年人同性別的青少年身上，也會使老年人的心情變得比平時更為高興。他們會暫時忘掉虛弱多病的軀體，縱情沉浸在他們年輕時愉快的思緒中。儘管這些思緒時隔久遠，早顯生疏，但當眼前青春的笑臉又使它們浮現在腦海中時，他們仍會以更大的熱情去擁抱它們、追憶它們。

悲傷則與此不同。輕微的苦惱不足以激起同情，劇烈的痛苦往往容易引起最深度的同情。如果人們為每一件不愉快的小事煩躁不安，為廚師或管家最輕微的失職苦惱，為朋友在上午相遇時沒有向自己問好念念不忘，為兄弟在自己講故事時哼歌生氣，為天氣不好、路況糟糕、缺少同伴深感枯燥無味、情緒低落，那麼在我看來，這樣的人即使有理由得到同情，也不可能得到太多。

對喜悅來說，不管是輕微的原因，還是充足的緣由，都足以使我們縱情沉湎於這種情感，因為喜悅本身就是一種愉快的情感。只要我們沒有因為嫉妒而心生偏見，我們就很容易對他人身上的喜悅報以同情。

悲傷則是一種令人痛苦的情感，因此，即使遭遇不幸的是我們自己，我們內心也會自然而然地抗拒和排斥它。我們或者會盡力完全不去想像這種情感，或者在想到它時就立刻盡力甩掉它。事實上，我們偶爾也會去想像那些因微不足道的小事所引起的悲傷，但是我們卻不願意對別人身上發生的同樣的事感到同情，因為我們對於別人的同情總不及我們對自己的情感強烈。

不得不特別指出的是，人類心中一直存有一種惡意。這種惡意不僅會完全阻礙我們對他人的小苦惱產生同情，而且會使他人的小苦惱多少變得有趣。

這或許正是我們常透過開玩笑取樂，透過看到我們的同伴在遭受逼迫、催促、戲弄時的氣惱表現取樂的原因。

意外的小事故會給人帶來一定程度上的痛苦，但教養良好的人會盡力掩飾這種痛苦。那些老於世故的人則不是這樣。他們會故意拿自己的煩惱開玩笑，因為他們知道，即使他們不這樣做，他們的朋友也會這樣做。很多人都保持著這樣的習慣，即從他人的角度看待牽涉到自己的每一件事。這樣的習慣使他們在遭遇那些微不足道的不幸時，將這些不幸視作他的朋友們所想的那樣不值一提。

與此相反的是，深重的痛苦常常引起人們強烈而真誠的同情，如我們甚至常為一個悲劇的演出而淚流滿面。所以，如果你正處於這種不幸的巨大悲痛中，如貧困、疾病、恥辱、絕望等，即使這些悲痛的發生與你的過失有一定關係，你也仍可信賴自己所有朋友的極其真誠的同情，並且在利益和自尊許可的範圍內，你也可以信賴他們極為厚道的幫助。不過，如果你的不幸並不嚴重，或是在雄心壯志上小遇挫折，或是被情人拋棄，或是遭受妻子嚴格看管，那麼，朋友們的取笑將是不可避免的。

道德評論

自私情感的強烈程度，往往難以讓我們判斷其好壞，因為它完全出於一種人的本性，它既不會讓人非常厭惡，也不會讓人非常高興。但是有一點可以肯定，我們一般容易同情輕度的高興和沉重的悲傷。如果你一夜之間飛黃騰達了，這時你的言談舉止應該更加低調。小小的苦惱激不起同情，劇烈的痛苦卻喚起最深的同情。如果你碰到了一些小小的苦惱，你也不要指望同伴會寄予多大的同情，你就等著他們幸災樂禍的嘲笑吧！

▌論對悲傷的同情感

對他人的痛苦抱有同感，是「同情」的本義。雖然一位已故的優秀哲學家認為，人們對快樂的同情亦是出於人類自身的天性，但實際上，我們對他人悲傷的同情，的確比對快樂的同情更為常見。

我們多少會對他人過度的悲傷產生同感，這種感覺不是完全的同情。即使我們贊同他人，也無法在情感上達到和諧一致。雖然我們不會同受苦的人一起流淚哀嘆，但當我們感到他的軟弱無助、情感失控時，仍會主動去關心他。而如果我們面對的是一個得意忘形、手舞足蹈的人，則會報以輕蔑和憤怒，因為我們無法體會也不可能同他一起享受快樂的感覺。

同快樂相比，心靈和肉體上的痛苦也更能刺激我們的情感。雖然我們一方面對痛苦的同情遠不如受難者自己的感受，另一方面，對快樂的同情也與當事人更為相似，但是，我們對痛苦的同情，仍比對快樂的同情更為生動。

不過，我們也常常努力克制對他人悲傷的同情。只要受難者不在現場，那麼無論成功與否，我們都會嘗試去抑制這種同情。這種強迫帶來的結果並不如意，我們往往會更加關注他人的悲傷。

而對快樂的同情，就從不會遭受我們的拒絕和遏制了。別人的快樂引起我們的嫉妒時，同情是根本不存在的，相反，如果沒有嫉妒，我們就會很自然地表示同情。因為嫉妒總是讓人臉紅，當我們因此而無法感到同情的時候，就常常裝模作樣，有時還會弄假成真。

鄰居的好運會讓我們為之高興，但實際上，我們的心裡或許並不好受。而對於他人的悲傷，即使我們不想報以同情，我們也很容易有這種感覺。我們也很願意對別人的快樂表示同情，但我們卻常常感覺不到這種同情。因此，一個顯而易見的結論是：悲傷容易引起我們的同情，快樂卻不太容易引起我們的同情。

　　以上論述極有道理，但我還是認為，只要我們沒有嫉妒之心，快樂就會較痛苦更能引起我們的同情，而且我們對快樂的同情與當事人的感受更為接近。

　　雖然我們不太認可那種過度的悲傷，但我們還是會予以寬容，因為我們知道當事人會盡可能地克制自己的情緒以得到旁觀者的諒解。而且，即使他完全沒有做到，我們也會原諒他們。但過度的快樂，就難以得到我們的寬容了。因為我們認為，當事人要控制自己的這類情緒並不是非常困難。厄運纏身卻能節制悲哀的人常得到我們的欽佩，那些一帆風順卻不得意忘形的人，似乎並沒有多少人對他們表示讚許。所以我認為，當事人想讓旁觀者認可自己的悲傷情緒，比認可自己的快樂情緒要困難得多。

　　儘管因生活的富足和無憂無慮而感到無比幸福是人類最自然的本性，但這種行為仍給人輕浮的感覺。如今，世上到處瀰漫著讓人感嘆不已的悲慘和墮落，這種處境是大多數人正面臨著的生存狀態。所以對大多數人來說，同朋友們分享彼此類似的際遇，卻也算是一件快樂的事情。

　　生活質量的不斷提升實屬不易，但人們卻能從這種分享中各有所得。幸福的人距離完美無缺的狀態並沒有多遠，與最微不足道的痛苦卻相差十萬八千里。所以，災難給受害者帶來的悲痛常遠遠超過應有的狀態，這種超越的程度要比幸運帶給人的過度快樂大得多。

　　只要沒有嫉妒之心，我們就會因同情快樂而心生愉悅，並樂於沉浸在這極度的愉悅之中。不過對於悲傷，我們的同情感總讓我們難受無比，儘管我們勉強去克制，也成效甚微。

　　我們在觀看悲劇時，都會盡可能地克制自己的同情心，即使實在無力控制自己的情感，至少也會努力在朋友面前掩飾自己內心的波動。我們會不動聲色地擦去眼角的淚水，唯恐別人不理解我們的多愁善感。

　　遭遇不幸的人渴望透過傾訴得到我們的同情，但如果他感到我們的同情中帶著勉強的因素，那麼，他在向我們傾訴痛苦時就會表現得猶豫不決。想

到他人冷酷的心腸，他寧願把自己一部分的悲傷隱藏起來，而不願盡情發洩自己的痛苦。那些春風得意、趾高氣揚的人就不同了。他們從不會掩飾自己的得意之情。因為他們明白，只要我們沒有因嫉妒而討厭他，就會對他的成功表示衷心的同情和稱讚。

笑聲和淚水都是自然而常見的，但我們總是覺得他人更願意同情我們的歡樂而不是悲傷，所以，我們更願意在朋友面前露出笑容，而不是眼淚汪汪。即使遭遇最不幸的打擊，悲戚的抱怨也會讓人難堪不已，而勝利的狂歡則不是卑劣的行為。我們之所以在成功的同時保持對這種狂歡的克制，只是因為此時過度的愉悅會引起他人的嫉妒，這不得不使我們稍顯謹慎。

對競技場上超越自己的勝利者，人們都會沒有任何嫉妒之心地報以熱烈的歡呼；在旁觀一次死刑時，他們的悲痛又是那麼莊嚴平靜。我們在喪禮中表現出來的悲傷，只不過是裝模作樣的嚴肅；而在洗禮或婚禮儀式中，我們卻總是沒有絲毫做作地發出我們由衷的歡笑。在這些喜慶場合，我們的快樂與當事人的感覺一樣真實，雖然它是如此的短暫。每當我們誠摯地祝賀朋友時，他們的喜悅簡直變成我們的喜悅。頓時，就像他們一樣，我們內心也洋溢著真正的愉快，喜悅與滿足的光芒在我們的眼中閃耀，我們春光滿面，談吐自如，行為瀟灑。

無論我們如何安慰朋友的痛苦，我們的感覺也與他們相差甚遠。我們坐在他們身邊，看著他們，認真地傾聽他們訴說自己的不幸。在講述過程中，他們偶爾會因內心情感的波動而哽咽難言，而我們卻越來越聽不進去，完全跟不上他們的情緒變化。但對他們如此激動的行為，我們也完全能夠理解，因為換成我們，也會有同樣的行徑。

不過我們知道，僅僅有這些理解是不夠的。我們會在內心深處責怪自己麻木不仁，並可能由此產生一種勉強的同情。但可想而知，這種強迫的同情是多麼經不起考驗，一旦我們轉身離去，就會消失得無影無蹤。也許上帝覺得我們自己的痛苦已經很多，所以並不要求我們去分擔他人的痛苦，而只是鼓勵我們努力使別人的痛苦得到減輕。

從某種程度上說，人們在巨大痛苦中的高尚行為之所以顯得如此優雅合宜，就是因為人們對他人的痛苦感覺遲鈍。一個能在眾多的小災小難中保持愉快的人，他的舉止總是彬彬有禮和惹人喜愛。甚至與那些能夠以這種態度忍受極為可怕的災難的人相比，他似乎也略勝一籌。

蘇格拉底之死

在他的處境中，當然也存在足以使他激動不已的激烈情緒，但他往往能以巨大的努力使其平靜下來。對此，我們能清楚地感覺到。他完全控制自己的能力使我們驚訝不已。同時，他的堅定和我們的冷漠完全一致。我們也並不具有那種很強烈的感覺，並為此深感羞愧，但幸而，他並不要求我們具有那種很強烈的感覺。在他的情感和我們的情感之間，存在著一種非常完美的一致，所以，他的行為總顯得那麼恰到好處。

不過，就人類天性中通常具有的弱點來說，他堅持這種行為的持久性是頗值得懷疑的。正因為難以堅持，他那種能作出高尚和巨大努力的內心力量，才使我們異常吃驚，而這嘆服和驚奇激發出來的同情和讚許的情感，正是我們多次指出的構成人們欽佩情感的主要來源。

每當我們遇到上述這種英雄的高尚行為，便會深為感動。這也使得我們更容易為這種具有英雄的高尚行為而自己似乎無所感受的人哭泣和流淚，而不會為那些不能忍受一切痛苦的軟弱的人有任何的同情。

在類似於以上所述的關鍵時刻，旁觀者對悲傷的同情似乎超過了當事人的原始激情。例如：當蘇格拉底平靜地吞下毒藥時，他的朋友們全哭了，而他自己卻神情平靜，顯得極為輕鬆愉快。在所有這些場合，旁觀者不可能也沒有必要為克服自己充滿同情的悲傷作出任何努力。他並不擔心它會使自己做出什麼過度和不合宜的事情。相反，他喜歡自己心中的那種情感，並且帶著滿足和自我讚賞的心情沉浸在自己的情感之中。所以，這種令人傷感的想法讓他沉迷，它能夠自然地促使他關心朋友的不幸，這種親切而充滿悲傷的愛的激情，或許是他第一次對朋友產生如此熱烈的情感。

當事人則完全不同，他被迫盡可能不去注視在他的處境中必然是既可怕又令人不快的事情。他擔心過度認真地注意那些情況，會受到它們強烈的影響，從而難以適當地控制自己，使自己贏得旁觀者的完全同情和讚許，所以，他把自己的思想活動集中到那些只是令人愉快的事情上，集中到因自己行為壯烈和高尚而即將得到的讚揚和欽佩上。他會因自己能作出如此高尚而又巨大的努力，及能在如此可怕的環境中按照自己的意願行事而意氣風發。陶醉在快樂中的他，會保持這種沉浸在勝利之中的喜悅，不幸也得到徹底擺脫。

與之相反的是，那些因自己的不幸而深感悲傷沮喪的人，他們總顯得如此庸俗和卑劣。對這樣的人，我們不但不會設身處地地對他們的自我同情表示同情，還會看不起他們，這種看起來並不公正的情感或許是人們與生俱來的天性決定的。除非那些脆弱的悲傷來自我們對他人的同情，而不是來自我們對自己的同情時，才有使人愉悅的可能。

當寵愛自己和值得自己尊敬的父親去世時，兒子當然會深陷於無以復加的悲痛之中。這種悲痛，主要建立在一種對其死去的父親表示同情的基礎之上。這種充滿人性的情感也極易得到我們的體諒。但是，如果由於只涉及自己的不幸而任由上述脆弱的情感泛濫的話，他絕不可能得到他人的任何寬容，

即使他傾家蕩產淪為乞丐，或者面臨極為可怕的危險，甚至被帶去公開處決，在絞台上流下一滴眼淚，在所有那些勇敢高尚的人看來，他也應該為自己的行為感到羞恥。他們不可能原諒這個在世人眼中顯得如此脆弱的人。他們對於他的行為與其說是感到悲傷，不如說是感到恥辱。在他們看來，他由此給自己帶來的羞恥是他的不幸之中最不可救贖的。

勇敢的畢洪公爵曾在戰場上經歷過無數生與死的考驗，可當他在絞台上次想起國家被自己毀掉，回想起自己的至高榮譽和萬民仰慕之情因輕率而不幸失去時，他還是脆弱地流下了淚水。對他大無畏的聲譽來說，這種脆弱同樣是一種恥辱。

道德評論

相較快樂而言，人們會對悲傷予以更多的同情。但是只要不心懷嫉妒，我們更願意感受別人的快樂而非悲傷。我們很難完全感受別人的痛苦，所以一個身處巨大悲痛之中而能克制自己的人，是令人欣賞的。在日常生活中，我們會忍不住為英雄的壯舉流淚，但我們絕不會為一個軟弱之輩動容。

▌論嫌貧愛富的情感

建立和維護社會等級差別和應有的秩序，往往需要類似這樣的社會風氣：對有錢有勢者的欽佩乃至崇拜，及對貧窮者的藐視或至少是忽視。不過，這種風氣同時又可能導致普遍的道德敗壞，財富和地位比智慧和美德更易獲得尊敬，貧困和軟弱比罪惡和愚蠢更容易遭受輕視。長久以來，這種現象一直遭受著倫理學家們的批判。

幾乎是與生俱來的天性，我們都希望自己是值得尊敬的人，也希望自己被人尊敬；我們都害怕自己是該被輕蔑的人，也害怕自己被人輕蔑。但是，直到我們進入社會後才發現，不只是智慧和美德才能贏得人們的尊敬，不只是罪惡和愚昧才會招致人們的蔑視。

　　比較常見的現象是，人們將尊敬的目光投向有錢有勢的人，而不是有智慧有美德的人。有權有勢者的惡行與愚蠢，遠比天真無辜者的貧窮與卑微受到的輕蔑更少，這也是司空見慣的。為了得到他人的尊敬和欽佩，人們不顧一切地往上爬，或透過學習智慧與實踐美德，或透過取得財富和顯赫的地位，來實現這個夢寐以求的目標。

　　野心勃勃、貪得無厭和謙虛謹慎、公正無私，是爭強好勝心理的兩種表現。這兩種表現是我們考驗仿效的典型：前者披著耀眼的光環，引人注目，其實華而不實；後者則顯得大方得體，但除了目光敏銳的人以外，很少有人注意。後者雖然鳳毛麟角，卻是真正的德才兼備之士，是社會的棟梁。財富和顯赫的地位是絕大多數人外在的膜拜對象，而他們內心的膜拜對象，往往是一片空白。

　　初看起來，智慧和美德給人的尊敬，與財富和顯貴給人的尊敬並沒有什麼不同，但實際上，這兩者在某些特徵上還是存在著細微的差別，如不細心觀察，很容易將它們混淆。

　　在一切其他方面都完全相同的情況下，幾乎所有人對富人和大人物的尊敬，都超過了對窮人和小人物的尊敬。絕大部分人對前者的傲慢和自負的欽佩，都甚於對後者的真誠和可靠的欽佩。的確，財富和地位並不是唯一值得我們尊敬的對象，無視優點和美德也是對這些高貴品質或美妙詞語的褻瀆，但事實上，人們所仰慕的始終是財富和地位，因此很多時候，它們會自然而然地引起人們的尊敬。只有那些罪不可贖的惡棍和愚蠢透頂的傻瓜，才沒有資格享有那高高在上的地位。大人物經常放縱無禮，卻常得到寬容；那些整日循規蹈矩的平民們，即使偶爾一次有失檢點的行為，也會招致旁人的輕蔑和厭惡。

　　幸運的是，那些處於中下階層的人們，追求美德和追求財富的途徑大致相同，只要他們踏實肯幹，品行端正，一般都能在本職工作中有所成就。但是，如果背信棄義、膽小怕事、浮躁放縱、不知廉恥，則再有才華的人也不會有任何成就。而且，中下層平民向來對法律存有敬畏之心，十分尊重這種維護

正義的規則。他們的成功與鄰里、同行及朋友的幫助息息相關，「老實人不吃虧」這句老話常在他們身上得到應驗，品行不端的人則絕不可能得到這些。因此可以說，在一般社會公德的層面上，絕大多數人的行為都是令人欣慰的，他們所能達到的道德水平足以使我們滿意。

不幸的是，處於上層的人們並非如此。生活在宮廷和社交場合的他們，常將大富大貴的理想寄希望於那些見多識廣的同僚，其實這是絲毫沒有用處的。掌握他們富貴命脈的，是他們那些無知、專橫和傲慢的上司們怪誕、愚蠢的厚此薄彼之心，所以，為了實現他們的目標，阿諛奉承和虛偽欺詐往往比才智和美德更為奏效。在大戰未至的和平年代，帝王將相們終日沉迷於紙醉金迷的荒誕生活，絲毫不想承擔為民造福的責任。在上流社會中，人們也更為欣賞那些故作姿態的儀表風度和小聰明，而不是戰士、政治家、哲人或議員的男子氣概。粗俗卑鄙的溜鬚拍馬之徒，也常對一切令人肅然起敬的美德予以肆意的汙衊和踐踏，這種馬屁精遍存於上流社會。

人們長久以來對有錢有勢之人的崇拜，逐漸使這些權勢之人的日常習慣成為引導潮流的時尚。他們的衣著打扮，他們的舉止風度，甚至他們的罪惡和愚蠢，都成了一種時髦的東西。人們競相模仿，並以此為榮，殊不知，正是這些東西使他們墮落和迷失。

私下裡，愛慕虛榮的人也會真心實意地認可並踐行一些大多數人都承認的美德，但在公眾面前，他們又會裝腔作勢，賣弄他們自以為時髦的姿態，即使他們心裡不一定喜歡這種姿態，他們也不會覺得有什麼不對；即使他們連自己都覺得這些東西無足稱道，他們也希望得到好評。

宗教和道德領域從來不缺少偽君子，同樣，在對待財富和地位方面也有很多偽君子。愛慕虛榮的人會像狡猾的騙子一樣想方設法偽裝自己，給別人一種假象。他用那些上層人士的馬車和奢侈生活來顯示自己的身分，卻沒有想到他們所特有的儀態和排場，以及維持這種排場需要多少錢財權勢。很多窮人便熱衷於講體面、擺闊氣，卻沒有料到這會給自己帶來更大的負擔，不久之後他們就會身無分文，更難實現他們原先的大人物夢想。

以上這種令人仰慕的境遇，是大多數人首要的追求目標，以致他們時常放棄通往美德的道路。美德之路和財富之路只能選擇一條，因為這兩者的方向有時完全相反。不過，野心勃勃者通常認為，在他追求的那個優越的處境裡，他會有很多辦法來博得人們對他的欽佩和尊敬，並能使自己的行為彬彬有禮、優雅有度；他之前為獲得晉升而採用的各種邪惡手段，完全能被他未來的那些行為給他帶來的榮譽所掩飾，人們不會有絲毫的察覺。

很多政府的最高職位候選人在競選時，都凌駕在法律之上，因為一旦他們達到自己的野心所確定的目標，他們曾經為獲得最高職位而採用的手段所遭受的指責，就會變得不值一提。所以，他們常常使用欺詐、撒謊等拙劣卑鄙的陰謀和結黨營私的伎倆，甚至有時還透過謀殺、行刺、叛亂、內戰等方式，竭力排擠、清除那些反對或妨礙他們獲得高位的人。最終，他們中的絕大多數也難逃身敗名裂的結局，畢竟最高職位者只能有一人，失敗者永遠都會占多數。對那些實現自己畢生夢想的人來說，他們理應感到心滿意足，但事實並非如此，一旦他們得到自己追求的東西，他們還是會感到失望。舒適和快樂並不是野心勃勃的人真正追求的東西，只有榮譽的光環，即在常人看來是對榮譽極度扭曲的光環，才能讓他們感到滿足。不過，他將來爬上高位所得到的榮耀，在如今為了達到這個目的而使用的卑劣伎倆的對比下，早已失去了應有的光輝，無論在他看來，還是在別人看來，都是如此。

當然，他也會採取一切諸如毫無節制的揮霍、聲色犬馬的放縱、日理萬機的忙碌、驚心動魄的征戰等行動，來讓自己和所有人逐漸淡忘他的所作所為，但這一切仍是徒勞的，往事的記憶早已深刻於腦海，並會像夢魘一樣糾纏著他，而且，一想起自己曾經的罪惡，他就會想到必然有人熟知這些底細。

這種痛苦的感覺不斷折磨著他，雖然他可以舉辦極盡奢靡的盛大儀式，可以從權臣和學者那裡收買令人作嘔的諂媚，可以得到愚民發自內心的歡呼，可以在征服和勝利之後體會壯志已酬的滿足，但他始終無法擺脫這如影隨形的羞愧之情的猛烈報復。他的確已集所有榮耀於一身，卻又無時無刻不背負著千古罵名。

　　凱撒的偉大的確難以企及，他氣度不凡地解散了自己的衛隊，他仁慈寬厚地赦免了自己的敵人，但同時，他又不能完全打消自己的疑慮，也無法得到人們的同情，更沒有徹底消除他們對自己的敵意，使自己能在他們的尊敬和愛戴中安度晚年。

道德評論

　　追捧富人和輕慢窮人是等級社會的必然要求，同時也是敗壞情操的重要而普遍的原因。我們對智慧和美德往往不像對財富和地位那樣尊敬。通往財富和美德的道路往往是相悖的，有人為了追求財富而放棄了美德。在他們挖空心思追求到各種榮譽之後，又希望自己忘卻過去的罪惡或以為榮譽會讓人淡忘其手段的罪惡。可是實際上，即便他們獲得了榮譽，他們的靈魂也片刻不得安寧。

第二卷 論感激與怨恨

感激，也稱感恩，是那種直接促使我們去獎賞某人的情感；怨恨，也稱憤怒，是那種直接促使我們去懲罰某人的情感。這兩種情感能直接促使我們成為協助他人獲得幸福或遭到不幸的工具。

▌感激則賞，怨恨則罰

對於感激與怨恨，我們通常採取的態度有兩種：一種是對那些看起來應當受到感激的對象予以獎賞；一種是對那些看起來應當受到怨恨的對象施以懲罰。

感激，也稱感恩，是那種直接促使我們去獎賞某人的情感；怨恨，也稱憤怒，是那種直接促使我們去懲罰某人的情感。對某一種行為來說，如果它看起來不僅是某種情感的合宜對象，而且這種情感是直接促使我們去獎賞或報答某個人的那一種，那它必定值得獎賞；同樣道理，如果這種情感是直接促使我們去懲罰或報復某個人的那一種，那它也必定應該受到懲罰。

獎賞，即回報或報答，就是以德報恩；懲罰，即報復，以牙還牙，以傷害回報受到的傷害。

感激和怨恨是一種特殊的情感，這兩種情感能直接促使我們成為協助他人獲得幸福或遭到不幸的工具。其他的情感，雖可以同感激和怨恨一樣會促使我們關心他人的幸福或不幸，但是卻無法直接促使我們成為協助他人獲得幸福或遭到不幸的工具。

那種因志同道和與熟識產生的愛與尊敬，會使我們樂於看到自己所愛與尊敬的人的幸福，從而樂於提供協助，促進他們的幸福。並且，只要我們所愛所尊敬的人得到幸福，即使他們的幸福是在未經我們協助的情況下獲得，我們的愛也不會有絲毫的減弱。因為這種情感的目的，是要看到他們幸福，至於其幸福是誰促成的，並不重要。

在某些時候，愛與尊敬的情感得到了滿足，感激的情感不一定能得到滿足。假如，那個獲得幸福並為我們所尊敬和熱愛的人，同時也是我們欠他許多恩情的人，他在未經我們協助的情況下得了到幸福，雖然我們會因愛而為他感到高興，但我們卻感覺不到任何感激。

那麼，感激之情怎樣才能得到滿足呢？

一般來說，只有我們用自己的行動或物質來表示，直到已經報答了他的恩情，直到協助、促進了他的幸福，我們才不會感覺到他的恩情加在我們心靈上的沉重負擔，即感激之情才能得到滿足。

當然，我們也會因平時的不滿而產生仇恨和厭惡，這種情感能促使我們對他人的不幸感到幸災樂禍，這些人的行為和品行曾激起我們如此痛苦的激情。

仇恨和厭惡常使我們變得麻木不仁，不表示任何同情，甚至有時使我們樂於看到別人的不幸。不過，如果在這種情況下沒有憎恨，或無論是敵人還是朋友我們都沒有受到巨大的侵害，這些激情就不會自然地使我們希望成為造成他痛苦的原因。

那些受強烈仇恨情感支配的人，也許會很高興地聽到他憎惡和討厭的人死於意外，甚至有時都不害怕因插上一手而受到懲罰。但總體看來，我們寧

願它的發生與我們無關。任何一個有正義感的人，都會認為自己的這種激情與美德不符。即使是在沒有圖謀的情況下成為這種不幸的原因，他也會為此深深自責。這種自發作用於別人的想法，的確讓我們異常難受，我們甚至會拒絕想像這種惡劣的圖謀，因為一想到自己做出的這種窮凶極惡的事情，就會把自己看作是和自己所厭惡的對象一樣可惡的人。

憎恨則完全與之相反，它會促使我們渴望憎恨的對象受到懲罰，且會因他對我們造成的特別傷害而渴望親手懲罰他。例如：殺害了我們的父親或兄弟的惡人，即使不久以後死於熱病，甚至是因為其他罪名上絞刑架，也只能在一定程度上緩解我們的仇恨，並不能完全滿足我們的憎恨。

這種情感的真正目的在於，罪犯不僅要自己感到痛苦，而且要為對我們造成的傷害感到痛苦。否則，憎恨就無法得到真正的滿足。

綜上所述，只有感激與怨恨才是直接促使我們去獎賞與懲罰的情感。因此，如果一個人看起來是適當且被認可的感激對象，那麼，必定該受獎賞；如果他看起來是適當且被認可的怨恨對象，則必定該受懲罰。

道德評論

如果一種行為表現合宜，得到大家的認可和感激，那麼這種行為無疑應得到人們的報答；如果一種行為受到公眾一致的反對和詰難，那麼這種行為顯然應該受到懲罰。感激與憤恨是一種鮮明的情感，能夠立即引起人報答或憤恨的態度。

▌感激與怨恨的對象

我們不能僅憑個人的私慾與情感來判定公認的感激對象或憤恨對象，若要判定一個合宜而又公認的感激對象或憤恨對象，必須得到每一個公正的旁觀者的充分同情，或得到每一個沒有利害關係的旁觀者的充分理解和贊成。

對那些我們發自內心感激的人，我們理所當然要報答他，我想他們也是一樣，也希望看到這種報答；至於那些我們發自內心怨恨的人，我們當然希望他得到懲罰，如果他是一個通情達理的人，也會理解和同情我們，並樂於接受這種懲罰。

這種情感如跟我們會為同伴們的成功，而情不自禁地與他一起沉浸在喜悅之中一樣，當他們以得意與滿足的心情自然地看待他們之所以幸運的原因時，不管這原因是什麼，我們也會和他們一樣覺得滿足。

甚至，我們會愛屋及烏，若是體會到他們心裡對某種東西的愛與感激，我們也會同樣對它心生愛意。如果它被摧毀了，或只是被擺在距離他們很遠，以致他們照顧或保護不到的地方，即使他們不會因它不在身邊而有什麼損失，只是由於看到它而失去了某種樂趣，我們也會替他們覺得難過。

假如這個我們要感激的人是一個有幸幫助其同胞得到幸福的人，則情形更是如此。例如：當我們看到某個人得到另一個人的幫助、保護與解救時，我們會因受惠者的喜悅而感到同樣的喜悅，也會對施惠於他的那個人產生同樣的感激。

試想一下，我們用自己想像中的受惠者的眼光，看著施惠者，即他的恩人的時候，那個恩人就似乎活生生地以最迷人可親的姿態站在我們面前。

如此一來，我們就不難理解受惠者感激恩人的心情，對他用來報答恩人的種種行為也會加以讚許。需要注意的是，報答不能完全僅憑自己的個人意願，也要考慮報答對象的因素。所以，報答必須是恰當的，而且要適合它們的對象。

當然，在我們的同伴遭遇不幸時，我們同樣會感到悲傷，對導致他受苦的原因，不管那原因是什麼，我們也會和他一樣產生厭惡與反感。由於我們的內心接納了他的悲傷，並且與他的悲傷相符，所以，也會產生一種同他盡力想要驅逐或消滅使他受苦的原因時所具有的一樣的激情。

　　但是，這只是一種消極被動的同情，如果我們僅僅滿足於它，只會使得我們和他一樣痛苦，因此，我們必須要尋求一種積極向上的情感，去同情他對痛苦根源的憎恨，以及幫助他努力擺脫悲傷。如果使他痛苦的原因是某個人，這種情緒就更為顯著。

　　例如：當作為旁觀者的我們，看到一個人壓迫或傷害另一個人時，我們為受害者感受到的那股同情帶來的痛苦，勢必會成為我們對施暴於他的那個人產生怨恨的同情的動力。而且，這個時候我們會很熱切地希望看到受害者反過來攻擊他的對手。甚至準備在他努力自衛時立即幫助他，或幫助他在某個程度內進行報復。

　　在某些情況下，這種情感還會得以延續，假如受害者不幸在這次鬥爭中身亡，那麼，他就再也不能感覺得到怨恨或其他任何人類的情感了。既便如此，我們仍不僅會對他的朋友和親戚們心裡的真實怨恨產生同情，而且會對我們在想像中借給死者的那種虛幻的怨恨產生同情。

　　如果我們可以進入他的身體，換言之，由於我們對他的處境進行設身處地地想像，從某種意義來說，能使被害者的遺體重新恢復生氣。就像在其他許多情形那樣，我們會感到某種情緒，這種情緒雖然不能被當事人感覺到，但借由某種想像的同情，我們卻可替他感覺到。

　　這種設身處地的想像能做到的，看起來只不過是我們對他應盡責任當中的一小部分而已——即為那個無法測量，且無法挽回的損失所流下的同情的眼淚。

　　最主要的是，我們應該高度重視他所蒙受的傷害。如果他那具冰冷僵硬的身體還留有意識，還可以稍微感知這世上所發生的一切，那麼，他應該能感覺到我們對他怨恨的同情，而且他也會感覺到這種同情。

　　他是能感知得到這一切的。透過我們的同情，我們已經聽到了他要求血債血償的呼聲，如果他沉冤未雪就走入歷史、被人遺忘，恐怕他們的骨灰都會因此騷動起來。

經常有一些關於凶手的床鋪邊停留著許多令人毛骨悚然的東西的傳聞，它們並不是民間迷信以為的，那種從死者墳墓裡跑出來對讓他們死於非命的人進行報復的鬼魂，而是源自害人者與被害者的虛幻怨恨引起共鳴的自然傾向。

這足以證明，即使這種最可怕的罪行沒有得到正義的懲罰，也會在冥冥之中遭受因果報應，上帝早已用他獨特的方式，將那條神聖與必要的懲惡揚善的法則，用最鮮明且最不能磨滅的文字刻在了人類心中。

道德評論

感激與憤恨只有得到旁觀者的充分贊同和同情時，才會顯得得體合宜。只有當報答和懲罰是人心所向、眾望所歸時，感激和憤恨的行為才具有最大程度的合宜性。我們會為同伴得到別人的恩惠而高興，並且非常贊同同伴對施恩者進行報答。我們也會因同伴遭受別人的侵犯而感到痛苦，並且非常贊同同伴對侵犯者進行還擊和報復。

▌受惠者的感激與受害者的怨恨

施惠者的行為只有得到人們的讚許與公認，受惠者的感激才會得到大家的同情；相反，加害者的動機只有遭到譴責，受害者的怨恨才會有人同情。

因此，我們要把重點放在「行為人」的行為或意圖上，看它對「被行為人」來說是多麼有益或是多麼有害。

但是，有些情形我們是不能避免的，甚至會作出錯誤的判斷。例如：在有益的情形之中，「行為人」的動機看不出有什麼合宜之處，如果左右其行為的那些情感是我們無法附和的，那麼，對受益者心裡的感激，我們便不會有什麼同情；或者，如果在有害的情形之下，「行為人」的動機也看不出有什麼不合宜之處，左右其行為的那些情感，是我們必然會附和的，那麼，對受害者心裡的怨恨，我們便不會有什麼同情。

從上面的例子可以看出，在前一種情形之中，似乎不該有什麼感激，而在後一種情形之中，所有怨恨又似乎都是不正當的；前一種情形的行為似乎沒有什麼值得獎賞的功勞，而後一種情形的行為也似乎沒有什麼應予懲罰的罪過。對這個問題，我將在兩方面予以論述：

第一，如果我們不能同情行為者的情感和影響其行為的動機，那麼，我們就難以同情受益者對其行為帶來的好處所表示的感激。

那些出於最普通的動機而賜予別人極大的恩惠，例如：僅僅因為某人的族姓和爵位稱號恰好與他們的族姓和爵位稱號相同，就把一宗財產贈給他人，這種愚蠢而又過度的慷慨，似乎只應得到輕微的報答。

甚至，在我看來，這種幫助不應給予任何報答，也不應對行為者的愚蠢行為表示輕視，以免妨礙自己充分同情那位得到幫助的人所表示的感激，雖然他的恩人似乎並不值得感激。因為，當我們置身於感激者的處境時，感到對這樣一個恩人不會懷有高度的尊敬，所以，可能基本上消除對他的謙恭的敬意和尊重（我們認為這種敬意和尊重應該歸於更值得尊敬的人）；假如他總是仁慈而又人道地對待自己懦弱的朋友，我們就不會對他表示過多的尊重和敬意——我們要將此給予更值得尊敬的恩人。

詹姆斯一世（西元一三九四年～一四三七年），蘇格蘭斯圖亞特王朝第一任真正意義上的君主、詩人，羅伯特三世之子，西元一四〇六年至一四三七年在位。

這種尊重、敬意和依戀之情，只有那些對自己的善行較有節制的人才能經常體驗到。那些對自己中意的人毫無節制地濫施財富、權力和榮譽的君主，很少能贏得這種程度的尊重、敬意和依賴之情。

例如：詹姆斯一世不夠謹慎的慷慨似乎並沒有得到人們的尊敬，儘管他具有友善而溫和的性情，但是他生前死後似乎沒有一個朋友；英格蘭所有的紳士和貴族們卻心甘情願地為自己節儉和卓越的兒子捨棄自己的生命和財產，儘管他們的兒子生性殘酷和冷漠無情。

　　第二點，不管「被行為人」受到多麼重的傷害和損失，如果「行為人」的行為看起來完全是受到我們徹底體諒與讚許的那些動機與情感的指使，那麼，我們便不可能同情受害者心中的怨恨。

　　假設有兩個人發生了爭吵，不管我們支持其中的哪一個，並且完全同情和接納了他心中的怨恨，那麼，對於另外一個人心中的怨恨我們便不可能同情。由於我們讚許其動機的想法已經認定了那個有道理的人，我們所感到的同情，只會使我們對那個我們認為沒有道理的人，完全無動於衷。

　　如此一來，後面那個人必定要承受很大的痛苦，當然，只要他承受的痛苦不超過我們自己希望他承受的程度，不超過我們的憤慨促使我們想要懲處他的程度，它就不可能觸怒我們，或是讓我們覺得不高興。

　　如果我們看到一個殘忍的凶手即將被處死，也許我們會對他即將面臨死亡的下場感到有些憐憫，但是我敢保證，絕不會有人同情他心裡的怨恨，即使他荒謬到顯露出對檢察官或法官懷有怨恨。

　　雖然，我們不會同情罪犯心裡的怨恨，但是我們也絕不會對那些情感的行為傾向感到不悅，設身處地體會一下，也許我們會覺得自己也無法避免接納那種情感。

道德評論

　　如果我們對施恩者的行為並不認同，就不會同情受益者對其所具有的感激之情；如果我們對損人者持有一定的同情，就不會把受難者的痛苦放在心上。如果一個人的行為動機得到我們的認同，他的所作所為就會得到我們的贊同。

█對優點與缺點感覺的分析

如果我們對行為合宜性的感覺，來源於對行為者的情感和動機表示的直接同情，那麼，我們對其優點的感覺，則是起源於對受行為影響者的感激表示的間接同情。

在通常情況下，如果我們不贊同施恩者的動機，就不能同情受益者的感激。如此看來，優點不僅包含著對施恩者行為的認同之情，也對包含著受益者感激的認同之情。

在許多時候，我們都能清楚地感知這兩種情感的存在，例如：我們的閱讀體驗就是建立在對主角直接同情的基礎之上。當我們設身處地地體會受益者的感受時，也會對給予他幫助的恩人報以真誠的感激。我們會非常同情受益人的感激之情，會稱讚受益人的報恩之舉；如果受益人對於恩人的幫助不聞不問或無動於衷，我想，大家一定會為他的冷漠感到震驚。

總之，對行為的優點或認為其行為值得獎賞的全部感覺，都來源於一種同情的情緒，如果能設身處地地為當事人著想，也一定會感同身受、激動不已。

同理，如果我們對行為不合宜性的感覺，起源於對行為者情感和動機的直接反感，或是缺乏某種同情，那麼，對其缺點的感覺就是起源於對受難者的憤恨表示間接的同情。

想要體驗到受難者的憤恨之情，首先要厭惡行為者的動機。對缺點的感覺與優點是一樣的，它也是兩種情感同時作用的結果，一種是對行為者的反感，另一種是對受難者的同情。

我們對受難者的強烈同情來源於對行為者的反感，受難者遭受的痛苦越大，我們就越憎惡行為者，就越支持受難者對行為者的反抗。

從某種程度上來說，感激和憤恨的確是兩種互相對立的情感。如果我們就此一概而論，將對優點的感覺歸結為對行為者善有善報的同情，而將對缺

點的感覺僅僅歸結為對行為者惡有惡報的感覺，那只能說明我們沒有全面理解憤恨這種情感。因為我們對缺點的感覺，不可能沒有一種源自對受難者的深切同情和關懷之情。

任何事情一旦過度，其性質就會改變，這種情感亦是如此。那些強烈的復仇和過度的憤恨，都不可能得到我們的贊同，且是為我們所唾棄的。那些一味誇大自己憤恨情緒的受難者，也絕得不到我們的任何同情，甚至招致我們的反感；相反，如果受難者對自己所遭受的傷害過於隱忍和退縮，我們也會由此看輕受難者，認為他過於軟弱和缺乏勇氣。

人類自誕生以來，一直把對惡劣的行徑加以懲罰視為正義之舉，而且這也是上帝賦予人類追求幸福和保持社會安寧的一種權利。雖然上帝允許人類懲罰不義，卻沒有交給人類實現其追求的具體手段。

其實，造物主使人們不僅對自衛和種族繁衍這兩大目標抱有一種追求的慾望，而且對達到這些目標的手段也都懷有一種永恆的慾望。造物主雖然沒有交給我們實現目標的具體手段，但他透過對我們本能的引導，讓我們不斷地去發現，並實現目標的種種手段。

在此，必須強調的是，我們所說的對行為合宜的贊同不等於對優點的贊同，它們二者是有區別的。換言之，當我們認為某人的行為合宜並予以贊同時，我們不一定會為其行為深受感動。

受益人對於恩人由衷的感激之情，總會激發我們對其恩人也產生一種感激之情，如果認為這種感激與受益人懷有感激的心情有什麼因果關係，是不正確的。其真正的原因只不過是此時我們與受益人的情感恰好一致而已。同理，我們對不合宜的行為的感覺和對缺點的感覺也存在著一種相似的差異。

道德評論

對優點的感覺來自一種對受益者的感激表示間接同情的情感。我們只有贊同施恩者的動機，才能同情受益者的感激。同樣，對缺點的感覺起源於對

行為者的反感或對受難者的憤恨表示理解的情感。如果受難者一味誇大自己的憤恨之情，我們不僅不會贊同他的憤恨之情，反而會產生反感。需要指出的是，我們所說的對行為合宜的贊同和對優點的贊同是有區別的，同樣，我們對不合宜行為的感覺和對缺點的感覺也是有差異的。

第三卷 論正義與仁慈

　　正義與仁慈是兩種高貴的美德。前者是一種不可違背的巨大力量，對它的遵奉並不取決於我們自己的意願，它甚至可以用壓力強迫人們遵守，凡是違背它的人就會招致憤恨，從而受到懲罰；後者是由內心生出的一種自然力量，它不受道德和法律的約束，也不能以暴力相逼。如果僅僅是缺乏仁慈，是不會導致真正確實的罪惡的，也不會受到懲罰。因此，一個人心中可以沒有仁慈，但絕不可以沒有正義。

▌兩種美德的比較

　　只有在具有某種仁慈傾向的條件下，出自正當動機的行為才可以成為公認的感激對象，換言之，僅有這種行為能激起旁觀者表示同情的感激之心，似乎也只有這種行為需要得到某種報答。

　　相反，在具有某種有害傾向的條件下，出自不正當動機的行為就有可能成為公認的憤恨對象。換言之，僅有這種行為能激起旁觀者表示同情的憤恨之心，似乎也只有這種行為需要受到懲罰。

仁慈，是由內心生出的一種自然力量，它不受道德和法律的約束，也不能以暴力相逼。所以，如果僅僅是缺乏仁慈，是不會導致真正確實的罪惡的，也不會因此受到懲罰。但是，它可能使人們可以合理預期的好事落空，正因為此，它也許會引來反感與不快。例如：一個有能力報答他的恩人、卻在恩人需要他的協助時沒有給予報答的人，無疑是犯了可惡之極的忘恩負義之過。

滴水之恩，尚且要作湧泉回報，如此忘恩負義的行為，必然要受到極端的非議。我想，對於他那自私的動機，每一個公正的旁觀者都會拒絕予以同情。雖然他做的這種不合宜的事情，沒有對什麼人造成傷害，但是，他卻成為了人們憎惡的對象。其原因在於，情感與行為不合宜時，自然會引起那種激情發洩的對象，而不是怨恨的對象。這種激情，除非是由實際傾向對特定某些人造成絕對傷害的那種行為所引起的，否則就絕不可能算是正當的。因此，他的忘恩負義不會受到懲罰。

也許有人會說，我們可以強迫他做些符合感激之情的事情。但是，如此一來，又會造成什麼後果呢？他的恩人將會名譽掃地。這就比他忽略了做他該做的事，更加不適宜了。如果他企圖以暴力強制他表示感激，而任何第三者，如果不是其中任何一方的上級長官，也不適宜干涉他們之間的恩怨。

在所有仁慈的責任中，只有友誼、慷慨或慈善是最接近所謂完全純粹的義務。它們可以指導我們去做那些受人們普遍讚許的好事，而且和感激所推薦的責任相比，它們顯得更自由隨意，也更無法強求。我們談論感激的義務，但不談慈善的義務或慷慨的義務，甚至當友誼只是純粹的互敬，並未因感激某些恩惠而變得更強大與更複雜時，我們也不會談論友誼的義務。

在此，我們要談一談怨恨。從它維護正義、保障無辜的作用來看，它似乎是一種天性賦予我們用來充當防禦的工具。它可以指導我們擊退傷害我們的那些企圖，並且報復我們所蒙受的傷害，好讓冒犯者後悔他的不義，同時也讓其他人由於害怕遭到同樣的懲罰，不敢違犯同樣的罪行。

這也可算作一種美德，且是一種僅僅欠缺仁慈的美德，雖然也許會使我們合理預期的好事落空，卻不會做出、也不會企圖做出任何我們可能需要採取自衛的傷害。所以，它必須保留給這些用途使用，而旁觀者也絕不會同意它被用於其他用途。

此外，在我們的生活中還存在著一種美德——正義。正義是一種不可違背的巨大力量，對它的遵奉並不取決於我們自己的意願，它甚至可以用壓力強迫人們遵守，凡是違背它的人就會招致憤恨，從而受到懲罰。因為，這種行為出於一些必然無人讚同的動機，它也確確實實地傷害到一些特定的人。所以，它既是憤恨的合宜對象，也是懲罰的合宜對象，而這種懲罰是憤恨的自然結果。

對於不義的行為，人們總是同意和贊成為了報復它所造成的傷害而使用的暴力。至於為了阻止、擊退傷害行為而使用的暴力和為了阻止罪犯傷害其鄰人而使用的暴力，人們也會舉雙手加以贊成。

在一個非常偉大、富有獨創天才的作者筆下，正義和所有其他社會美德之間最為明顯的區別在最近才得以強調——即我們感到自己按照正義行事，會比按照友誼、仁慈或慷慨行事受到更為嚴格的約束；感到實行上提及的這些美德的方法，似乎是在某種程度上聽任我們自己選擇，但是，不知道為什麼，我們感到遵奉正義會以某種特殊的方式受到束縛、限制和約束。

換言之，這種區別就在於，我們可以感到的那股力量用來強迫我們遵守有關正義的法規是受人們贊同的，也是最恰當的。若用於強迫我們去遵循所有其他的社會美德，卻是不能的，也是不恰當的。

因此，我們必須將只是該受責備或該受非議的和可以強制懲罰或阻止的，小心而謹慎地區分開來。

經驗證明，人們的心中應該有一種常規程度的適當的仁慈，如果一個人缺乏或是沒有做到這種仁慈，那他必然要受到人們的責備；如果一個人超過那種適當的仁慈的範圍，那他必定會得到人們的讚揚。

利於英國街頭的亞當・斯密雕像

　　例如：一個男人，他在為人父、為人子或為人兄弟的行為上，表現得很一般，沒有比大多數人好，也沒有比大多數人差，那麼，他自然不應受到責備，也不應得到讚揚；但是，如果他的行為表現異常，或仍屬適當得體的仁慈親切或不適當得體的刻薄無情，則會讓人驚異，那麼，他在前一情形之下，是值得讚揚的，而在後一情形之中，則是該受到責備的。

　　一般程度的善良與慈善，哪怕是在地位相同或是相等的人之間，也不能有強力要求。在公民政府還未確立之時，只要人與人的社會地位相同或是相等，每個人都自然被認為，不僅有權防備自己免受傷害，而且也有權為自己遭受的傷害，施以一定程度的懲罰報復。不僅如此，每一個慷慨的旁觀者不僅會讚許他這麼做，甚至會衷心附和他的情感，以至於願意挺身協助他。

　　若一個人攻擊，或強奪、或殺害另一個人的企圖被鄰人知曉，我想，所有的人都會緊張戒備起來，並且會認為他們理當趕緊為受害者報仇，或趕緊保護即將受傷害的人。但是在某些情況之中，雖然人們都會責備其行為的不

適當，卻沒有人會認為，那些或許有理由預期得到更多親切與利益的人，他們有權以武力逼迫對方要求更多的恩惠和利益。

在所有這些情況中，受害者能做的只有陳情抱怨，對於行為者，旁觀者也只能規勸與說服，除此以外，他們不可能用其他的辦法去干涉行為者。如果在這種情形之下，以武力相爭，對於地位相同或相等的人來說，必定會被認為是絕頂的粗野和放肆。

當然，由於人們對某些以強力相爭的行為普遍地加以贊同，那些當權者在某些時候，可以完全強制在他統治之下的民眾，彼此按照一定程度的禮儀行事。例如：所有文明國家的法律都強迫父母撫育他們的子女，強迫子女奉養他們的父母，並且強制人民履行許多其他仁慈的責任。

那些國家的市政官員不但有權制止不義行為以保持社會的安定，而且有權透過樹立良好的紀律和阻止各種不道德、不合適的行為以促進國家繁榮昌盛。因此，他們可以制定法規，這些法規不僅禁止公眾之間相互傷害，而且要求我們在一定程度上相互行善。

在統治階層中，作為君主，不但地位至高無上，而且命令也大於一切。那些全然無關緊要的事情，即使是尚未頒布法令，只要違抗他的命令，就不僅會受到責備，而且會受到懲罰。因此，一旦他下令做那些已經頒布了法令的重要事情，違背命令的人就會受到極為嚴厲的責備，不服從命令必定要受到更大的懲罰。

因為肩負著全部的責任，所以，立法者必定要抱著極其審慎和謹慎的態度合宜而公正地履行法規。倘若全然否定這種法規，則全體國民將面臨著許多嚴重的騷亂和驚人的暴行；若行之過頭，又會危害自由、安全和公平。

雖然僅僅有欠仁慈似乎不該受到同輩的懲罰，不過，比一般人更致力於積善行德的，似乎應該受到極高的獎賞。由於它能夠帶來很大的幸福，所以，仁慈的行為是強烈的感激，自然且為眾人認可。

與之相反的是正義，如果違背了正義必然要受到懲罰，而遵守正義卻似乎一點兒也不值得獎賞。這是為什麼呢？

其原因在於，正義行為本身的合宜性，可以得到行為合宜應該得到的一切讚許。但是，由於它沒有給人們帶來任何絕對實際的好處，所以，它也就不可能得到人們的感激。

在大多數情況下，純粹的正義，它的作用僅僅在於可以阻止和克制我們不去侵害鄰居的人身、財產或名譽。一個安分守己的人，是談不上有什麼絕對正面功勞的。然而，他卻已完全履行了所有被特別稱為正義的規則，已經做到了他的同輩可以正當使用武力逼迫他去做的每一件事。我們時常只要坐著不動、什麼事也不做，便得以盡到正義所要求的一切責任。

因此，也可以說，純粹的正義只不過是一種消極的美德。

出於以彼之道還施彼身與復仇的法則及人們求得心理上的平衡，我們的生活便形成了這樣的規律：仁慈與慷慨只該回敬給仁慈與慷慨的人。內心從來不對人類的感受開放的那些人，也同樣應該被關閉在所有他們同類的感受範圍之外，應該讓他們生活在社會中，就好像生活在大沙漠裡，沒人理睬他們，或詢問他們的死活；至於違反正義的人，則應該讓他也感受到他施加在別人身上的那種禍害。因為，無論他看到他的同胞如何受苦，也無法阻止他為惡，所以，他應該以自己受苦的恐懼來嚇阻他；只有清白無罪的人，只有對他人遵守正義法則的人，只有不去傷害鄰人的人，才能得到鄰人們對他的清白無罪所應有的尊敬，並對他嚴格遵守同樣的法則。

道德評論

仁慈一定是發自內心的，僅僅缺乏仁慈並不會招致懲罰。它可能使大家對其善行的期待落空，但不會帶來罪惡。然而，還有一種美德要求人們必須遵從，否則就會受到懲罰，那就是正義。就仁慈而言，雖然地位相等的人不會因為缺乏仁慈而遭到懲罰，但如果他們努力踐行，就應該得到最大的報答。但正義並非如此，遵守它不會得到任何報答，一旦違反，卻必定遭受懲罰。

▌論正義感、自責感和功勞感

引發我們去傷害別人，或是使我們對別人造成會得到人們同意的不幸的動機只有一個，即別人對我們造成的不幸而引起的正當的憤怒。

如果，我們要破壞的幸福只是因為它妨礙了我們自己的幸福；我們要奪走別人真正有用的東西只不過因為它對我們可能同樣有用或更加有用；或者以犧牲別人來滿足人皆有之的、使自己的幸福超過別人的天生偏愛，都不能得到公正的旁觀者的贊同。

自私是人的天性，每個人所關心的都是自己，或與他有關的人和事，也因為他對自己的了解，所以，他比任何人都更適合關心自己，這樣做是非常合適且正確的。每個人對凡是直接關係到自己的事，興趣都會比較強烈；對關係到其他任何人的事，興趣就要小得多。

舉例來說，一個與我們沒有特殊關係的人的死訊，使我們感到心憂、沒胃口或睡不著覺的程度，絕對比不上我們自己遇上的一個小小的、無足輕重的不幸。

事實上，一個人就是一個世界，雖然每個人在自己的眼裡都是整個世界，可是在別人看來，不過是芸芸眾生中的一個、滄海中的一粟罷了。在他看來，自己的幸福比世界上所有其他人都重要，但對其他任何一個人來說並不比別人的幸福重要。

儘管如此，卻沒有哪一個人敢在人們面前公開承認自己心裡愛自己勝過愛整個世界，也不敢採取這種態度、按這一原則行事。因為他也會感覺，甚至也認識到，這樣的偏好，人們是絕不可能讚許的；這樣的偏好，不管對他來說是多麼地自然，但對其他人來說，必定總顯得極端過度。當他以他熟知別人會怎樣看待他的眼光來看待自己時，他發覺，對他們來說，他只不過是眾人當中的一分子，各方面都不比其他任何分子更重要。

每個人都想得到別人的讚許，尤其是把得到公正的旁觀者的讚許當作人生最大的心願的人。此時，他必須要做的就是像在其他情形之下那樣，把他那妄自尊大的自愛貶抑壓低至能夠贏得他人讚許的程度。

只有他的這種自愛已經到達他們能夠縱容的某個程度，他們才會在不顧其他任何人的幸福的情況下，容許他比較關心並且比較認真勤勉地追求自己的幸福。只要他們能設身處地為他著想，他們將會輕易地讚許他。

另外，一個人在爭奪財富、榮譽和權勢時，如果他只是想超過所有對手，他可以拚盡全力，為所欲為；但是，如果他想排擠或除掉對手，其他人就不會再寬容他，因為他們不允許任何陰險狠毒的行為發生。

生活中，人們普遍存在著一種心理，即不會同情那種愛自己勝於任何人的自私心理，更不會贊成他傷害競爭對手的念頭。所以，在這種情形下，他們都會選擇站在被傷害者這一邊，同情他的怒火，並對那害人者表示憎惡和憤怒。如果一個人正處於這種環境，我想，他一定能夠意識到自己的處境，並感到自己隨時有可能成為眾矢之的，四面受敵。

一個人所犯的罪惡與他將要付出的代價是成正比的，也就是說，罪惡越大，付出的代價也越大，也越是無法補償。當然，受害者的憤怒自然也就越強，同樣，旁觀者同仇敵愾的情緒，以及行為人心裡的罪惡感，也會越強烈。

人生最寶貴的就是生命，沒有了生命，一切都無從談起。所以，置人於死也就成了一個人對另一個人所能施加的最大傷害。它自然也能在那些與被殺者有直接關係的人們身上，引起最為激烈的怨恨。所以，謀殺，不僅在一般人的眼中，乃至在謀殺者自己的眼中，都是所有侵犯他人的罪行當中，最為殘酷凶暴的罪行。

拋除以上所說的謀殺，若是只和使我們期待擁有的東西落空相比，剝奪我們原本擁有的東西，便是一種更大的罪行。所以，侵占他人財產的行為，例如：竊盜與搶劫，是從我們手中取走我們原本擁有的東西，罪行比違背契約嚴重，因為後一行為只是使我們期待獲得的東西落空而已。

在最正義、最神聖的法律中，各種罪行因被違背，而要求報復與懲罰的呼聲激烈與高亢的程度排序為：位居榜首的是保護我們鄰人的生命與身體的那些法律；排在第二位的是保護他的財產與持有物的那些法律；最末尾的一位是保護他的所謂個人權利的那些法律。這一類法律保護他基於他人的承諾而該獲得的某些利益。

為什麼會有那麼多人為了自己的利益而不顧一切地去違反神聖、正義的法律呢？

在我看來，那些人從來不考慮別人對他必然懷有的情感，他也感覺不到羞恥、害怕和驚恐所引起的一切痛苦。當他們的激情獲得滿足，並開始冷靜回想他過去的所作所為時，他無法體諒任何曾對自己的所作所為有過影響的動機。

現在的他，對於那些動機的感覺，也如同其他人一直覺得的那樣顯得可憎。因此，就借由對他人必定對他懷有的那種厭惡感產生同情，他在某一程度內變成自己厭惡的對象。

如果受到他不法行為傷害的那個人，處境非常悲慘，並要求他的憐憫，他會對被害人的痛苦感同身受，也會為自己的行為感到苦惱悲傷；他會為自己的行為所造成的不幸後果感到後悔，同時覺得那些不幸的後果已經使他變成全人類怨恨與氣憤的適當對象，並且使他變成怨恨與氣憤的自然後果，即報復與懲罰的適當對象。

如果他不能為自己的所作所為付出相同的代價、接受應有的懲罰，心靈就無法得到解脫，這樣的想法就如同一個心魔，日以繼夜地糾纏著他，使他整日提心吊膽，惶惶不可終日。如此一來，他不再敢抬頭面對社會，他自以為好像是遭到社會排斥，好像全人類對他都沒好感。他無法指望獲得同情的慰藉，以減輕他的這種最大與最可怕的痛苦。對他的罪行的記憶，已經在同胞們的心坎裡完全封閉了同情他的門道。他們對他懷有的那些感覺，正是他最感害怕的對象。每一樣事物似乎都帶有敵意，使他心想最好逃到某處荒涼

的沙漠，以便再也看不到一張人臉，再也不用擔心在人類的臉色中看到他們對他的罪行的譴責。

這種現象，我們把它稱作遺世獨立，此時，呈現在他腦海裡的想法，全是一些陰鬱、不幸與悲慘的念頭，全都是某種陰鬱與無法理解的不幸和毀滅的徵兆。實質上，這種遺世獨立的想法比面對社會更為可怕。

遺世獨立的恐怖使他無法立足，不得不再次回到人類的世界，處在這種情況之下，他在人們的眼前總是一副驚愕的、滿懷羞愧的、憂心忡忡的、心神渙散的樣子，以便向那些他知道已經全體一致決定譴責他的法官們懇求，但願他們的臉色稍微和緩些，稍微給他一點饒恕。這就是那種被恰當稱為自責的感覺的性質，是所有能夠進入人類胸膛的感覺中最為可怕的那一種。

綜上所述，我們總結出了這種感覺含有的四種內容：

第一種是由於感覺到過去行為不當或不端正合宜而引起的羞愧；

第二種是為過去行為的後果感到的苦惱悲傷；

第三種是為過去行為的受害者感到的憐憫；

第四種是由於意識到凡是有理性的人都已被他正當地挑起了義憤，而終日提心吊膽地害怕他們的懲罰。

如果他能夠認清這個情感的泥沼，並擺脫它，從而向積極的方向出發，不作無用的空想，而是根據適宜的動機做出某一善舉，當他對得到他幫助的人有所期待時，便感到自己成為他們喜愛和感激的自然的對象；因為他對他們表示同情而使自己成為尊敬和讚許的對象。

在這種情形下，當他回想自己行動的動機，就與回想犯罪的動機有著完全相反的心理效應，並以公正的旁觀者會審視的眼光來審視時，他仍會繼續體驗，並因得到想像中公正的法官的贊同而誇耀自己。在這兩種觀點中，他自己的行為在各個方面都是令人愉快的。

這樣的想法能夠給他的心理帶來喜悅、平靜和安詳，促使他和所有的人友好和睦地相處，並帶著自信和稱心如意的心情看待他們，確信自己已成為最值得同胞尊敬的人物。這些情感的結合，形成了對優點的意識或應該得到報答的意識。

道德評論

每個人天生就把自己放在第一位，但我們應以社會的標準來審視自己的行為，而不能以自我為中心，妄自尊大必然會遭到社會大眾的唾棄。損人者的罪惡越大，受難者的憤怒也就越大，旁觀者因為同情受難者而對損人者異常憤慨。違法的人，從來不考慮別人的感受，不知羞恥、害怕和驚恐為何物。與此相反，當一個人出於正確的動機作出慷慨之舉後，他就可以期待別人的愛戴和尊重。

▌天性的效用

人一旦脫離了社會，便難以生存。人適應社會、適應生存的環境的特性似乎是與生俱來的，人類社會裡的所有成員必須互相幫助，但又可能互相傷害。

如果社會之間互相提供必要的幫助是出於愛與感激，或是出於友誼與尊重的動機，那麼，這個社會一定會繁榮興盛，且快樂幸福。人類愛之情感的力量是偉大的，我就親眼目睹了一些個別社會，彷彿其成員全都被令人愉快的愛與情義的繩子綁在一起，並且被拉向某一共同的友好互助生活圈的中心。

當然，我並不是說，一個社會因缺乏這樣慷慨與無私的動機，就會分崩離析。有些社會團體成員之間所提供的幫助並不是出於愛與感激、友誼與尊重的動機，或是成員之間亦完全無愛與情義，這個社會雖然不會有多少幸福安樂的氛圍，但社會仍可存在於不同的眾人之間。就像存在於不同的商人間那樣，完全沒有什麼愛或情義關係。雖然其中每個人都沒虧欠其他任何人什麼義務，或應該感激什麼人，社會仍可依靠徹底功利主義的行為得到維持。

　　但是，有一點可以確定，如果一個社會的成員總是隨時準備互相傷害，那它必定要破裂瓦解。那種傷害開始之時，就是互相怨恨與憎惡發生之時，所有維繫社會的繩子就會被拉斷，而組成社會的各個不同成員也將因為他們的情感不調和所產生的激烈排擠與對抗，而被逼得四散飄零。

　　試想一下，如果把一群強盜與殺人者規劃為一個社會，要想讓這個社會得以長久的存在。首要的且是必須做的事，就是要他們克制互相搶奪與砍殺。

　　湯瑪斯·霍布斯（西元一五八八年～一六七九年），英國著名政治哲學家。湯瑪斯·霍布斯認為，處於自然狀態中的人們，由於自私自利的本性驅使，在社會生活中必然要發生利益上的衝突。湯瑪斯·霍布斯對亞當·斯密有著重要影響。

　　因此，對社會的存在來說，正義比仁慈更重要。沒有仁慈，社會仍可存在，雖然不是存在於最舒服的狀態；但是，普遍失去正義，肯定會徹底摧毀社會。

　　上帝是明智的，祂總是以令人愉快的功勞感化、勸勉人類多多為善行仁，但在善舉被忽視時，卻並不以恐懼和應得的懲罰，去監視並逼迫人類實踐仁慈。仁慈只不過是增添社會建築光彩的裝飾品，而不是支撐社會建築的基礎，所以，只要建議人類實踐仁慈就夠了，但絕無必要強迫人類實踐仁慈。

　　正義正好與仁慈相反，它是支撐整座社會建築必不可缺的主要棟梁，它的穩固與否，關係著人類社會這座宏偉雄大建築的存亡。換言之，如果它一旦動搖，整個社會一定會在頃刻間土崩瓦解、化為灰燼。

　　因此，正義是必須強制遵守的，為了達到這一目的，上帝在創造人類時便在人們心中根植惡有惡報的觀念，並培養起害怕違反正義而遭受懲罰的恐懼心理。這種心理成為了人類社會的偉大守護者。

　　但是，由於人類自私的天性總是排在首位，所以，就算一個人有再多的同情心，也比不上他為自己著想的程度。他為他人著想的程度實在小得可憐，尤其是當這個人和他沒有特殊關係時。一個普通人的不幸，也遠遠比不上他自身的蠅頭小利。當他處於強勢時，他有足夠的力量傷害他，而且也有很多誘因促使他們這麼做。

　　所以，可以這樣說，他的心中可以沒有仁慈，但是不能沒有正義。如果他不為受害者的無辜感到於心不忍，那他很可能會像野獸那樣，隨時準備縱身撲向他。

　　在我們生活的周圍，四處可見各種工具極其巧妙地調整到工作所需的狀態，也常常感嘆在植物或動物的機體中，每個部分都設計得如此巧妙，來促使達到自然的兩個最重要的目的：個體的生存和後代的繁衍。

　　但在這所有的對象中，我們仍要把效用與它們的運動和結構的最終原因區分開來。消化食物、血液循環及由此引起的體液的分泌，都是維持動物生命這一偉大目的的作用過程。但我們從來不像根據其產生的原因說明其效用那樣說明其目的，從來不會想像其血液循環或自動地消化食物，也沒有對循環或消化抱有想法或意圖。

　　就算是鐘錶的齒輪，都令人讚賞地調整到適用於其目的：指示時間。各種齒輪精妙地配合以產生這種效果。如果賦予它們願望和意圖來產生這種效果，它們不一定會做得更好。然而我們從來不把這種願望或意圖歸因於它們，而是歸因於鐘錶匠。我們知道它是由一根發條帶動運轉的，這與齒輪產生的效果一樣微小。

　　如果只是在解釋人體作用的過程時區分效用和最終原因，並不是件難事，但要在解釋心理的作用過程時對它們進行區分，則不僅十分困難，而且兩者極易混淆。當天性的原則指引我們去促成那些精煉開明的理性提出的目的時，我們很容易歸因於理性，就如我們把它歸因於有效的原因和促成那些目的的情感和行為，並認為它是人類的智慧，也是上帝的智慧。

　　如此看來，這些原因足以產生它引起的結果，並且，當人性體系所有不同的效用以這種方式從單一原則中推斷出來時，這個體系就顯得更加簡單和令人愉快。

　　正如前面所講的那樣，只有克制住人們彼此的傷害，才能形成社會的交往。換言之，若要社會得以存在就必須遵守正義的法律。也正是由於我們認識到正義的法律必不可少，我們才會贊同懲罰那些違反這一法律的人，以維護法律的尊嚴和眾人的利益。

　　不管你是否相信，有學者曾經這樣說，井然有序的太平盛世，能使一個人的心情舒暢，且會以此為願望，即使僅僅是冥思默想到這樣的繁榮景象，也會感到快樂。據說，這是人對社會固有的一份自然的愛，即使他從中得不到任何好處，他也同樣希望社會得到保全。所以，對於社會的失序與混亂，他一定深惡痛絕，任何傾向產生社會失序與混亂的事物，都會令他懊惱。

　　身處社會之中，他自然也會感覺和認識到，社會的繁榮對自身的利益有著密切的關係，以及他的幸福，甚至自身的繼續存在，都有賴於社會的持續存在。如此一來，凡是傾向摧毀社會的事物，他都會產生極端的厭惡。為保

證社會與自己繼續存在，他樂於使用每一種手段，去阻止這些讓他覺得厭惡與害怕的事情發生。

因為正義是社會存在的不可或缺的保障，違背正義的事情必然傾向摧毀社會，所以，對於那些違背正義的事情，他都會小心警惕，一旦事有發生，他第一反應就是阻止它，且是想方設法地，即使動用武力也要阻止它的發生。否則，他所心愛的東西就會很快被葬送掉。

由此，我們可以理解，人們為什麼那樣讚許實施正義的法律，甚至不惜對那些違法者處以死刑。

對罪大惡極的人處以死刑有兩大好處：其一，將危害社會安全的人清除出這個世界，讓社會得以安定；其二，造成殺雞敬猴的作用，即其他人也將因他的送命而嚇得不敢仿效。這也是我們通常對讚許懲罰不義行為的解釋，這種解釋無疑是正確的。

只有透過思考才能認識到，社會秩序的保全是多麼需要以懲罰為手段，只有懲罰，才能使我們那種自然覺得懲罰是合宜與適當的感覺更加堅定和鞏固。

當犯罪者即將承受其罪有應得的公正的報復時，當他違背正義時傲慢自大的神氣被懲罰逼近時的恐懼粉碎化為低聲下氣時，當他不再被人害怕時，他開始成為寬宏大量與慈悲者憐憫的對象。他即將蒙受的痛苦，澆熄了人們因他曾經給別人造成痛苦而對他感到的憤怒。他們想要原諒與寬恕他，想要拯救他免於受罰，雖然他們曾經在所有冷靜的時刻認為那懲罰是他罪有應得的報應。

這些時候，他們有必要從社會整體利益的考慮來幫助他。但是，他們須以一個比較慷慨與全面的仁慈的命令，來抵消這個懦弱與偏頗的仁慈的衝動。因為，對有罪者仁慈就是對無辜者殘酷，所以，必須採取這種兼顧兩頭的手段，即以為人類著想的那種比較廣大的同情，來對抗他們為特定某個人著想的那種狹隘的同情。

但是，我們並不能就因此而忽略了一般的正義法則在維繫社會時的重要性，這是維護其合理性必不可少的。

神聖的道德準則常常被年輕人和放蕩不羈的人嘲笑，不要認為這僅僅是一種敗壞，其實，最關鍵的是他們的虛榮心在作祟，這促使他們去贊同那些可惡的行為準則。

不管他們為何如此，他們的行為都會激起我們的憤怒，並迫切地予以反駁，揭示這種可憎。儘管這是最初激起我們反對他們的固有的、可憎的東西，我們卻不願將這看成是譴責他們的唯一理由，或假裝僅僅是我們自己討厭、憎恨他們。所以，這個理由似乎並不是決定性的。

為什麼會產生這樣的結論呢？

首要原因就在於，這種做法的盛行會導致社會的無序和混亂。這也是我們幾乎總能堅持這一原則的原因。

我相信包括最愚蠢、最欠考慮的人在內的所有的人，沒有人會喜歡受到欺詐、也都討厭背信棄義和違反正義，當看到這些行為受到懲罰時，他們的內心也必定是痛快的。

雖然看出一切放蕩不羈的行為對社會繁榮的破壞性，無需很好的洞察力，但這很少是首先激起我們反對它的原因。無論正義對社會存在顯得多麼必要，也很少有人考慮到這一點。很多事實可以證明，那些最初使我們讚許對犯罪行為進行懲罰的動機，並不是出於對社會安定的維護。例如：我們對個人財產和幸福的關心，並非來自我們對社會財產和幸福的關心。我們也不會因為某個人可以決定社會的未來，就對他的毀滅或失蹤表示特別的關心。

總之，我們對個人的關心都不是來自對整體的關心。相反，對於整體的關心卻都是由對其中不同個體的關心組合而成。

對於那種透過不正當的行為從我們身上取走一小筆金額的控訴，並不是出於對損失金額的關心，而是出於保護我們全部財產的關心。同樣，我們要

求懲罰對別人造成傷害的罪行，也並不是出於對那個受傷者的關心，而是出於對社會整體利益的關心。

而且，我們可以看出，這種所謂的關心裡面並不一定包含愛、尊重、仁慈等這些高尚的情感。如果對一個人產生這些高尚情感中的任何一種，就足以證明，他是我們特別的朋友或相識的人。如果他只是我們的同胞，那麼，我們對他的關心便僅形同於我們對一般人的同情。

如果一個可惡的人受到並未被他激怒的人的傷害，我們依然會同情他的憎恨。此時，我們對他日常品性和行為的不滿，並不會完全阻止我們同情他的自然的憤怒。但對於那些既不坦率、也不習慣根據一般準則來更正和調整自然情感的人來說，他們很容易給這種同情潑冷水。

社會的整體利益十分重要，並且，在某些時候，我們讚許、實施懲罰，只不過是為了維護社會的整體利益，因為，如果不這麼做，這種利益就無法確保。凡是對違反所謂公共政策或軍隊紀律的行為所施加的懲罰，皆屬於這一種。

從當前情況來看，這種罪行未立即或直接傷害到特定的某一個人，不過，它的影響是長遠的，且是可以預見的，將會或可能會給社會帶來相當顯著的不利或嚴重的混亂。例如：一個在值班時睡著了的衛兵，根據戰時的軍法應當處以死刑，因為這種漫不經心的行為很可能危及全軍。

為維護社會的整體利益，尤其是當個體利益或安全與整體利益或社會安全發生衝突時，最公正的抉擇莫過於犧牲個體利益或安全，來保全多數的群體利益和安全。所以，在許多特定的情況下，這種嚴厲的懲罰顯然是很必要的，也似乎是公正、恰當的。

無論這樣的嚴厲懲罰顯得多麼必要，要想人們在心裡一下子就接受它，也十分困難。因為，它顯得太過於嚴厲，這種罪行本質上似乎沒有什麼殘暴性，而懲罰卻是這麼重，以致我們內心往往需要經過一番很激烈的掙扎，才可能勉強接受這種事實。

　　如上例所說的那個士兵，他那種漫不經心的行為的確應該受到責備，但是，要給他施以那樣嚴厲的懲罰，想起來也很可怕。因為，他的罪行在我們心中自然引起的怨恨，卻不至於強烈到會促使我們採取這麼可怕的報復手段。對於一個有慈悲心腸的人來說，他必須鎮定自己，必須打起精神努力，並且發揮所有他的堅定與決心，才可能勉強他自己親手執行這種懲罰，或旁觀別人執行這種懲罰。

　　但是，當這個人旁觀的是一個忘恩負義的殺人犯或弒親者接受公正的懲罰，他的心情則截然相反，他的內心一定為這種令人憎惡的罪行得到了公正的報復，而高呼痛快，熱烈甚至瘋狂地鼓掌。如果這個罪犯因某些意外，沒有得到相應的報復與懲罰，他的內心必會充滿憤怒與失望。

　　雖然對於士兵與罪犯同樣是施以如此嚴厲的懲罰，且兩者都是得到人們讚許的，但是，這兩種讚許建立在不同的原則之上。這一點，從旁觀者兩種懷著非常不同的感覺就足以證明。

　　那個由於漫不經心而觸犯了軍規軍紀的士兵，為了多數人長久的利益、為了眾人的安全，確實必須，而且也應當被犧牲奉獻掉。對於他的死，他只能表示遺憾，也只好把他當作不幸的犧牲品來看待。但是，萬一殺人者逃脫懲罰，那將引起他的最大義憤，甚至他還會祈求上帝，讓那個萬惡的罪犯早日得到懲罰或來世得到報應。

　　不過，對於那種沒有看到、也不知道這種懲罰的人來說，這種罪行受到懲罰的例子不足以阻止他們成為同樣的罪犯或是引以為戒。但是我相信，這種懲罰必將尾隨其後，直到其死亡。

　　在我們生活的周圍，經常可見有許多寡婦和喪失父親的人受到其他的人的傷害和侮辱，卻無人出來主持正義，並對此加以懲罰。可見，我們需要一個公正的上帝。於是，每一種宗教和世人見過的每一種迷信中，都會為懲罰邪惡而設立地獄，為報答正義而設立天堂。

道德評論

正義是維繫社會存在的基石。為了保持社會秩序，我們必須對合宜而恰當的懲罰抱有一種自然意識。故意嘲弄社會道德規則的那些放蕩不羈的行為，會使我們非常反感，但深究起來，我們的反感往往不是出於對社會的關心，而是對個人命運的憂慮。值得注意的是，我們並不一定要對那些不義行為馬上施以報復，有時我們會把這種懲罰寄託在來世。

第四卷 論命運對人類情感的影響

再清白無辜或再罪該萬死的行為，都有可能表現出相同的身體上的舉動。與身體的動作相比，行為的實際後果更是無關褒貶。因為決定結果的不是行為人自己而是命運，所以當我們對行為人的品行產生任何情緒時，都不能將後果作為當然的依據。

▌論命運影響的原因

所有動物都會由痛苦和快樂激起感激和憤恨這兩種激情，而有這兩種激情的卻不一定都是動物，無論是有生命的東西還是無生命的東西，都可以做到。例如：被一塊石頭碰痛的時候，有人會對它發怒，性情暴躁的人會咒罵它、小孩會敲打它，狗會對它咆哮。

雖然我們早已意識到沒有感覺的東西不是一個合宜的報復對象，只要稍加思考我們就能控制住這種激情，但如果它給我們造成的傷害很大，必然會使我們一直感到不快，甚至會焚燒它和摧毀它以發洩心中的怒火。

我個人覺得，這種方式比較適合對待偶然造成某個朋友死亡的器械，如果忘了對它發洩這種荒唐的報復的話，就常常會想到自己犯了一種缺乏人性的罪過。

同樣，我們常常會對那些常久陪伴自己、給自己帶來很大歡樂或是提供很大幫助的但沒有生命的東西充滿感激之情。

如果一個海員一上岸，便把那塊幫助他從失事的船上逃生的木板丟進火堆的話，在我們看來，他絕對是個冷酷無情的人，他應該像保存一件心愛的紀念品一樣，小心翼翼、滿懷深情地保存這塊木板，這才符合情理。

有許多生活用品，如鼻菸壺、削筆刀、拐杖，使用多年我們會對它們逐漸積累起一種情感，並對它們懷有一種發自內心的鍾愛和珍惜。另外，曾經居住多年的老屋、長期乘涼的大樹也都會得到我們的尊敬，彷彿是我們的恩

人、朋友。它們被損壞或者丟失、朽爛或者毀滅，給我們帶來的煩惱是不能用它們的實際價值來衡量的。

為了根本沒有生命的東西感到快樂或痛苦，這樣的情感看起來沒有任何道理。但是，任何事物要成為感激或憤怒的適宜對象，它就不僅僅是快樂或痛苦的原因，而且還要能感覺得到。如果沒有這種感覺的能力，就不可能得到那些忘乎所以、自然發洩出來的情感。因為某種原因造成了我們的歡樂和痛苦；所以我們只有對其進行報答才能得到情感上的滿足，而那些沒有感覺能力的對象不可能接受我們的回報。

如此說來，與沒有生命的東西相比，動物更適合接受人類的感激和憤怒。所以，動物們常常要為自己的行為付出代價或得到報答，如咬人的狗和頂人的牛都要受到懲罰，如果牠們致人於死，那麼只有將牠們殺死才能讓公眾和死者的親屬滿意。這從某種程度上來說，也是為死者報仇。相反，那些立下汗馬功勞的動物則會讓牠們的主人感激不盡。

無論如何，動物始終無法與人類相提並論，雖然牠們能給人帶來快樂和痛苦的原因，且也能感覺到這些情感，但是牠們仍然不能滿足人類的感激和憤怒。當我們對一個人表示感激的時候，我們不僅希望他感到快樂，而且要讓他知道這種報答是因為他過去的善行，讓他為這種行為而愉快，讓他覺得他的善心並沒有白白付出。

我們總是希望別人對自己的評價與我們的自我評價相一致，也常常希望得到別人的讚賞。因此，我們對恩人的自願報答，不僅是為了贏得他的歡心，也是為了滿足自己的情感。但是，那種帶著以求得更多恩惠的自私心理，去纏著恩人表示感激的行為，是我們所不齒的。

無論恩人曾經給過我們多大的幫助，如果我們無法理解他的動機，或是對他的品行頗有非議的情況下，即使是大公無私的心靈，也不會認為維持和增進恩人對我們的尊重是舉足輕重的。恰恰相反，當他的青睞無法取悅我們

時，我們的感激之情也會大為削弱，甚至我們會覺得不值得努力去對這樣一個無足稱道的恩人保持尊敬。

我們常常為傷害和侮辱我們的人感到憤怒，雖然為了讓他們反過來受苦也是其中的目的，但更多的是為了讓他們認識到自己現在的痛苦來自過去的罪行，我們要讓他們為自己的那種罪行感到悔恨，並由衷地懺悔。

他們激起我們憤怒的原因是什麼呢？

我認為是他們那目中無人的態度，那種毫不利人、專門利己的不近人情的狹隘和自私。尤其是他們好像覺得為了自己的好處或一時的高興，可以隨時讓他人做出犧牲的荒謬想法。

在某些時候，令我們感到憤憤不平的並不是他們給我帶來的傷害和不幸，而是那種堂而皇之的蠻橫、粗野、不合情理和對正義的踐踏。此時，我們報復他們的目的，也就不僅僅是滿足個人的情感。主要是在於為了使他恢復正確的態度，認識到什麼是他應該做的，什麼是他不應該做的，讓他感覺到他所犯的錯誤以及給我們造成的損失。

但是，如果在對方並沒有給我們造成傷害或是他的行為無可非議，換言之，我們在相同的情況下也會產生相同的舉動。凡是有一點良知的人，都不會感到絲毫的憤怒。

綜上所述，能夠合情合理、無可挑剔地激起我們感激或憤怒的事情，必須具備以下三個條件：

其一，它必須給別人帶來快樂或者痛苦；

其二，它必須有感知那些情感的能力；

其三，它必須透過有意識的行為造成那些情感，這種意識會受到他人的贊同或反對。

由此可以看出，激起感激和憤怒的唯一原因就是以種種方式引起的歡樂或痛苦。人們的意圖總有著兩面性，一面是適宜和仁慈，另一面則是不適宜

和凶殘。一旦這種激發的原因得到滿足，也如他所願而產生了好事或壞事，那麼，適宜和仁慈便會產生感激，他的優點得到顯現；不適宜和凶殘則會產生憎恨，那得以顯現的就是他的缺點。

由於行為的結果完全處於命運的掌握中，所以，命運就對人類有關優點和缺點的情感產生影響。

道德評論

痛苦和快樂一旦產生，無論它們產生的原因為何，都會立即引起人們感激或憤恨的情緒反應。感激之情不僅要讓施恩者快樂，而且也要讓他為自己曾經的行為而高興；憤恨之情的主要目的是要讓敵人明白他現在所承受的痛苦來自於他曾經的行為，要讓他為自己的行為感到悔恨。

▌論命運影響的程度

概括而言，命運影響的結果有兩個方面：

第一，如果預期的結果，即快樂與痛苦，沒有因稱讚或責備的行為產生，我們對其優點或缺點的感覺，也會因此而減弱；

第二，如果預期的結果，即快樂與痛苦，因稱讚或責備的行為而得以產生，那麼，我們對這些優點或缺點的感覺，必定得以增強，從而超越它對這些行為產生的動機，或情感的感覺。

在此，我要指出的是，不管一個人的意圖是適宜與仁慈，還是不適宜與凶殘，只要它們不產生預期的效果，那麼，他的優點在前一種情況下便是不完美的，而缺點在後一種情況下也是不完整的。因此，不僅是直接受其行為影響的人能感覺到這種不規則的情感，那些公正的旁觀者也能感覺到。

假如，有兩個人幫一個人謀取職位，第一個未能成功，只會被視為這個人的朋友，也似乎應該得到他的愛和情感；第二個人幫忙取得了成功，則會被視為保護人和施恩者，並也值得這個人去尊敬和感激。

雖然我們通常都這樣說，對於努力幫助我們的人，不管成功與否，我們都予以同樣的感激，但是實質上並非如此。對於那些沒有真正幫上我們忙的人說的那些感激的話，就像所有其他體面漂亮的話一樣，必須待打些折扣以後，才能了解其真正的含義。

只有一個心胸寬廣、寬宏大量的人，才會對失敗的朋友和成功的朋友時常懷著幾乎相同的感覺，而且，這些感覺會隨著他氣量的寬廣程度的增加而越發相同，並接近完全一致。

然而，對那些真正寬宏大量的人來說，他們更渴望得到自己認為值得尊敬的人的愛戴與尊敬，因為這比他們可能期待從那些愛戴與尊敬獲得的所有實質好處，都更讓他們覺得快樂，因此，都更讓他們感激。一旦他們失去那些好處時，他們的快樂及感激，就會成為有缺陷的、不十分完美的。儘管那些好處只不過是些無關緊要的東西，但是他們畢竟失去了某些東西。

由於可見，即便是最廣闊的胸襟、最高貴與最善良的心靈，在面對失敗的朋友和成功的朋友時，就算其他所有情況的感覺都很接近一致，對成功的朋友，也還是存在一點點的偏愛，這屬於情感上的差別。

不僅如此，由於人類在這方面的不公正，以至於即使意圖的好處被獲得了，如果這好處不是經由某個特定恩人的幫助而獲得的，他們往往也會認為，對任何即使有這世界上最好的意圖，也不過只能對這世界作出絲毫改善的人，無須覺得特別感激。

在這種情況下，他們總是把感激切割分給各個對他們的利益有過貢獻的人，如此一來，那些幫助過他的人們不管是否成功，都似乎只該分得一份小小的感激。我們經常聽人們說：這樣的人確實是想幫助我們，而我們也確實相信，他為了幫助我們，已經盡了他自己的最大努力。

在我看來，這樣的感激，還不如什麼也不表示，試想一下，如果沒有別人的幫忙，他再怎麼努力也是徒勞無功，不可能成功地幫到我們。單從這一點考慮，即便從公正的旁觀者的立場來看，也應當減輕他們虧欠於他的恩情。

至於他們自己，也絕不會指望他想幫助的那個人對他心懷感激，而且也不會覺得他自己對他有什麼功勞，當然，如果他成功地幫了忙，那情形就完全不一樣了。

即使是充分相信自己有服務於人的能力的人，如果某些意外事件阻止了產生效果的才幹與能力，它們的功勞或價值，也似乎多少有點兒不完美。

例如：一名將軍，如果因朝中大臣的阻撓與破壞，而未能在與敵國的征戰中取得某一重大利益，他必將會因為失去了這個大好的機會而永遠痛惜。而他所痛惜的，也不僅僅是因國家喪失了這個機會。他是在悲嘆他受到阻撓，以致無法完成一件在他自己的眼裡，以及在其他每個人的眼裡，原本能為他個人的品格增添光彩的行動。

尤斯·尤利烏斯·凱薩（西元前一〇二年～前四四年），羅馬共和國末期傑出的軍事統帥、政治家。

如果要從一個幾乎就要將某項眾所周知，且十分受人關注的公共事務處理到告一段落時的人的手中奪走他對那項公共事務的主導權，我想，做這件事或決定做這件事的人除非是有情非得已的理由，否則那他真是愚蠢至極了。因為，他做了被認為是最惹人不快的不義之舉。在最公正的人的眼裡，由於他已經做了這麼多，他應該被允許獲得結束那項公共事務的功勞。

例如：有一位建築師，他的設計圖完全沒被採用，或者在執行時被改得面目全非以致糟蹋了整個建築的效果時，他一定會感到懊惱和沮喪，且極容易滋生挫敗感。

於是，其中的品味與才華在兩種不同的情形之下，即看圖紙與看建築所產生的效果，是有相當大的差別的，看圖紙可能會令人喜悅，但是絕不可能像看建築的時候那樣會令人驚奇與讚歎。

有許多人都很自信，自認為他們的才華絕不亞於凱薩和亞歷山大，我們不但相信他們所說的話，也相信他們如果處在同樣的處境，他們將完成比凱薩和亞歷山大更偉大的壯舉。

這兩位英雄的確值得所有時代與國家人民的敬仰，然而從另一個方面來說，我們卻不會再以驚奇和欽佩的眼光看著他們。以我們的冷靜判斷，或許會更讚許他們的說法，但是，他們畢竟少了偉大的功業，因此，也少了使我們目眩神迷的耀眼光芒。美德與才華卓越，甚至在那些承認有這種卓越存在的人身上，也不會產生和卓越的功業相同的效果。

換言之，在沒有什麼感激心腸的人類眼中，如果沒有成功的行善企圖，無論其功勞多麼顯赫，也似乎像前述那樣被失敗減少了，同樣，沒有成功的作惡企圖，其過錯也同樣被失敗減輕了。正如犯罪的計畫，不管多麼清楚地被確定證實，很少受到和實際的罪行一樣嚴屬的懲罰。

當然，也有例外，如叛國罪。由於這種罪行的影響極大，危害深遠，直接關係到政府本身的存亡。所以，它成為了政府最不願意寬恕的罪行。在叛國罪中，君主是直接遭到傷害的對象；在其他的罪行中，所遭到傷害的則是

他人。因此可以說，君主在懲罰叛國罪時，他所發洩的，是他自己的怨恨；在懲罰其他罪時，他所發洩的，是他的同情感所體會到的他的臣民的怨恨。

由此，君主在懲罰叛國罪時，由於他是在審判自己的事，他所判決的懲罰往往比公正的旁觀者能夠讚許的更為殘暴與血腥。即使其情節比較輕微，也不能減輕他心生的怨恨，他不會像其他罪行那樣，等到實際發生了罪行才開始阻止和懲罰，甚至都不會等到企圖犯罪。

事實證明，許多國家對於叛國罪的態度都是一致的，只要參與或涉及叛國的合謀，即使在合謀之後，什麼事都還沒做或嘗試要做，也會受到和實際犯了叛國罪一樣的懲罰。不只如此，甚至連涉及叛國的閒聊，也不能免於同樣的懲罰。

其他罪行則不同。一般來說，罪行如果只有計畫而沒有任何後續的實施嘗試，通常是不會受到懲罰的，即使受到懲罰，也絕不會很嚴厲。

當然，有人會覺得，和其他所有罪行相比，叛國罪的懲罰過於嚴厲了。一項犯罪計畫，和一樁犯罪行為，未必隱含同一程度的惡意，如給予相同的懲罰，自然不合宜。或許有許多事情，我們雖然下定決心去做，甚至擬訂詳細的計畫準備去做，但當我們準備要去做的那一剎那，卻覺得自己完全下不了手。所以，懲罰叛國罪，也應像懲罰其他所有罪行一樣予以酌情考慮。

實際上，不管是叛國罪，還是其他方面所有的罪行，我們考慮的是那種罪行可能造成的後果及影響。因為，人類對這種罪行的憎恨如此之大，他們對能犯下罪行的人的恐懼如此之深，因此在所有國家，即使僅企圖犯下這種罪行，也應當被視為罪大惡極，應當處以極刑。

企圖犯下比較輕微的罪行，他們受到的懲罰總是很輕的，甚至有時候完全不被懲罰。但是，如果當犯罪計畫已經連最後一個步驟也被執行完畢時，這個理由便不可能有任何立足點。下面列舉幾個事例予以證明：

一個人對另一個人開了一槍但沒射中，很少有任何國家的法律會將他處死。但是根據蘇格蘭昔日的法律，即使刺客射傷了他，且是在隨後一定時間內發生死亡，這位刺客也會被處以極刑。

一個小偷，如果他的手，在他從鄰人的口袋裡拿出任何東西以前，就在那時被抓到了，通常只受到喪失名譽的懲罰。如果在被逮之前，他有時間偷走一條手帕，那他將很可能被判處死刑；

一個闖空門的竊賊，如果被發現架了一張梯子在他鄰居的窗戶上，但尚未進入屋內，是不會被處以重罪的刑罰的。

企圖凌辱婦女，是不會被當作強姦罪懲罰的；企圖誘拐已婚婦女，完全不被懲罰，雖然誘拐婦女會受到極嚴厲的懲罰。

在通常情況下，我們都不可能對只是企圖傷害我們的人，產生強烈到足以支持我們對他同樣施加傷害的怨恨，只有當他真的傷害到我們時，我們才可能會認為他該受到那種懲罰。一方面，我們對判決的認可減輕了對他受到暴行的感受；另一方面，我們對不幸的悲傷增強了對暴行的感受。

但由於犯罪意圖是同等罪惡的，他真正的缺點在兩種情況下完全相同，因此，在這個方面，所有人的情感中都有不規則性。

當然，我還是寧願相信，沒有哪個地方的文明人自然的憤怒會因罪行的後果而增加，且出於人道他們還會有意免除或減輕懲罰。相反，當犯罪企圖或行為未產生實際結果時，就算是野蠻的人，對動機也不會敏感，也不會予以追究。所以，無論是最文明的國家還是最野蠻的國家，都有減刑的條令。

如果一個人的犯罪動機只是由於一時衝動，或者受壞人誘惑，且他良知未泯，曾經打算犯罪甚至有過實際行動，但所幸的是被不可抗拒的偶然因素所阻止，那麼在今後的生活中，他一定會把此事視作自己的幸運。他會滿心感激慈悲的上帝，感謝他把自己從即將墜入罪惡深淵的邊緣挽救回來，使自己的人生步入正軌。雖然他並未犯罪，但還是會為自己的一時衝動感到內疚，

回想起那曾經侵擾過自己內心平靜的危險，仍然心有餘悸，就像已經到達安全地帶的人回想起自己曾處於懸崖邊緣的感覺一樣。

在此，我們還要討論命運的另外一種影響，即當某種行為偶然給予我們非同一般的快樂或痛苦時，我們對其行為的優缺點的感受，必然會超過產生行為的動機或情感所應得的評價。

正如我們會感激那些帶來好消息的報信者，卻不會喜歡那些帶來壞消息的人一樣，其行為結果的好壞，都會影響我們對其優缺點的印象。而實質上，行為者的本意並沒有值得稱讚或責備的地方，即使有，也不會有我們想像的那麼嚴重。

行為結果的好壞，常常會影響我們對其優缺點的印象，才會導致我們把只是向我們報告了命運的結果的那個人，看成是決定我們命運的人，彷彿是他們造成了這個結果。因此，對於那些給我們帶來好消息的人，我們一定會心存感激，且是短暫的感激，在我們得到好消息而幸福的時刻，我們會把他當作大恩人一樣，甚至會熱烈而深情地擁抱他、愉快的報答他。例如：許多政府都規定，帶來勝利消息的軍官有資格獲得顯著的職位晉升，所以，在外征戰的將軍總是會挑選一個他最喜歡的軍官去做這令人愉快的差事。

相反，對於給我們帶來壞消息的人，也就是第一個使我們感到悲傷的人，自然而然地會成為某一暫時怨恨的對象。人們多少會對他投以懊惱不快的眼神，甚至那些粗魯野蠻的人還會對他發洩因情報所引起的憤怒。例如：亞美尼亞國王提格瑞尼斯，砍下某個倒楣的信差的頭，只因為這信差是第一個向他通報有一大隊可怕的敵軍逼近的人。

在文明的東方國家，都有「兩方交戰，不斬來使」的約定，而我們以這種方式來對待給我們帶來壞消息的人，況且他又是那麼的無辜，這無疑很野蠻、很殘暴。而獎賞帶來好消息的信差，不但會令我們感到愉快，並且我們還會認為，那是一個慷慨而有恢宏氣度的君王應該做的。

　　從本質上說，對於消息的好與壞，信差無任何功過可言，換言之，那樣的結果並非他所造成。而我們卻要作出這樣的區別，這顯然有失公平，尤其是對那些帶來壞消息的人來說則更是如此。

　　要使我們認為表示友好與善意的情感是正當的，任何理由似乎都很充分；但是，要使我們體諒不友好與惡意的情感發洩，就必須有最充實可靠的理由。

　　那種最充實可靠的理由到底是什麼呢？

　　一般來說，我們都厭惡體諒不友好與惡意的情感，也斷言原則上我們絕不應該讚許它們的滿足，除非它們所針對的那個人，由於意圖邪惡與不公正，以致使他自己成為它們的適當對象。

　　當然，對於這個原則的嚴格要求，在某些情形下，我們仍可以放鬆。如，在由於某個人的一時疏忽給另一個人造成損害時，我們通常會深切地同情受害者的怨恨，甚至讚許他反過來對加害者施以同樣的或是更過度的懲罰。

　　此外，對於未給任何人造成損害的那種疏忽，例如：一個人在沒有完全對可能路過的人給以警示的情況下，把一大塊石頭扔過牆頭，掉落在牆外的大街上，並且全然不理會那塊石頭可能落在什麼地方，那他必然要受到一些懲戒。

　　對於制度健全的國家，它的公共政策是如此周密，以至將會懲罰如此荒唐悖理的行為，雖然這種行為未給其他人造成任何傷害，但做出這種行為的人，完全不顧他人的幸福與安全，且展現出一種自大的藐視心態。

　　由於他荒唐任性地將鄰人暴露在危險中，而任何一個神智正常的人都不可能讓自己暴露在這樣的危險中。顯然，他對他的同胞們應當受到怎樣的對待毫無感覺，而這感覺正是公平正義與社會的基礎。所以，在法律上，如此嚴重的疏忽幾乎等於惡意的預謀。

　　如果正是由於這種疏忽，造成了不幸的後果，這個粗心大意的傢伙，往往會被當作彷彿他真的故意要造成那些後果似的受到懲罰。雖然從他的行為

上看，只是輕率與自大，也只應受到些許懲戒，但是從其造成的後果來看，卻是極端殘暴不仁的，應當受到最嚴屬的懲罰。

例如：某個人由於這種疏忽，意外地將他人致於死命。根據許多國家的法律，他都可能被處以死刑。

法律對於這種行為的懲罰，無疑是顯得過度嚴屬了，但它卻符合我們自然的感覺。其原因在於，我們對他的行為的愚蠢與不人道所感到的義憤，常常會被我們對不幸受害的人所感到的同情擴大和加劇。然而，似乎沒有什麼會比只因他輕率地投擲了一塊石頭到大街上，但沒傷害到什麼人就把他送上絞刑台，更令我們自然的公平感到震驚了。

有一種疏忽，可以說是完全公正的，犯這一類疏忽的人，他既無故意傷害他人的意圖，也絕不會自大地藐視他人的安全與幸福。對待周圍的人與對待自己無異，只是他的言行舉止沒有盡到他該盡的小心與謹慎。因此，就這一點而言，這種行為應該受到一定程度的責備與非難，但不該受到任何懲罰。

假使他的這種疏忽，是導致另一個人遭到損害的重要原因，那麼，無論是根據哪個國家的法律，他都應該負責賠償，這無疑是一項真正的懲罰。而且，如果不是因為他的行為引起了這個不幸的意外，自然也不會有人想到要對他實施這樣的懲罰。

毋庸置疑，法律的這項規定，所有人類無不讚賞有加。試想一下，還有比「一個人不應該為另一個人的不小心而受害」更為公正的原則嗎？我想，答案必然是否定的，因此，由於那個該受責備的疏忽所引起的損害，自然也應該由犯了這種疏忽的人負責賠償。

現在，我們要討論最後一種疏忽，這也是一種極為特殊的疏忽，即我們在行動之前並沒有為可能產生的後果而萌生焦慮與不安，換言之，也就是行事之前不夠小心謹慎。

它的特殊表現為：如果沒有造成什麼不好的或是有害的結果，人們便不會認為這種態度有什麼不對，反倒覺得那些謹小慎微才是應該受責備的；而

一旦由於欠缺這種過度的小心注意，造成不好或有害的結果時，人們一定會責罵行事的人粗心大意，法律也會強迫他賠償損害。

例如：根據阿奎瑞安法，一個未能駕馭一匹意外受驚的馬而湊巧壓倒鄰人的奴僕的人，必須負責賠償鄰人的損失。

對於這種意外的情形，即發生之後與未發生之時，我們常常抱有不同的兩種想法：第一種是在發生之後，我們往往會想，他原本不該騎這樣的馬，會認為他嘗試騎這樣的馬是一個不可寬恕的輕率決定；第二種是在情況未發生之時，我們則會因為他在騎那匹馬之前的猶豫，而認為那是因為他膽怯懦弱、優柔寡斷，且太過於多慮。

至於當事人自己，由於這種意外不由自主的傷害了別人，他似乎也會覺得對受害者有些過失，應當受罰。他的第一個反應自然是急忙上前向受害者表示關心，盡可能向受害者賠禮認錯。如果受害者心中產生的怨恨已溢於言表，並且他也有一些察言觀色的能力，那他必然希望透過賠償損失的方式，來盡量安撫這種怨恨。如果當事人完全不道歉，也完全不提出賠償，那將被認為是極殘忍與野蠻的行為。

也許有人會問，他原本是和其他旁觀者一樣無辜的，為什麼卻應該單獨向受害人道歉，甚至是賠償不幸呢？

我敢保證，這項責任絕對不會是強加於他的，即使是公正的旁觀者，也不會寬恕所謂的他人不公正的憎恨。

道德評論

命運的這種影響的效果，第一，是減弱我們對某些行為的功過感，這些行為雖然根源於最值得讚揚或最值得責難的意圖，不過，卻未能產生它們所意圖的效果；第二，是只因為它們產生意外的快樂或痛苦。

▌論情感變化無常的終極原因

行為各種好與壞的結果，總是在不知不覺中或是在人們極不情願時影響行為人和他人的感覺；那些主宰世界的運氣，也總是這樣對人類進行影響，並在某一程度內，對人類怎樣判斷他們自己以及他人的品行進行指導。

生活中，品評每個人的根據通常不是意圖，而是結果。自古以來，不知有多少人為此鳴不平。並且，還把它視為培養美德的一大障礙。因此，大多數人都同意把「結果既然不取決於行為人，那麼，它就不應該影響我們對行為的功與過或合宜與否的感覺」作為一條一般性的處世格言。

當然，這一格言並不適合所有的事例，因為，當遇上個別具體的事例時，我們會發現，我們的感覺很少完全服從這一公正的處世格言。相反地，那些決定我們對行為審慎與否會有怎樣的感覺，且也幾乎總是會激起我們的感激或怨恨、左右我們對其意圖的功過判斷的，往往是行為所引起的後果的幸運與否。

上帝的意願總是很美好，祂所做的一切也正是基於這些美好的願望——意在為人類謀求幸福與完美。當上帝將情感變化無常的種子植入人類的心靈時，也是如此。

但是，那些帶有傷害的意圖或惡毒的情感，常常能夠引起我們的怨恨。假如某些人的行為不足以贏得我們的信任，或是因為我們自己多疑，而懷疑他人有這樣的意圖或情感，我們的內心則必定充滿了難以抑制的怒火，即便是那些意圖與情感從未化為任何實際行動。

如果人們對感覺、思想與意圖所感到的義憤，和對實際行為所感到的義憤一樣強烈的話，它們就會成為被懲罰的對象。這樣的事情，只要想一想都會覺得可怕，若真的把那些尚未付諸行動的惡劣思想放在與惡劣的行為相同的位置上，並一起高聲要求報復，則每一個司法審判庭都將變成宗教審判庭。每個人都將生活在恐慌之中，處處草木皆兵、惶惶不可終日，唯恐自己有一

天會莫名其妙地受到庭審。因為，周圍的人極有可能懷疑他懷有邪惡的願望、邪惡的期待以及邪惡的意圖。

對於這一點，上帝在造物之時就已考慮到，並早有旨意，而我們也是按照這個旨意行事的。即唯有產生實際的邪惡，或企圖產生實際的邪惡以及使我們直接感到害怕的行為，才是眾所公認，並適合接受人類懲罰與怨恨的對象。

人的行為是思想產生的結果，思想又是一切行動的指揮。所以，我們可以這樣說：人類行為的全部功過皆源自人類心理的感覺、意圖與情感。但是，我必須強調一點，這些東西，已全部被上帝置於人類的每一種審判權限之外，只屬於他自己永遠不會出錯的法庭審理。

因此，人們的生活便出現了「人類在今生只應當為他們的行為而受罰，絕不應當為他們的意圖而受罰」這樣一個必要的正義原則，且這個原則是建立在人類的功過感中的一種有益且有用的感覺基礎上。但是，自然界的每一部分，只要透過仔細觀察，就能同樣展現造物主的庇佑與眷顧，甚至在人類的軟弱與愚蠢中，也同樣包含著值得我們欽佩的神的智慧與仁慈。

可能有人會對這種情感的不規則性表示懷疑，其實，它並不像人們想像中的那樣無用。甚至正是由於它使不成功的嘗試中的優點（只是良好的傾向和願望中的優點）顯得不完美，而促使人們急於行動，並努力促進自己和他人外部環境的變化——它似乎最有利於一切幸福。

在我看來，每個人作為人類中的一員，內心必定懷有幫助世界繁榮的願望。因此，他不會僅僅滿足於空洞的仁慈，或把自己想成人類的朋友。自然也常常這樣教導他：為達到要促成的目的，必須竭盡所能。除非他實際做到了這些，否則，無論是自己還是別人都不會完全滿意他的行為，更不會給予高度的讚揚。

造物主意在使他明白，對良好意圖的讚揚，若是沒有善行的優點，哪怕是激起了世人最高的讚揚或是最高的自我讚揚，都是毫無用處的。

一個人只有在完成一件重要的事情後，他的言行舉止表現出最公正、高尚、慷慨的情感，才能有資格要求很高的報答。否則，即使他的無用僅僅是因為缺乏助人的機會，我們仍然可以拒絕他而不受責備。甚至，我們還可以詢問他：你對我們做過些什麼實際有用的幫助？你有什麼權利得到如此大的報答？我們尊敬你、愛戴你，但絕對不欠你什麼……

因為榮耀和提拔是極大仁慈的結果，對那些由於缺少機會幫助而顯得無用的潛在美德予以報答，並賦予它榮耀和提拔的行為，在一定程度上可以說是值得的，但卻不能說一定是適宜的。相反，如果在沒有犯罪的情況下，僅僅因內心的情感就給予懲罰，可以算作是最傲慢和野蠻的暴政。

當仁慈的情感沒有等到成為犯罪就行動，似乎值得最高的讚揚，相反，凶殘的情感化為行動，幾乎不會太遲緩或不需要深思熟慮。

我們常常把那些由於疏忽或無意間造成的傷害，視為同屬行為人和受害人的不幸，其目的是要告誡人們，同胞們的幸福與自己的幸福不但同等重要，而且是值得尊重的。我們要時時小心別人在不知不覺中做出什麼傷害到自己的事情來。同時，我們更要注意自己的行為，不要讓它成為傷害他人或引發他人怨恨的工具。否則，就要承受那種隨時準備要向他發洩的不合理的怨恨，或是對其進行賠償。

在古代的異教傳說中，一塊已經奉獻給某位神明的聖地，如果未得到神明的允許、並非在神聖或必要的時候入侵聖地，儘管侵入的人對此事一無所知，從那一刻起，他也會因此變成一個罪孽深重而必須贖罪的人。除非他提供適當的犧牲來作為贖罪，否則，他必將遭到那位神明的報復。

同樣道理，上帝也會用他的智慧，把每個無辜者的幸福指定為他個人的神聖禁地，不管別人是在怎樣的情形下，只要對它產生了侵犯和踐踏的行為，都要為其付出代價，如果造成了損害，他就必須對他進行賠償或者補償。

假如一個心有良知且懷有仁慈的人，因意外不幸成為另一個人身亡的原因，即使在這過程中他絲毫沒有該受責備的疏忽，他也會覺得自己必須贖罪，雖然他沒有犯罪，但他會認為這是他生命中遇到的一個最大的不幸。

就像我們常常在古代以及現代的戲劇中看到的那些最出色與最感人的場景一樣，只要自己的處境還過得去，而受害者的家庭很窮，亟需資助，他就會毫無怨言地立即負起保護受害者家人的責任。並認為他們最有資格獲得他的疼惜與親切對待，只有這樣做，他們內心才能得到救贖和平衡；如果受害者家庭的處境比較好，無需那樣的資助，他則會以盡可能有的畢恭畢敬的態度，來表達各種悲傷哀悼的言行，並盡力以提供各種他想得到的或他們容許的善意幫助，為已經發生的不幸贖罪，盡可能安撫他們心裡那種也許是自然的，也是極其不公正的怨恨，或者說是那種因他對他們的嚴重的無心的冒犯，而在他們心裡激起的怨恨。

當一個人因不幸釀成災禍，或是由於其他外在因素的阻礙未能促成預期的善果時，他一定會超出尋常地感覺到那些他看起來似乎不應該感覺到的痛苦。然而，上帝在冥冥之中早有安排，它絕不可能讓他的清白無辜沒有任何慰藉、讓他的美德沒有任何獎賞。此時，那則公正的處世格言，即「那些並非我們的作為所能左右的結果，不應當減少我們應得的尊敬」，會給予他幫助。

同時，他還可以鼓起心中所有的恢弘的器量與堅定的意志，拋棄旁觀者現在看待他的眼光，並以那種他本應在成功時所得到的讚許的眼光來審視自己，或是用人類最公平、最公正的角度來對自己的功過進行分析與評判，讓自己的內心在接受因過錯帶來的應有懲罰的同時，也讓自己那些善良美好的意圖得到它們應得的稱讚。

道德評論

一般情況下，我們都是根據行為的結果來判斷行為的優缺點。僅有助人的願望和意願，最終卻沒有實現，人們往往會覺得其優點並不完美。同樣，

在沒有實際犯罪的情況下，若僅僅因為當事人內心動機而對他加以懲罰，也是不人道的做法。如果一個清白的人即將由於某一偶然原因但卻出於有意所為而造成了損失，那麼他就會受到懲罰。如果他是無意所為，造物主便不會過度地指責他。

第五卷 論評判自我情感與行為的基礎及責任感

我們被人敬愛，並且知道我們值得被人敬愛，這是人生最幸福的事；我們遭人怨恨，並且知道我們值得被人怨恨，這是人生最不幸的事。

論自許與自責的原則

我們判斷他人行為的原則與我們是否贊同自己行為的根據，完全相同。

當我們設身處地為他人著想時，能否充分同情導致其行為的情感和動機，決定了我們是否贊同他人的行為；當我們站在他人的角度看待自己的行為，我們是否贊同，也取決於我們能否對影響行為的情感和動機有充分的理解和同情。

我們若離開自發的立場，而且帶著一定的距離感來看待自己的情感和動機，就不可能全面地審視它們，也就不可能對它們作出任何正確的判斷。所

以，我們應該努力用他人的眼光來看待自己，或者採取他人可能會有的看法來做到這一點。

　　無論我們做出什麼判斷，都會與他人的判斷具有某種隱祕的聯繫。我們在考察自己的行為時，應該努力做到像公正無私的旁觀者那樣。如果我們置身於他的立場，就能夠完全理解影響自己行為的所有情緒和動機，我們就會同意心目中那位公正法官的認可，贊同我們自己的行為。否則，我們的行為將會受到譴責。

　　每個人都應該有一面屬於自己的鏡子，這面鏡子不僅讓人知道自己的外表是美是醜，還可以知道自己的品質、情感和行為是好是壞；甚至自己的心靈是美好還是醜陋也能一目瞭然。一個在與世隔絕的世界里長大的人，從來沒有跟任何人有過交往，他也就沒有這面鏡子將這些展現給他看，許多行為都不被他注意和理解。

　　得到這面鏡子並不難，把這個人帶入社會，他就得到了。周圍的人的表情和舉止就是他的鏡子，無論他們是否體諒或是贊同他的情感，都會一一反映出來。正是這樣，他才第一次看到自己的情感是否合適，看到自己心靈的美與醜。

　　有了這面鏡子，這個生來與世隔絕的人，現在可以注意那些給他帶來快樂或是傷害的外部事物。那些他從來沒有思考過的事物所激起的情感、渴望、厭惡、快樂或悲傷，都立即展現在他面前。

　　情感的想法並沒有讓他感興趣到專心思考的程度。儘管思考這些情感的起因經常會給他帶來快樂和悲傷，但是對快樂的思考不會給他帶來新的快樂，對悲傷的思考也不會給他帶來新的悲傷。

　　當他融入社會，他所有的情感立即會引起新的情感。他會注意到人們對他的某些情感表示贊同，而對另一些情感表示反感；從而使他受到鼓舞或感到沮喪。情感的想法會引起新的渴望和厭惡，還會引起新的快樂和悲傷。於是，現在他會對這些情感深感興趣，時刻沉浸於專注的思考中。

別人的體型和容貌，是我們最早對長相美醜的概念。這種概念讓我們很快就能感覺到別人對我們同樣的評論。他人對我們長相的誇獎讓我們高興，反之，則讓我們失望。別人對我們外貌的評價也是我們很想知道的。

我們用照鏡子或者類似的辦法，盡可能與自己保持一定距離，努力以他人的眼光來看自己，不厭其煩地審視自己的身體。經過這樣的審視，如果我們對自己的外貌感到滿意，就會將別人最壞的評價置之度外。相反，如果我們覺得自己讓人討厭是理所當然，那麼別人任何一句微辭都會觸動我們的敏感神經，使我們無比的憤怒。

外表醜陋的人可能經不起小小的玩笑，外表英俊的人卻可以容忍你嘲笑他小小的缺陷。我們同社會是有聯繫的，所以，我們會擔心自己的美和醜對他人的影響。我們會很主動地陳述，我們對他人的品行有怎樣的感覺，別人對我們品行也同樣直言不諱。所以，我們很急切地想知道，我們在他人眼裡是令人愉快的或者是令人厭惡的對象。

正因為如此，我們開始檢視自己的各種情感與行為，並借由思索，如果我們處在他們的位置，會怎樣看待那些情感與行為。我們假定我們是自己行為的旁觀者，並且努力想像那行為，依照此觀點，在我們身上產生了什麼樣的感受。唯有透過這樣的鏡子，我們才能夠在某種程度內審視我們自己的行為是否合宜，如果從這樣的觀點來看，我們的行為使我們感到高興，那我們就不會有什麼顧慮了。

在這種情況下，我們會變得不在乎他人的讚美，甚至在某種程度內藐視世人的非難，因為我們心裡確信，不管被怎樣誤解或被怎樣訛傳，我們是人們的讚許感的自然且適當的對象。相反，如果我們對這一點感到懷疑，就可能因此而更急切地想要獲得人們的讚許。但是，只要我們尚未自甘墮落到人們所謂不知羞恥的地步，人們的非難一定會使我們感到加倍的難受，因此，會使我們的心情沮喪、精神渙散。

我們努力審視自己的行為，當我們想要宣判它的是非對錯，以及想要讚許或譴責它時，我們把自己分成兩個不同身分的「我」。

第一個「我」，是某個假想的旁觀者，他對於我自己的行為的感覺，是我努力想要體會的感覺；為了得到這種體會，我努力使自己處在他的位置，並且努力思索，當我從他那個觀點來看待我自己的行為時，我會有什麼樣的感覺。

第二個「我」，是某個行為人，是我可以正當稱之為「我自己」的那個人，是那個關於其行為我正努力以旁觀者的角色想要做出某種審判意見的人。

在這種情況下，結果不可能在每一方面都相同，以上第一個「我」如審判者，而第二個「我」如被審判者。所以，審判者做出的判定與被審判者的想法在每一方面都不可能完全相同。

我們知道，和藹可親與值得稱讚，是美德的主要特徵；而惹人厭惡與應受懲罰，則是邪惡的主要特徵。所有這些特徵將直接觸動他人情感。

一個有美德的人被稱為和藹可親或應受獎賞的對象，不是因為他是自己所敬愛或感激的對象，而是因為他在他人身上引起的那些感覺。意識到自己是這種讚許感的對象，是自然伴隨著美德的那種內在寧靜與自足的源泉。

我們被人敬愛，並且知道我們值得被人敬愛，是沒有什麼能勝過的；我們遭人怨恨，並且知道我們值得被人怨恨，這也許就是最為悽慘的不幸。

道德評論

我們評價自身行為的原則與評價他人行為的原則是相同的。我們努力使自己實現角色換位，以旁觀者的眼光來審視自己的行為。我們從對別人外表的評價中獲得了美醜的概念，同時也對自身有了相應的認識和評價。我們很關心別人對我們關於他品質行為和道德評價會作何反應，實際上別人也是如此。我們就是這樣透過別人的眼光來檢驗自己行為是否合宜的。

論喜愛、讚美及害怕譴責

希望被人喜愛和成為招人喜愛的對象，以及希望被人讚美和成為值得讚美的人，是人與生俱來的願望。害怕被人憎恨和成為憎恨的對象，以及害怕被人譴責和成為應該受到譴責的人，是人與生俱來就畏懼的。

讚美的喜愛和值得讚美的喜受，在很多方面彼此類似、相互關聯，並且時常混合在一起，但這兩種情感仍有明顯不同和各自獨立的原則。

對那些品行為我們所讚許的人，我們心裡自然懷有喜愛與欽佩的感覺，這種感覺促使我們希望自己也變成那種愉快感覺的對象，並希望自己也像他們一樣和藹可親和令人欽佩。我們熱切地希望自己勝過別人的這種好勝心理，根本的來源就在於我們對他人的卓越感到欽佩。但是，我們不僅不滿足我們像別人那樣受到欽佩，而且相信自己像別人那樣值得欽佩。

為了滿足自己的希望，我們必須把自己變成品行公正的旁觀者，用公正的旁觀者的眼光來看待自己的品行。在這種觀察下，我們的品行能達到我們的希望，我們會得到快樂和滿足。如果我們發現，他們實際上只能以我們在想像中努力堅持的那種眼光來看待我們的品行時，獲得與我們自己先前所見的恰好相同的見解時，我們的這種快樂與滿足將被大大加強。他們的讚美必然會加強我們的自我讚美，堅定我們覺得自己值得讚美的信心。

當最真誠的讚美不能看作值得讚美的證明時，讚美不會帶來多大的快樂。在無知或錯誤的情況下，以種種方式落在我們身上的尊重和讚賞絕不是恰當的。當我們意識到這點，我們會覺得自己不配如此受人喜愛。這種意識帶來的結果是，即使我們得到人們與眾不同的情感示意，也不能得到完整的滿足。

當我們並未實施某個行為而得到稱讚，或者稱讚對我們行為沒有任何影響的動機，這都不是在稱讚我們，而是對他人的稱讚。這種稱讚我們是不能得到任何滿足的，並且對我們來說，這比責備更令人感到羞恥，而且還會不斷喚起各種卑微的反省，反省我們應該做而並沒有做到的事。

比如：一個塗脂抹粉的女士從別人對她膚色的稱讚中得到的是少許的虛榮感。我們認為，當她和自己真正的膚色相比較時，一定會激起她的羞辱感；又如，一個花花公子裝出一副地位顯赫的樣子，其實他完全清楚自己不配擁有那種讚許。

這兩種人都只是透過想像得到稱讚而感到高興。他們這種虛榮正來源於自己粗鄙的幻想，一個理智的人也許不會因這種幻想而有如此粗鄙的行為。只有在他們把自己置於受騙者的處境時，他們才會為受到的高度讚揚而感到震驚。

為這種沒有根據的稱讚感到高興，是最淺薄、輕率和軟弱的表現。這正是虛榮心理，也是最荒唐可鄙和粗俗欺騙的邪惡基礎。經驗告訴我們，他們是粗俗的，只是愚蠢的說謊者努力透過描述從不存在的事實來激起同伴的讚賞。

他們不以自己應該在同伴面前表現的眼光，而是以自認為別人實際看待他的眼光來看待自己。他們淺薄的軟弱和平庸的預見阻礙他們反省自己，阻礙自己以可鄙的觀點來看待自己，如果真相暴露，以這種觀點，他們的意識必然會告訴他們，自己也將暴露無遺。

我們應該知道，沒有根據的稱讚不會給我們帶來任何真實的快樂，得到的滿足也經不起考驗。只有我們的行為確實在各個方面都符合獲得稱讚和贊同的條件，我們才會認為我們的行為值得稱讚，也使我們自己感到很安慰。我們會為這樣的讚揚而快樂，也為做了值得讚揚的事而高興。我們成為被讚揚的對象，即使沒有實質性的贊同，我們還是一樣會感到快樂高興。

當我們某些行為應該引起同住的人的責備，但他們並沒有責備我們時，我們可能透過反省自己應該受到懲罰來激起我們的羞恥。那個意識到並能準確地看到自己那些行為分寸的人，回想到自己行為的合宜性會感到滿意。當他以公正的旁觀者的眼光來看待這些行為時，會完全體諒影響他們的全部動機。

　　他帶著愉快和讚許回顧各種行為，他所做的雖然別人不能了解，但他認為自己並不是根據他人的實際看法，而是他們對他有更多了解後可能有的看法。他期待在這種情況下給予他表揚和讚賞，並透過同情這些情感，他也表揚和讚賞自己。因為公眾的不知情，這些情感並沒有真正發生。

　　他知道這種情感是這種行為自然而普遍的結果，是他的想像把他們緊密聯繫在一起，並習慣地把他們看作是這種行為產生的自然而合宜的結果。

　　人們都自願地消耗生命來換得死後無法享受的英名，同時，他們在想像中期待榮譽在不久的將來會在他們身上降臨。他們從此聽不到任何讚揚，他們再也感受不到讚賞縈繞心間。他們消除了內心中最大的對自然的恐懼，並做出幾乎超越了人類本性的行為。

　　其實，就實際情況來說，我們不再享有的贊同和實際上從未享有的贊同之間是毫無區別的。如果前者能產生如此強烈的效果，我們就不會因後者受到高度重視而感到驚奇。上帝在為世界造人的時候，就賦予了人一種根本的天性——使他們樂於取悅同胞，而惡於觸怒同胞；並教導人應該在同胞讚許自己時覺得快樂，在同胞責備自己時覺得痛苦；還讓我們感到同胞的讚許最讓人舒心愜意，同胞的責備最令人羞愧自責。

　　但是，只是希望得到同胞們的讚許，以及討厭受到同胞們的責備，並不足以使人適應上帝所造就的那個世界。因此，上帝就賦予了人們兩種願望：一是使人們想要被讚許；二是使人們想要做一個應該被讚許的人。

　　第一種願望只會使人們希望自己看起來適應社會。但是，人們必須有第二種願望，才能真正的適應社會。第一種願望只會促使人們假裝自己具有美德，促使人們隱瞞自己的敗德惡行。若要使人們從內心真正喜愛美德，並且真正憎惡敗德惡行，還必須有第二種願望。在每一顆造就優良的心靈裡，第二種願望也是這兩種願望中最強有力的。

　　獲得他們自知完全不應承受的讚美而興高采烈的只有最軟弱且最膚淺的那些人。軟弱的人有時候會欣喜於這種讚美，無論在任何情況，這種讚美都

會被智者拒絕。智者從別人的讚美中不會感到快樂，他知道他沒有什麼值得讚美之處。但是他時常極其樂意做他知道值得讚美的事，他同樣清楚地知道，那些值得讚美的事永遠不會得到讚美。對智者來說，在不應受到讚許的場合得到人們的讚許，絕不會是什麼重要的目標。不過，在真正應當受到讚許的場合得到人們的讚許，也許仍不是一項最重要的目標。不過他認為，一項最重要的目標是，成為值得讚許的人。

人的虛榮心作祟時，可能在不應受到讚美時希望得到、甚至接受讚美。其實，在真正應當得到讚美時希望得到讚美，這只是希望我們應該受到一種最基本的公平對待。

所以，對於智者，喜愛正當的名聲或真正的榮耀，則指單純為這名聲或榮耀本身，而完全不計較從中能獲得什麼實質的好處。然而，當他對自己行為的每一個環節的合宜度有充分信心時，他會刻意忽視甚至藐視這種名聲與榮耀，也就是他為何最傾向於這麼做。在這種情況下，他的自我讚許，不需要他人的讚許給予增強。只要有信心就夠了，信心足以使他感到心滿意足。

自我讚許，如果不是唯一，至少會是智者感到掛念的目標。喜愛它，就等於是喜愛美德。這就像我們傾向希望自己也變成那種令人敬愛與欽佩的情感合宜對象，和我們更加強烈傾向害怕成為那種厭惡與輕蔑的情感對象是相同的。

在這種情況下，與其我們害怕想到自己被人厭惡與輕蔑，不如說我們害怕想到自己正是那種可惡與可鄙的人。我們害怕想到自己做了某些不得體的事，即使我們有最充分的把握相信那些情感絕不可能真正宣泄在我們身上，但是，還是有可能使我們成為自己的同胞們厭惡和輕蔑的正當且合適的對象。

喪失唯一能夠討人喜愛的行為原則的人，即使他有最充分的把握確信他的所作所為將永遠不為人知，那種信念對他也毫無用處。當他回顧自己的行為，並且以公正的旁觀者會採取的那種眼光回顧那些行為時，他將發現自己完全無法體諒影響那些行為的各種動機。想起那些行為，他便會覺得面紅耳

赤與窘迫不安，他會頓感羞恥，好像那些為人所瞧不起的行為已變得眾所周知。

此時，除非周圍的人對他的行為一無所知，否則他仍無法在想像中免除鄙視和嘲笑。每當他想到自己是這種情感的自然發洩對象時，他便感到心驚膽顫的痛苦。他擔心這種情感會真的宣泄在他身上。

當他還是一個有情感的人時，如果犯下會引起憎惡與怨恨的滔天大罪，他就會受到責備，甚至他的罪行可能使他受到這世界上的憎惡與悔恨所帶給他的痛苦與折磨。儘管他認為自己的滔天大罪會不為人知，甚至他確信即使神明也不會對他的罪行給予報復，也仍然無法逃避憎惡與悔恨給他帶來的痛苦，無法避免被同胞們視為憎惡與義憤的對象。

他習慣犯罪，但是如果他的心靈沒有因為他這犯罪習慣而變得毫無情感時，一旦他想到萬一可怕的真相暴露，人們將會用看待他的那種態度，以及人們的臉上與眼裡將會有的那種表情，他絕不可能不感到憎惡與驚愕。

一個良心不安的人受到的驚嚇和感到的刺痛，是源自各種惡魔與復仇女神對內疚者一生的不休糾纏。這些惡魔與復仇女神不會容許他們有片刻的平靜與安息，時常會逼迫他們陷入萬念俱灰與心神渙散的境地。哪怕自信神不知鬼不覺，也無法使他們免於陷入這個可怕的處境；哪怕排斥宗教信仰，也無法把他們從這個可怕的處境完全解救出來，除非他們已經對榮辱與善惡毫無感覺，否則，他們絕不可能脫離這個可怕的處境。

品行最可憎的那些人在執行最可怕的罪行時，無論他們如何從容冷靜或按部就班，甚至逃避了所有犯罪的嫌疑，迫於對處境的恐懼，他們仍會主動地去揭發別人未覺察到的事。他們希望透過承認自己的罪行，透過甘心接受受害者的怨恨，並且飽嘗那種自認為罪有應得的報復，乃至透過自己的死亡，使他自己在他的想像中，平息人們的自然情感，希望使人們認為他並不是那麼的可恨和厭惡。

為在某種程度內為自己的罪行贖罪，他希望透過這種方式，使自己變成同情而不是憎惡的對象，希望能夠在得到所有他們的同胞們的饒恕下安心地死去。甚至想到這樣的解脫，與他在醒悟之前所感覺到的痛苦相比是一種幸福。

透過這種贖罪，那些脆弱、敏感的人，自知應受到責備所引起憎惡，同時征服了恐懼責備的心理。雖然他們可以輕易地逃避這譴責與懲罰，但為了減輕內疚所引起的自我憎惡感，為了在一定程度上緩解良心的自責，他們仍自願真誠地接受自知罪有應得的譴責與懲罰。

最淺薄無知的人，因得到不應得的稱讚而感到高興。但是，不應受的指責卻使意志極其堅定的人蒙受羞辱。意志堅定的人的確能輕易地學會鄙視那些流傳於社會上的流言蜚語。本身荒謬的流言蜚語，會在很短的時間內消逝。意志堅強且清白無辜的人，也會為嚴重而莫須有的罪名感到震驚，尤其是當這些罪行不幸地與能作為證據的事一起發生時，他常會感到遭受了莫大的委屈與侮辱。

他極感屈辱地發現，有人會以為他的品行就是這麼卑鄙，以至於認定他會犯下那樣的罪行。雖然他十分清楚自己很無辜，就是那樣的指控足以使他的品行蒙上一層恥辱的陰影，甚至使他自己也無法辨清事實的真相。

品行不良的匪徒以及普通的攔路搶劫之輩，對自己的行為從不會覺得有何種卑鄙惡劣之處，也從不會感覺到良心上的自責。他們向來把絞刑視為一種可能落在他們身上的命運，不會為這種懲罰的公正與否費心傷神。不過，對於他們的這種不良行為，很少有不公正懲罰而言。

當他們接受這種命運時，他們只是會感覺沒有其他同伴那樣幸運而已，他們會服從這種自認為倒楣的命運。在他們的心裡也沒有值得他們不安心的，也許，能讓他們不安的也就是由於畏懼死亡而產生的不安。然而，我們時常看到，即使是畏懼死亡而產生的不安，這種無恥的惡徒也能夠極其輕易地克服。

在清白無辜者的心裡，不僅有由於畏懼死亡而可能產生的不安，還有因為他自己對所受到的不公平的對待而受到的折磨而不安。他會為這懲罰在死後留下的罵名而感到劇烈的痛苦，他認為他的至親好友在以後想起他時，為他感到丟臉，並不是感到惋惜與愛憐。這種死亡的陰影以一種比平常更加黑暗、更陰鬱的狀態向他逼近。

為了社會的安寧，這種致命的事在任何國家都應盡量避免。然而，在所有國家，甚至在司法制度相當完善的某些國家，這種事情也時有發生。處於這種不幸境地的人，他們的罪行被判處了死刑，並且被詛咒，永遠留下了罵名。他們的視野，如果僅侷限於現世的粗俗哲學，也許無法提供他們多大的心理慰藉。

唯有宗教信仰能夠為遭到玷汙與侮辱的清白無辜者提供唯一有效的慰藉。宗教信仰能夠告訴他們，只要全知全能的上帝讚許他們的行為，無論人們對他們有何種想法，都是無關緊要的。宗教信仰能夠為他們揭示另一個世界的觀點，那個世界比現在的世界更為正直，更為仁慈，也更為公平。在另一個世界裡，他們的清白無辜只要時機一到就會獲得宣告，他們的美德最後也將獲得獎賞。

就一些比較輕微的過失而言，一個敏感的人被冤枉獲罪時，傷心難過的程度一定大於真正犯錯的人因實際的內疚而產生的難過，這種難過的程度和罪行相比，程度一樣重大。比如：一個水性楊花的女子，對一些有憑有據的有關她的風流韻事的臆測傳聞，會認為好笑，覺得這不過太平常罷了。然而，對一個純潔無辜的處女而言，最荒唐無稽的同一類臆測傳聞，則無疑是一個致命的中傷。

對於以上情形，我們深信一個刻意做出可恥行為的人，不會產生羞恥感；而一個習慣於做出可恥行為的人，也不會有任何羞恥感。

每個人只要具有普通的悟性，都可以輕易地藐視不應受到的讚美。那麼，為什麼不應受到的譴責，會使一些具有最健全甚至是具有最佳判斷力的人，如此激烈地覺得傷心難過呢？這個問題值得我們深思。

痛苦與其反面的快樂相比，在所有的情況下，都是一種更為深刻的感覺。痛苦的感覺把我們的心情壓低至我們平常或所謂自然的快樂狀態以下的程度，而這種程度也是大於快樂可能把我們的心情提高到那個自然的狀態以上的程度。

任何一個有感受能力的人因受到正當的譴責而感到羞愧難過的程度，都會大於他因受到正當的讚美而可能感到愉快陶醉的程度。對於智者，他能在所有處境中輕蔑地拒絕不應受到的讚美，但是，他時常激烈地感受到不應受到的譴責對他的不公平。他覺得，如果他自己默不作聲地接受人們因他沒有做到的事情的讚美，如果他占有了不屬於他的功勞，那他無疑就是一個卑鄙的撒謊者，並且應當受到因誤會而讚美他的那些人的輕蔑。當他發現許多人，認為他有能力做到他實際沒有做的事情，也許讓他有理由感到些許快慰。

他雖然可以感激朋友們對他的抬愛，但如果他沒有立即向他們說明事情的真相，他將會覺得自己犯了最卑鄙的過錯，為此會感到不安。他知道，以旁觀者實際看待他的那種眼光來看待他自己，並不會給他帶來多大快樂，並且當他們知道真相時，他們將以不一樣的眼光看待他。

然而，軟弱的人卻時常陶醉於以這種虛妄欺瞞的眼光來看待自己。他假裝每一件值得稱讚的行為和優點都歸功於他，並自詡有很多人們從未想過的優點也歸功於他。他裝作已經做了他實際從未做過的事情，裝作已經寫了別人所寫的文章，裝作發明了別人所發明的東西，因而剽竊與撒謊等卑劣的惡行都被他一一做出。

我們應該相信任何人，只要具有普通的見識，便不至於因為別人認定他做了一件他從未做過的值得讚揚的行為而感到快樂。有智慧的人，會因為別人認真責怪他犯下了某一個他從未犯過的罪行，而感到極大的痛苦。在這種

情況下，上帝會使痛苦變得比其反面的快樂更為深刻，而且也使這痛苦相對於快樂的深刻程度遠大於平常的程度。

當他拒絕屬於他的功勞時，沒有人會懷疑他的真誠。可是當他否認他被指控的罪行時，也許有人會懷疑他的真誠。他同時為不實的指控所激怒，也會為有人相信那不實的指控而感到屈辱與難過。

他感覺他的品格得不到保護。他感覺同胞們不理解他，不以他焦急地渴望他們採取的那種眼光在看待他，反而認為他可以做出他被指控的那種罪行。他心裡很清楚他曾做過的事，這些事情並沒有犯錯，但是，任何人都不能明白他能做出什麼事。他獨有的一種心理狀態可能會引起的行為，或許會引起所有人的懷疑。他那些令人不愉快的痛苦，在他的朋友與鄰居們對他的信任與好評下減輕；反之，則會在他們對他的不信任與惡評中加重。

他的感受能力的強弱直接影響了他獨有的自信心。自信使他認為自己受到的惡評是錯誤的。但是，他的這種自信很難讓他不受那種惡評的影響，很少使他在面對那種惡評時心裡保持鎮定。他的敏銳程度隨著感受能力的強弱而增高，敏銳度越高，他的自信心越不足，別人的惡評對他的影響便會越大，他也就不可能鎮定自若。

總之，在任何情況下，別人的情感和判斷與我們自己是否一致，對我們產生的影響，取決於我們對自己的情感是否恰當和判斷是否正確的把握程度。

一個敏感的人可能擔心自己即使在高尚的情操方面也會過於任性，或者害怕因為自己和朋友受到傷害而過於憤憤不平。他很害怕因為自己的敏感，擔心情緒過於激動，造成意氣用事，因為見義勇為給別人造成真正的傷害，他傷害的人雖然不是清白無辜，或許並不像他原來認為的那樣罪不可赦。在這種情況下，也許他們的贊同會讓他得到最大的安慰，他們的反對可能使他恐惶不安的內心雪上加霜。如果他對自己的所作所為完全心中有數，就會把別人的看法置之度外。

　　高貴典雅的一類藝術品，需要極高明的鑒賞力才能理解其中的奧妙，但是在某些方面鑒賞的結論並不一致。另外一類藝術品，他們的優點能夠得到明確的論證，並且有令人滿意的證據。其中，這不一致的結論比令人滿意的證據更加需要公眾的評價。

　　比如：兩位偉大的數學家，格拉斯哥大學的羅伯特・西姆森博士和愛丁堡大學的馬修・斯圖爾特博士，他們從來沒有因為無知者忽視他們最有價值的著作而感到苦惱。據說，艾薩克・牛頓爵士的偉大著作《自然哲學的數學原理》受過多年冷落，但是，也絲毫沒有打擾那個偉人的平靜。自然哲學家們跟數學家一樣不受公眾評價的束縛，他們對自己的發現和知識的價值，像數學家一樣充滿自信、毫不動搖。數學家對自己的發現的真實性和重要性信心十足，因此毫不在乎別人的看法。獲得經驗和成就之後，他會對自己的判斷更加自信。不過，公眾的批評總是給他帶來深重的恥辱。

艾薩克・牛頓（1642~1727），英國偉大的數學家、物理學家、天文學家和自然哲學家，同時他也是一個神學愛好者，晚年曾著力研究神學。

　　文化人的道德品行不同類型，或許受制於他們與公眾的千差萬別的關係。數學家和自然哲學家們由於不受公眾評價的束縛，很少為了抬高自己、貶低

別人而拉幫結派。他們通常和藹可親、胸懷坦蕩、和睦相處和相互尊重，不為取悅公眾而明爭暗鬥。

我們渴望對自己的優點有正面的評價，以及我們對自己的優點感到不確定，這兩種心理因素，足以使我們渴望知道別人對我們的優點有什麼樣的意見。在我們聽到正面的意見時，我們會感到高興，聽到反面的意見時，我們會感到非常傷心。總之，這兩種因素不應該使我們渴望博取正面的意見或避免反面的意見而做出違背原則的行為。

當所有聽審的法官受賄，為某個人在法庭判決贏得訴訟，這個人在心裡絕不可能相信自己有理。

當別人的讚美對我們沒有任何影響，除了證明我們自己值得讚美，那麼我們就絕不會費力以不正當的手段博取讚美。對智者來說，在不確定的環境，主要的重要性在於讚美是我們值得讚美的證明。讚美本身也有些重要性，所以，品格高於普通水準的人，有時候也會企圖以很不正當的手段去博取讚美或避免譴責。

讚美與譴責，是別人對我們的品行實際對應的感覺；值得讚美與應受譴責，則是指別人對我們的品行自然應當有的對應的感覺。

喜愛讚美，就是渴望我們的同胞對我們產生好感；喜愛值得讚美，就是渴望使我們自己成為那些產生好感的適當對象，二者彼此相互關聯。害怕譴責和害怕應受譴責，也有同樣的相似之處。

渴望做出或實際做出某一值得讚美行為的人，會渴望得到那些行為該得的讚美，也許還會渴望得到比該得的更多的讚美。這兩種心理因素在這種情況是混合在一起的。前一種心理因素對他的行為的影響究竟有多大，而後一種心理因素的影響又該有多大，也許他自己也不清楚。對於別人來說，也不過如此。

那些打算貶低他行為價值的人，完全把他的行為歸結為他純粹喜愛讚美的心理，或是他們所謂的純粹虛榮心。而那些有意對他的行為給予正面評價

的人，則完全把他的行為歸結為他喜愛值得讚美的心理，歸結為喜愛人類行為中那種真正高尚與尊貴的成分，歸結為不單是喜愛得到其同胞的讚美與嘉許，而是喜愛值得同胞的讚美與嘉許。

旁觀者根據思考或根據對正在考察的人的行為的好壞，把優點想像成不同的情形。如一些哲學家，他們在批判人性時的方式，如同脾氣暴躁的人在批判彼此的行為那樣，他們把每一項應該歸因於喜愛值得讚美的行為，全都歸因於喜愛讚美，其實，全都歸因於他們所謂的虛榮心。

一般情況下，很少會有人能滿足自己的意識，即他們已經具備了不僅為自己所欽佩，而且為別人所贊同的品質，或者實施了那種行為。除非在這一刻，他們具備的那些品質或行為獲得普遍的承認，或者說，除非他們實際得到了對品質以及行為應該得到的讚美，然而，在這種情況，人們彼此的差異相當明顯。有些人不在乎別人讚美他們，只要他們在自己的內心完全相信自己已經達到了值得讚美的境地。而有些人對讚美的渴望則遠遠大於對值得讚美的渴望。

一個人不會因為自己行為中全無任何該責備的東西而感到心滿意足，除非他實際上沒有受到任何指責和非議。

智者會忽視別人的讚美，甚至在他最應受到讚美的時候。但是，所有影響重大的事情，他一定會極其小心謹慎地盡力節制他的行為，以便避免犯下任何應受譴責的過失，而且也盡可能避免被任何人怪罪譴責。

他絕不會為了避免他人的譴責而做出任何他覺得應受譴責的事，比如：疏忽任何他應盡的責任，或錯過任何機會去做任何他覺得實在值得讚美的事。雖然有這些修正限制，但他還是會極其謹慎地避免遭受譴責。

對是否受到讚美，即使是在行為該受讚美的時候，仍露出焦慮不安的樣子，通常只是某種程度性格軟弱的標誌，而不是具有大智慧的標誌。但是，在想要避免沾惹任何譴責或非議的陰影上身的那種焦慮當中，也許沒有任何軟弱的性格，而往往有最值得讚美的精明審慎。

　　造物主仿照自己的形象創造了人，並且指派他在這世界上擔任他的代理人，要他監督同胞們的行為，使人們成為人類直接的審判官。而他的同胞們也天生被教導，要承認他被賦予的這種權威與審判，要在被他責備時感到羞愧難過，並且要在被他讚美時感到高興。

　　人雖然被這樣命為人類直接的審判官，但這只是被命為初審的審判官而已。最終的判決要上訴到某個地位更為崇高的法庭——上訴到自己的良心所主持的法庭，上訴到假想中的那位公正且充分了解情況的旁觀者所主持的法庭，上訴到他們胸懷裡的那個人，那個在他們內心裡審判與裁決他們的行為的大法官所主持的法庭。

　　兩個法庭的審判權威所賴以建立的原則，在某些方面相關且近似，但實際上卻是不同的。外面的那個人所擁有的審判權威，完全建立在對實際讚揚的渴望和實際責備的反感的基礎上；裡面的那個人所擁有的審判權威，則是完全建立在對值得讚揚的渴望和對應受責備的反感的基礎上。

　　當外面的那個人為了我們未曾做過的行為，為了未曾影響過我們的動機而讚美我們，那麼，裡面的那個人就會立即貶抑這種毫無根據的喝彩可能會導致的那種驕傲與陶醉的心理，或為了未曾影響過我們的動機而譴責我們，也會立即糾正這種錯誤的評判，並且使我們安心相信，我們絕不是那種如此不公正地加諸我們身上的譴責的適當對象。他會告訴我們說，如果我們接受了不應受的讚美，那就會使自己成為可鄙的人。

　　在這種情況，以及其他某些情況下，裡面的那個人像是被外面的那個人的疾言厲色給嚇呆了。朝我們身上傾瀉而來的譴責，聲勢宛若排山倒海，把我們分辨什麼是值得讚美以及什麼是應受譴責的自然感覺能力，全給震懾得痴呆麻痺了。這時，裡面的那個人所做的那些判斷，也不至於完全扭曲變形或顛倒黑白，然而，那些判斷的堅定穩固會受到如此劇烈的撼動，以至於他們確保我們內心寧靜的自然功效會大部分遭到摧毀。

　　當我們的同胞們好像全都大聲怒斥我們時，我們不敢寬恕自己。我們行為公正的旁觀者似乎帶著恐懼和猶豫提出有利於我們的意見。如果所有真實的旁觀者的意見與所有人按他們的地位和眼光發表一致而激烈的反對我們的意見，他就會加以小心地考慮。

　　心裡這個半神半人的旁觀者，看起來像是某些詩人筆下的那些半神半人那樣，雖然含有部分神的血統，不過，卻也含有部分人的血統。當他的評判堅定穩固地接受那種分辨什麼是值得讚美與什麼是應受譴責的感覺指揮時，他的舉動似乎與他身上的神的血統相配。但是，當他默默地忍受自己被無知與軟弱的旁觀者的批判聲給嚇呆了時，他便泄露出他與人類的血緣關係，他的舉動也就似乎比較合適他身上屬於人的那一部分血統，而比較不合適神的那一部分血統。

　　忍辱受苦的人在這種情況下唯一有效的慰藉，是在於向高級法庭，向那洞察一切的審判者呼籲，相信他的眼睛絕不會被矇騙，他的判決絕不會被扭曲。在這個偉大的審判者面前，他自己的清白無辜時機一到就會獲得宣告，而他自己的美德最後也將獲得獎賞。他脆弱和沮喪的心情得到唯一安慰，是對審判者端正品行的堅定信心。

　　天性在心緒不寧和驚訝時，他把審判者作為守護者在他心裡樹立起來，保護他的無辜和平靜。

　　我們對今世的幸福寄託在對來世卑微的希望和期待上，在許多情況下都是這樣。這種希望和期待在人性中根深蒂固，只有他能支持自身尊嚴的高貴信念，只有他能夠照亮不斷逼近的死亡的陰鬱景象，在今世的混亂帶來的一切深重苦難中，仍保持樂觀情緒。

　　這樣的世界將會到來，在那裡，公正的司法將普施於人，每個人置身於與道德、智力、品質真正相同的人之中，那裡具有謙遜才能和美德的人由於被命運壓抑，在今世沒有機會展示出來。他們不僅不為公眾所知，而且他們自己也難以確信，甚至連內心的那個人也不敢提供任何清晰、明顯的證據。

那些謙虛、沉靜、不為人知的美德會得到適當的評價，有時還會超過在今世享有的極高聲譽，又由於環境的有利，便成為能夠做出最精彩最耀眼的行為的人。在各種情況下，這種教條是這麼值得尊敬，是這麼具有使軟弱的心靈獲得撫慰的效果，是這麼具有討人喜歡的吹捧人性莊嚴偉大的效果，以至於每一個有品德但不幸對這教條起疑的人，都免不了會極其認真、迫切地想要相信他。他的一些最狂熱的信徒，使我們相信的那種將在來世裡實施的賞罰分配，常和我們整體的道德感直接背道而馳，它就可能遭到反對宗教者的嘲諷與訕笑。

殷勤獻媚的弄臣，時常比忠實賣力的公務員更受青睞，隨侍在旁阿諛奉承，往往是比功勞或貢獻有更直接且更穩當的晉升捷徑，這些是我們許多值得尊敬但心懷不平的年長軍官所埋怨的。比如：在凡爾賽宮或聖·詹姆斯宮獻媚一次，能抵得過兩次率軍赴德國或法蘭德斯浴血征戰。但是，這種被認為甚至會使軟弱的塵世君主蒙羞的做法，卻被當作一項義舉歸功於神的完美。

然而，社會與和個人對神明的崇拜，甚至被某些德才兼備的人描述成唯一有資格在來世獲得獎賞或免受懲罰的美德。這些美德與他們的地位最相稱，而他們本身也的確主要以他們見長，並且我們總傾向於高估我們自己的優良品質。

在偉大的審判者眼中，在修道院的一天或一小時的苦行，比在戰爭中度過光榮的一生功績更大，像這樣把修道士無益的禁慾比作戰爭中高尚的困苦和危險，這顯然與我們全部的道德情感相悖，與自然教導我們控制蔑視或讚賞的原則相悖。

可能正因為這些精神，所有的英雄、政治家、立法者；所有過去的詩人和哲學家；所有那些在人類生活生存、便利和裝飾的技藝方面有所發明、有所提高或有所超越的人；所有人類偉大的保護者、指導者和捐助人；所有那些被我們看成是有最大優點和最高尚的美德的人，都被判入地獄。最後，把天國留給了僧侶修士，或是那些言談舉止與僧侶修士相似的人。

對於那些本身對虔誠和沉思的美德沒有多大興趣和癖好的人來說，最值得尊敬的信條被奇怪地運用、有時還遭到鄙視和嘲笑，他們並不會為此而感到驚訝和奇怪。某個行為對本性來說是痛苦的，但是如果是為主做的，或許就能給他們帶來聖者的稱號。神經受僅僅一天的折磨，就能給予你永久的幸福。

道德評論

人人都有一種向善的願望，如果我們發現自己的行為符合我們本身的期望，我們就會感到十分愉快和滿足。此時，如果別人的評價正好與我們的感受一致，我們的自我讚賞就會變得更加堅定。只有輕浮的人才會為自己不應該得到的讚賞而沾沾自喜，即使一個意志堅定且清白的人，在遭到不應有的指責時，也會感到屈辱。一個敏感的人除了會為別人不公正的詆毀而感到傷心外，並不會真正為自己犯下的罪行而感到傷心。當一個情緒低迷、內心痛苦的人感到孤立無援時，他唯一的寄託就是在對來世的期許上，這種希望將鼓勵他保持尊嚴並不斷前行。

▍論良心的影響與權威

雖然良心不能每時每刻都使人感到滿足，但在任何時候，良心的影響和權威都不容忽視。良心的發現會喚起人們的良知。傾聽自己良心的召喚，能把與自己相關的事情看得很清楚，從而恰當地處理自己與他人的利益關係。

自私的情感源自人的本性。人性中那些原始的自私情感，使我們把自己的蠅頭小利看得比其他人的最高利益重要得多；我們切身利益所引起的快樂或悲傷、渴望和厭惡，也更為強烈。

如果我們站在不同的立場看待自己的利益與他人的利益，會發現這兩者有很大的不同。當站在自己的立場時，我們會不惜為促進自己的利益而損害他人。只有轉換我們的立場，才能實現這兩種互相對立的利益關係的公平和公正。

　　這時，我們既不能採取自己的立場和眼光，也不能採取對方的立場和眼光，而只能用與我們毫無利害關係的第三者的立場和眼光來看待這個問題。因為他的判斷不會偏袒任何一方，習慣和經驗讓我們能輕易而舉地做到這一點。

　　當一個偉大的國家，連同其數以萬計的居民突然毀於一場地震時，作為一個有情感的外國人，他首先會對這些不幸的遇難者表示深切的哀悼，他會憂心忡忡地想到生命無常，人類創造的全部成果就這樣在頃刻間灰飛煙滅。

　　我們總是沉溺於自己的私利而對他人的利益漠不關心。高尚的人在任何時候都願意為了他人更大的利益而犧牲自己的利益。這不是人性溫和的力量，不是上帝用來照亮人心的微弱仁慈的火光，而是自發出現在這種時刻的一種更為強大的力量，一種更為有力的動機。這是理性、道義、良心和那個內心的人，判斷我們行為的偉大的法官和裁判。

　　當我們的行為將要威脅他人的幸福時，他的聲音足以震懾我們心中最劇烈的衝動。他向我們大聲疾呼：我們不過是無數生命中的一員，絕不可高人一等；如果我們如此妄自尊大，必將受到人們的仇視、憎恨和詛咒。

　　只有他才能讓我們明白自己以及自己的私利的確是微不足道，而且只有用公正的旁觀者的眼光才能糾正自私心理的歪曲。

　　他向我們指出：慷慨的行為是合乎情理的，違反正義的行為是醜惡的。為了他人更大的利益而犧牲自己最大的利益是正確的，為了自己得到最大的好處而使他人受到哪怕是最小的傷害，也是醜惡的。在不同的情況下，不是對鄰人的愛，也不是對人類的愛推動我們按照神性的美德去行動，那是在這種特殊情況下產生的一種更強烈的愛，一種更有力的情感，一種對光榮和崇高的愛，對偉大和尊嚴的愛，對自己本性中優點的愛。

　　我們的行為在任何方面都決定著他人的幸福或不幸，我們不敢按照自愛提示的那樣，把自己的利益看得比眾人的利益都高。我們太重視自己，而太輕視別人，如果這樣做我們就會使自己成為同胞們鄙視和憤恨的對象。

這種情感不會限制高尚有美德的人。這種想法深深影響著每個優秀的軍人，他們認識到，如果被認為有可能在危險面前退縮，或是在應盡軍人職責時猶豫不決、貪生怕死，就會成為戰友嘲笑的對象。

個人不能為了使自己獲得利益而傷害或損害他人，更不應該把自己看得比其他任何人都重要。不正當地去奪取他人的任何東西或不正當地以他人的損失或不利使自己得利，比從肉體或外部環境的影響帶來的死亡、貧窮、痛苦和一切不幸，更與人性相悖。

因不正當的偏愛，他使自己成為人類鄙視和憤恨的對象，也是由鄙視和憤恨自然引起的應受到懲罰的對象。

一般來說，誠實的人害怕的是這種行為帶來的內心恥辱，那是印在心中永遠不可抹去的汙點，而不是在沒有任何過錯的情況下，可能落在身上的來自外界的災難。

當我們的行為不決定他人的幸福或不幸時，當我們的利益完全與他們的利益分離，與他們既無聯繫也無競爭時，我們不認為，抑制對自己事務天生的或許是不適宜的掛念，以及對他人事務天生的或許同樣不適宜的冷淡，是有必要的。

最平常不過的教育教導我們，無論在任何場合，我們和他人之間行事都要公正。糾正消極情感中的不當之處，有人認為只有極為講究的教育才能做到。經驗證明，我們必需求助於最嚴謹最高深的哲學，才能達到這個目的。

一類哲學家努力增強我們對他人利益的敏感性，另一類哲學家則努力減弱我們對自己利益的敏感性。兩類不同的哲學家試圖向我們講授這一道德課程中最難學的部分。前一類使我們同情自己的利益，也同樣同情他人的利益；後一類使我們像同情他人的利益一樣同情自己的利益。但是，兩者都使自己的教義大大超越了自然和適宜性公正的標準。

憂鬱的道德家，他們總是指責我們在如此多的同胞遭受苦難時，自己卻過著幸福的生活。他們認為，我們應該考慮那些可憐的人，他們時刻都在災

難中掙扎；時刻都在因貧窮而倦怠；時刻都經受著疾病的折磨；時刻都恐懼著死亡的到來；時刻都處於仇敵的侮辱和壓迫中，而我們對自己的幸福滿懷自然的喜悅，是很不虔誠的。

對於那些從未見過和聽過，但能確信一直降臨在同胞身上的不幸的同情，應該減少幸運帶來的快樂，並對所有人表現出一副慣常的憂鬱沮喪之態，這也是憂鬱的道德家所認為的。不過，他們從未想過，對一無所知的人的不幸表示深切地同情，完全是無稽之談。我們知道，整個世界平均起來，若有一個人忍受痛苦或不幸，就有二十個人處在幸福和歡樂之中，或至少是在不錯的處境中。我們為什麼為一個人哭泣而不為二十個人感到快樂呢？確實是沒有任何理由可以說明，而且，這種虛假的同情不僅荒謬，也是完全無法做到的。

假裝有這種品性的人，除了一定的做作和傷感，是沒有任意義的。這種悲傷只會使表情和交談變得陰鬱和不快。最後，這種心願雖然可以實現，但毫無意義，只會使有這種心願的人感到痛苦。

我們對素不相識人，對那些完全位於我們活動範圍以外的人的命運的關心，只會徒增我們的煩惱，而對他們本身毫無作用。我們不必為遙遠的世界人來折磨自己。因為，所有的人即使是與我們相隔最遠的，也無疑應享有我們良好的祝願，而我們良好的祝願自然也會給予他們。

對他人成功的喜悅，我們不表示認同，一直認為是很自然平常的事情。如果嫉妒不妨礙我們對他人的好運產生好感，它就會變得非常強烈。

責備我們對不幸的人缺乏足夠同情的道德家，還責備我們對幸運者、有權的人和富人極易輕率地表示讚賞甚至崇拜。矯正我們被動情感中種種不公平的另一派道學家，則致力於減弱我們固有的那種對我們自身利害有特殊關係的事物特有的感受能力。

還有一類哲學家則認為，人應該把自己視為某種不可獨立分離的東西，把自己看成這世界的一個公民，是共和國當中的一個成員。為了這個偉大的

共同生活體的利益，他應該甘願承受他那被犧牲掉的渺小的自我利益。他自身的利害得失，對他的情感所造成的影響，應該不會大於這個浩瀚的體系中，其他任何同等重要的成員的利害得失對他的情感所造成的影響。

我們不應該以自己自私的激情動輒會採取的那種眼光來看待我們自己，而應該以這世界上其他任何一個公民會採取的那種眼光來觀看我們自己。發生在我們身上的那些利弊得失，我們應該視同發生在我們的鄰人身上，或者說，我們應該像我們的鄰人那樣看待發生在我們身上的利弊得失。

這兩種情感是容易使我們踰越的兩種合宜情感界限：

第一種，是那些只間接影響到我們的不幸，這種不幸先影響到某些和我們特別至親的人，比如：我們的父母、孩子、兄弟姐妹，或我們的密友；

另一種，是那些直接影響到我們自己的身體、財富或名譽的不幸，比如：痛苦、疾病、瀕臨死亡、貧窮、恥辱等。

任何一個人都不會面對自己的父母或孩子的死亡或痛苦，竟然像對待別人的父母或孩子一樣無動於衷，否則，他顯然是一個不負責任和不孝的人。我們絕不會讚揚這種不通人性的冷漠態度，只會報以強烈的譴責。

上帝極為明智的安排是，絕大部分人甚至所有人對兒女的愛都比對父母的孝心更為強烈，因為傳宗接代全靠前者而不是後者。一般來說，子女的生活和安全全靠父母的照顧，而父母則很少依賴子女。

因此，上帝讓前一種情感變得如此強烈，往往不需要激勵而是需要抑制。道德學家們很少教我們如何嬌慣子女，卻常常力勸我們克制自己的溺愛和過度的關心，也就是我們對待自己子女時會比對待別人子女給予更多不合適的偏愛。相反，他們告誡我們，要情真意切地照顧自己的父母，在他們的晚年努力回報他們在我們小時候的養育之恩。

基督教的「十誡」也要求我們尊敬自己的父母，卻沒有提到要熱愛自己的兒女，因為上帝早已安排好我們如何履行這後一種責任。

人們指責別人表面上比實際更加溺愛孩子，孝敬父母卻也常常使他們懷疑，就像他們懷疑寡婦誇張的悲痛是虛情假意。如果能讓我們知道這種行為是出自自己的真誠，即使這種情感過於強烈，也會得到我們的尊重。雖然我們可能不完全認同，但是我們也不會給以嚴厲的指責。在那些如此虛偽的人看來，這種表現是值得讚揚的，從這些裝模作樣的事例中足以證明。

很容易使人不快的一些過度的情感應該受到責備，但我們從來沒有感到厭惡。我們責備父母過度的溺愛和偏心，是因為這些最終對子女和父母都沒有什麼好處；但是我們很容易諒解這種情感，從來不報憎恨和厭惡。如果有人缺乏這種情感，反倒讓人覺得面目可憎。

對於我們最親近的人的不幸，並不是強力壓制自己天然的異乎尋常的情感才是合適的，缺乏那種情感比過度更讓人難受。

我們並沒有因為適度的同情別人的不幸而忽視自己的責任，對已故朋友憂鬱而深情的回憶也沒有什麼不好。雖然他們表面上好像痛苦和悲傷，但實質上都是美德和自我肯定的高尚表現。那些直接影響我們的身體、命運或名譽的不幸則截然不同，我們情感的過度比缺乏顯得更不合適。只有在極少的情況下，我們能夠非常接近斯多葛式的冷漠無情。

我們很少同情因肉體而產生的任何情緒。像身體受傷這樣的偶然原因產生的疼痛，或許是最能引起旁觀者深切同感的肉體痛苦，旁觀者也很難不為垂死的鄰居感到深深的悲哀。然而在這兩種情況下，旁觀者的感受都無法與當事人相比，因此，後者絕不會因為前者的泰然自若而感到不快。

財富的缺乏或貧窮，並不能引起多少憐憫。為此而怨天尤人，很容易讓人瞧不起而不是同情。我們看不起乞丐，雖然在其糾纏下我們可能會施捨一點財物，但我們從來不會鄭重其事地憐憫他們。

從富翁淪為乞丐，常常讓人飽嘗人世艱辛，所以往往會得到旁觀者發自內心的同情。雖然在如今這個社會，遭受這種不幸的人經常是因為自己不爭氣，但是人們還是非常可憐他，絕不會讓他一貧如洗而不聞不問。依靠朋友

的慷慨和那些債權人的寬容，他通常都能得到雖然微不足道但多少是體面的資助。我們也許很容易原諒遭受這種不幸的人的某些弱點。

自強不息的人，在新的環境中仍然樂觀自足，並不因為地位的改變而自暴自棄，他們不是按照自己的財富而是按照自己的品行來評價自己，因而總是得到人們的深切讚同和高度敬仰。

名譽損失無疑是對一個清白無辜者的情感直接造成影響的最大不幸。當一位年輕人怨恨任何人對他的品行或他的名譽隨意施加不公正的汙辱時，即使這怨恨稍微過於激烈，我們也會因此而更加尊重他。

年紀比較大的人，對世俗的愚蠢與不公不義已有長期的經驗，已經學會了對世人的非議或讚揚採取不理睬的態度，他們忽略或藐視他人的造謠毀謗，甚至不願意紆尊降貴，顯現任何真正的憤怒，去抬高那些無聊的造謠者的身價。這種冷漠的態度，完全建立在年紀比較大的那些人對他們自己經過多次磨練與屹立不搖的品格有堅定自信心的基礎上，然而並不適合出現在年輕人身上，因為後者既不可能，也不具備這種自信心。

這種冷漠的態度，如果出現在年輕人身上，或許會被認為是在預示，在年紀變得比較大的時候，他們對真正的榮辱，將會有一種非常不適當的冷感。

對於直接影響到我們個人的不幸來說，我們不會因為顯得太過於無動於衷而觸怒什麼人。我們時常感到愉快與滿足地回想起我們對他人的不幸頗有感覺能力。但是，我們會帶著幾分羞愧，回想我們對自己的不幸的感覺能力。

我們檢視在日常生活中遇到的各種不同程度的軟弱與自我克制，我們將很容易弄清楚，這種克制我們的被動情感不公平的能力，必定不是從某種模糊的辯證法所演繹出來的那些深奧難懂的理論中學到的，反而是來自於自然，為了使我們學得這種或者其他每一種美德，所確立的那個偉大的戒律：對我們行為的真實或設想的旁觀者情感的關注。

我們知道年幼的小孩完全沒有自我克制能力。無論他有什麼樣的情感，唯有激烈的哭鬧，才能喚起他的保姆或他的父母對他的注意。

當他還在接受這種偏愛以及他的保護者們的看管時，怒氣是唯一一種被教導要加以節制的激情。保護者們時常為了讓自己過得輕鬆自在些，不得不借助威脅把他嚇到恢復平靜。這時，刺激他進行攻擊或搗亂的激情受到這種提醒，他必須注意自身安全的激情的節制。

當他大到可以上學的年齡，或大到可以跟同輩們一起玩耍的時候，他很快就發現他們對他沒有這種縱容的偏愛。他希望獲得他們的好感，並且希望避免他們的怨恨或藐視，甚至對他自身安全的顧慮也會教他這麼做。

他踏入學校，他學習變得越來越能克制自己，並且開始要求自己遵守某種紀律，一種最為長久的畢生修煉也很少足以學到的十全十美的紀律。

最軟弱的人面對各種不幸，他們的看法消除了他對自己看法的關注，在一定程度上，他的內心會在拜訪者出現的片刻得到些許安寧，但不會延續太久。他對自己處境的看法很快又重新浮現他和以前一樣，沉湎於嘆息、流淚和哀嘆中，並像一個未上學的孩子一樣，不是透過克制自己的悲傷，而是透過強求旁觀者的憐憫，來努力使兩者達到和諧。

堅強一些的人面對各種不幸，這種效果持續得更久一些。他竭盡全力關注同伴對他的處境會有的看法。同時，當他保持平靜，即使面對眼前巨大的災難，他對自己的同情也沒有超過他人對他的同情，他會感到同伴自然對他產生的尊敬和贊同。他能體會到同伴的贊同而認可和稱讚自己，而他從這種情感中得到的快樂支撐使他能夠更容易地繼續這種努力。

在很多情況下，即使堅強者，也迴避談論自己的不幸。他努力和平常一樣，談論無關緊要的話題。或者，如果他認為自己足夠堅強，敢於談論自己的不幸，他會盡力像和同伴談論的方式那樣來談論，保持不超過同伴能感受的程度。面對不幸，他還沒有適應自我控制的嚴格程度，他很快會對這種克制產生厭倦。長時間的拜訪令他疲憊，他可能會在臨近結束拜訪時，做出某種危險的事，即沉湎於所有過度悲傷的脆弱。

對人類的脆弱極其寬容的習慣，使家中發生巨大不幸的人，在一定時間不能承受陌生人的拜訪，而只允許那些最近的親戚和最親密的朋友拜訪。人們認為，後者的出現施加的束縛比前者施加的要小，受難者能更輕易地適應他們寬厚的同情。此時，隱祕的敵人像最親密的朋友，及早地進行「善意」的拜訪。在這種情況下，世界上最軟弱的人，也會努力表現出最堅強的一面，並且出於對他們的惡意的憤怒和蔑視，盡量表現得歡樂和自在。

一個真正堅強的人，能在所有環境中保持對消極情感的控制。真正堅定的人，在自我控制的大課堂裡受過徹底薰陶，使他變得明智和公正，在這個忙碌紛繁的世界，或許會面臨派系鬥爭的凶殘和不義，或許會面臨戰爭的困苦和危險，但他都能鎮定自若的應對。

無論他獨自一人還是與人交往時，都帶著同樣的表情，幾乎以同樣的態度接受影響。無論是成功還是失意，無論是幸運還是厄運，無論在朋友還是在敵人面前，他常常要保持這種英勇氣概。

他一刻也不敢忘記，公正的旁觀者對其情感和行為做出的評判，他一刻也不敢讓內心的那個人經受片刻的怠慢。他總是以此來熟悉這種習慣，並習慣於用這個偉大的內心的人的眼光來看待與自己有關的任何事。

他不僅從外在行為和舉止，而且盡量在內在情感和感覺上，都以受人敬畏和尊敬的法官的樣子，來塑造或努力塑造自己，使他不斷地實踐。他不只是影響了公正的旁觀者的情感，還真正地接受了他們。他似乎認為自己就是旁觀者或者自己變成了公正的旁觀者，除了自己行為的那個偉大的仲裁者指引他以外，任何人也影響不了他。

每個人用來考察自己行為的自我贊同的程度，與為獲得那種自我贊同而必要的自我控制的程度高低成比例。

對於很多人來說，在意外的事故中，他們對自己不幸的自然看法，完全與其他任何看法的思考一樣，帶著強烈的色彩，出現在他們心中。除了自己的痛苦和恐懼以外，他們沒有其他的感覺，他們不會注意什麼。無論是內心

理想的人的評判，還是真實目擊的旁觀者的評判，都會受到他們的忽略和漠視。

那些處於不幸中的良好行為的報答與良好行為的程度是成比例的。上帝能給予疼痛和困苦的唯一補償也與良好的行為同等，並與疼痛和困苦的程度也成比例。為克服我們天生的感覺所必需的自我控制的程度越高，由此獲得的快樂和自豪也越大。

對於突然襲來的苦惱，最為賢明堅定的人，為了保持他自己的平靜，也不得不做出重大，乃至痛苦的努力。他對自己的苦惱自然會有的那種私自的感覺，他對自己的處境自然會有的那種私自的見解，重重地壓迫著他，如果不做出很大的努力，他便不可能專心採取那位公正的旁觀者的感覺與見解。

同時呈現在他心裡的有兩種見解。他的榮譽感，他的自尊，指示他全心全意採取其中一種見解。他自然的感覺，他的未經教誨與未經訓練的感覺，則不斷把他的注意力拉向另一種見解。

這兩種角色的不同見解涇渭分明地並存於他的內心，每一種見解都指示他做出與另一種見解的指示不同的行為。當他遵循榮譽感與自尊心對他指出的那個見解時，會享受到上帝賦予他的自我欣賞和滿足之情，並得到所有公正旁觀者的稱讚。如果這種補償完全可以使他忘卻不幸的話，他就不會透過逃避不幸的過程來保護私人利益。但這種補償仍難以彌補他遭受的不幸，因而他對自己和社會的功能都會因為這種不幸而削減。

因此，要想在不幸降臨時保持心情鎮定和思維清晰，必須有忍受痛苦和堅忍不拔的精神。痛苦絕不可能持久，這是根據人性的特點而論。如果他熬過了一陣子的痛苦，很快便可恢復享受他平常的寧靜。對任何一個人來說，無論他們的永久處境變成什麼樣子，他們遲早會適應這永久的處境。

對真正的幸福來說，某一永久的處境與另一永久的處境之間，是沒有任何根本差異的。即使有什麼差異，那也不過是剛好足以使某些永久的處境成為單純的選擇或偏好對象，但不至於使那些處境成為任何認真或急切的渴望

的對象；同時使其他一些永久的處境成為單純的捨棄的對象，當作合適被放在一旁或被逃避的東西，但不至於使他們成為任何認真或急切的反感的對象。

幸福在於心情的平靜與愉快。心情沒有平靜，便不可能有愉快，只要心情完全平靜，所有事情都是那麼令人覺得有趣。

每一種永久的處境中，由於沒有預期改變，每一個人的心情，經過一段時間後，便會回歸到他那自然與平常的平靜狀態。在順境中，經過一段時間後，它便會回跌到那個狀態。在逆境中，經過一段時間後，它也會上升到同一狀態。

過度高估各種永久處境間的差別，是人生中的不幸與失調的主要來源。例如：貪心過度，產生於高估貧窮與富裕之間的差別；野心過度，產生於高估私人職位與公共職位之間的差別；虛榮心過度，產生於高估默默無聞與聲名遠播之間的差別。

一個醉心於任何這些過度熱望的人，不僅在他實際的處境中是不幸的，而且也往往想要擾亂社會的平靜，以便達到他如此痴心羨慕的處境。微不足道的觀察或許可使他確信，一顆善良的心在人生所有不同的處境中，可以是同等平靜、同等快樂、同等滿足。

有一些處境也許比其他處境更值得我們偏愛，但是，絕對沒有什麼處境值得我們如此激烈地去追求，以至於使我們違背了審慎的或正義的法則；或者說，使我們葬送了我們未來的心靈平靜，使我們在回想起自己的愚蠢時感到羞愧，使我們由於厭惡自己的不公不義而感到極為後悔。

當審慎的法則沒有指示，正義的法則也不容許時，一個執意企圖改變處境的人，等於是在玩所有危險的遊戲中最沒有勝算的那種遊戲，並且如同是把所有家當都押在幾乎不可能贏得任何彩金的賭局上。

我們無稽的幻想能夠想到的那種最崇高燦爛的處境中，我們準備用來獲得我們真正幸福的那些享樂，無異於我們實際的、即使卑微的處境中，我們隨時垂手可得的那些享樂。

　　除了虛榮心與優越感的那些輕浮的樂趣外，在最卑微，乃至只有個人自由的處境中，我們也可找到其他每一種最崇高的處境能夠提供的享樂；而虛榮心與優越感的那些樂趣，很少能夠與心靈的完全平靜同時並存，但心靈平靜卻是所有真正與令人滿足的享樂的根本要素與基礎。

　　在我們想要達到的那種光輝燦爛的處境中，我們也並非容易安全地享受那些真正與令人滿足的樂趣。檢視歷史的記錄，回想自己經歷的事實，用心體會所有曾經讀過、聽過或記得的那些在私人生活或公共範圍中不幸的人的所作所為，你將發現，他們絕大部分之所以不幸，源自於他們不知道他們原本很幸福，不知道他們即使坐著不動，也可獲得滿足。

　　在所有直接影響到他自己的那些無法挽回的不幸中，智者便會盡力提前恢復，並且提前享受某種平靜的心情，他預見，再經過屈指可數的一段時間，他的心情終究會恢復。

　　當事者運用事理容許的某種補救，是阻止他的心情恢復自然平靜的主要原因。他的能力並不足以運用到那種補救的不幸中，他為了使自己恢復到之前的處境而進行的種種徒勞無益的嘗試，他因為企盼那些嘗試成功而經常不斷的焦慮，他因為那些嘗試的失敗而屢屢感到的失望沮喪，甚至會使他終其一生悽慘難耐；相反，一個更大的不幸，如果完全無可挽回，也不至於給他的心情帶來短暫的紊亂。

　　曾經有一位僧人，為了安慰卡斯提爾王國的喬安納女王，在她的丈夫菲利浦逝世時，告訴她說，從前有一位國王，在他死後十四年，在皇后傷心的禱告中，又復活了。這位僧人的傳奇故事，不足以使那位不幸女王異常錯亂的心靈恢復平靜。但她也盡力重複同樣的實驗，希望獲得同樣的成功。她長期抗拒埋葬她的丈夫，並且在國王葬後不久又將他的屍體從墳墓裡挖出來，從此，經常親自陪伴著他，並且因瘋狂的期待而焦急難耐地等待幸福的那一刻到來，等待她那心愛的菲利浦復活來滿足她的願望。

我們對他人的感覺敏感，不是和自我克制的氣概互不相容，而是那種剛毅的氣概賴以建立的根本原則。這種相同的原則或本能，在鄰居遇到不幸時，促使我們同情他的悲傷，在我們自己遇到不幸時，促使我們克制哀嘆和痛苦。同樣的原則或本能，在他幸運和成功時，促使我們去祝賀他的喜悅，在我們自己幸運和成功時，促使我們克制自己的狂喜。在這兩種情況下，我們自己情感和感覺的適宜性，與我們體驗和想像他人情感和感覺的積極和力量是成比例的。

我們最敬愛的人是品行最完美無瑕的人。他對自己原始自私的感覺，擁有最完美的克制力，他對他人原始的同情感覺，擁有最細膩敏銳的感受力。

毫無疑問，一個兼具所有和藹可親與優雅的美德以及所有高貴可畏與可敬的美德的人，必定是我們最高的愛與讚美的自然且合宜的對象。天生最適合學得這兩組美德中的前一組的人，也同樣最適合學得後一組。

最能夠同情他人的喜悅與悲傷的人，也最適合學得對他自己的喜悅與悲傷具有最完整的克制力；具有最細膩敏銳的慈悲性格的人，自然也是最能夠學得最高程度的自我克制的人。然而，他未必已經學得這樣的自我克制力，或者他已經學得。

他向來過著平靜安逸的生活，或許從未經歷過激烈的黨派鬥爭；或許從未蒙受過戰爭的苦難與危險；或許從未嘗過上司的傲慢無禮、同行的妒忌與惡意排擠，以及下屬對他不明的傷害。當年老時，某一意外的命運變化或許會使他暴露在所有這些苦難的傷害之下，他們全會對他造成莫大的衝擊。他的稟性傾向合適學得最完美的克己能力，但是，他從來沒有機會學得這種能力，他向來缺乏練習與實踐這種能力的機會，練習與實踐缺乏，任何穩固的習性都不可能確立起來。

這些苦難、危險、傷害、不幸全都是我們在其門下學習運用這種美德的老師。唯有這些是我們任何人都不會自願投入受教的老師。

　　培養溫和的慈悲美德的處境，和形成嚴峻的克己美德的處境絕不相同。本身安逸自在的人，最能夠注意到別人的痛苦。本身暴露在苦難中的人，能立即也能最直接被要求注意，並且控制他自己的感覺。在陽光和煦、萬籟俱寂的寧靜中，在簡樸達觀、平靜閒適的安逸中，溫和的慈悲美德最為活躍興盛，並且很容易增進至最完善的程度。但是，在這種處境中，最偉大與最高貴的自我克制努力卻得不到實踐的機會。

　　在戰爭與黨爭的漫天烽火中，在群眾騷動與社會混亂的狂風暴雨中，自我克制的那種剛毅嚴酷的特質最為活躍興盛，並且能夠被培養得最為成功。但是，在這種處境中，即使最為強烈的慈悲念頭，也必定時常被壓制或被忽略掉，而每一次這樣的忽略，必然傾向弱化慈悲的心腸。

　　為了使自己覺得心安，他學會看輕他被迫促成的那些不幸。這種會喚起最高貴的克己努力的情境，由於迫使人們有時候不得不侵犯他人的財產，乃至有時候不得不奪取他人的性命，總是傾向減少，甚至常常完全泯滅他們對他人的財產與生命的神聖尊重，而這種尊重正是正義與仁慈的基礎。

　　正因為此，我們才會經常看到這個世界上很仁慈的人，不但沒有克己的美德，反而很懶散並且優柔寡斷，很容易在遇到困難或危險時，感到氣餒而放棄追求最光榮的功績；相反，也有一些具有最完美的克己美德的人，任何困難都不可能使他們沮喪，任何危險都不可能使他們膽寒，他們隨時準備不顧一切地從事最大膽且最沒有勝算的冒險事業，但是，他們的正義感或慈悲心卻因鐵石心腸蕩然無存。

　　孤單寂寞使我們很容易強烈地感受到任何與我們有關的東西。我們容易誇大既成的善行或忍受的傷痛，我們容易因幸運而興奮，因厄運而沮喪。與朋友的交談會讓我們心情愉快，與陌生人交談會讓我們心情更好。內心的那個人——我們情感和行為的抽象而理想的旁觀者，時常透過真實的旁觀者的出現，才能喚醒和認清自己的職責。正是從這個旁觀者這裡，我們能期待最少的同情和寬恕，我們能學會最完整的自我控制的課程。

處於逆境時，不要在孤獨的黑暗中低聲哀嘆，不要根據親密的朋友的過度同情來調節悲傷。可以盡快回到世界和社會大眾之中，可以找陌生人或與不幸一無所知、也毫不關心的人同住。透過面對他們，讓自己覺得災難是如此渺小，並恢復愉悅的心情。

處在成功時，成功的喜悅和好運不要侷限在自己家中、朋友、或者是你的奉承者中，也不必限制在把改善自己的命運的希望寄託在你的幸運之上的人中。常和與你無關的人交往，常和只是尊重你的品性和行為而不是羨慕你的幸運的人交往。不要尋求也不要迴避，不要強迫也不要逃避同曾經是你上級的人打交道。他們會因為發現你與他們同等、甚至更高時而感到受傷。他們不恰當的高傲或許會使與他們相伴變得令人不愉快。反之，就應該確認這是能與你交往的最好夥伴。如果你坦率謙遜的行為能博得他們的好感，你就能滿足地相信，你是非常謙虛的，你並沒有因為好運帶給你的喜悅而昏頭。

無論是寬容而有偏袒的旁觀者近在眼前，還是冷漠公正的旁觀者遠在天邊，我們道德情感的合宜性仍不會很輕易地遭到破壞。

一個獨立國對另一獨立國的進攻，中立國是唯一冷漠和公正的旁觀者。他們相隔太遠，幾乎什麼也看不見。當兩個國家發生分歧時，兩國國民不會關心對其外國行為的情感，獲得他自己同胞的贊同才是中立國的目的。

因為偏袒的旁觀者近在眼前，而公正的旁觀者遠在天邊，因此，在戰爭和談判中，正義的法則得不到尊重。真理和公平完全被忽視，條約被違反。如果這種違反能得到某些好處，就不會給違反者帶來恥辱。欺騙外國大使的大臣受到讚賞和稱許，那個不屑於獲取或給予好處、但認為給予沒有獲取那麼羞恥的、正直的人，在一切私人事件中最受喜愛和尊重的人，在那些社會事務中卻被看作是傻瓜、白痴、不了解本國事務的人，則會成為同胞鄙視、甚至厭惡的對象。

在戰爭中，不僅所謂國際法常常受到違犯——它不會為違犯者帶來絲毫的羞恥，那些法規本身，大部分在制定時就很少考慮最普遍、最明顯的正義

法則。無辜的人雖然與罪人有某些聯繫,但不能因此就替罪人受難或受懲罰,這是最普遍、最明顯的一條正義法則。

在極其不公不義的戰爭中,往往只有君主或統治者才是有罪的,國民完全是無辜的。但是,一旦敵國認為時機適宜,就會在陸上和海上搶劫平民的貨物,他們的土地被擱置荒蕪,他們的房屋被燒毀。如果他們膽敢做出任何抵抗,就會被囚禁或殺害。敵對國家之間的仇恨已經夠猛烈了,但是,無論是公民還是教會中,敵對派系之間的仇恨比敵對國家之間的仇恨更加猛烈。他們通常採取更為凶殘的方式來對付對方。所謂的國際法,很少得到認真制定派系法的人的關注。

由此,民眾和教會著名學者會問這些爭論得最激烈的問題:是否應該信任社會公敵?是否應該信任反叛者?是否應該信任異教徒?很明顯,反叛者和異教徒是不幸的人。當事情激化到一定程度時,他們都會不幸地成為弱勢的一方。

有少數人在因派系鬥爭而混亂的國家,不受外界影響而保持判斷力。他們是獨立隔絕的個人,沒有任何影響力,他們性情耿直坦率而不受任何黨派的信任。他們或許是最聰明的人,但因上述原因,他們必然也是社會中最無足輕重的人。他們常常因此而遭到兩黨狂熱派的鄙視、嘲笑和厭惡。

這種坦率受到真正的黨徒仇恨、鄙視。在實際中,沒有一種罪惡,能像特別的美德一樣有效地使他失去黨徒的職業。因此,真實、可敬、公正的旁觀者,在任何場合,都會遠離黨派爭鬥的猛烈和狂怒。

對於黨徒們來說,他們認為這種旁觀者並不存在於宇宙中。他們甚至把自己的一切偏見都歸於宇宙偉大的審判者,並時常認為偉大的神也因受到自己全部的復仇和不可安撫的激情的激勵。因此,派系鬥爭和狂熱性在所有道德情感中是最大的破壞者。

我們進一步指出關於自我控制的主題,我們設想身處最深不可測的不幸中的人對極其敏感的不幸,需要付出巨大的努力來克服或控制,對能在這樣

的不幸中仍舉止堅定的人給予讚賞。我們不會對一個對身體疼痛毫無感覺的人能堅忍和鎮定地對待折磨而給予讚揚，不會認為對死亡毫無自然恐懼的人處於最可怕的危險中能保持冷靜和沉穩而具有美德。

立即產生影響的某些事物的強烈感覺，對於有些人，是根本無法得以控制的。即使是榮譽感，也無法控制那些面臨危險時軟弱到暈倒或陷入痙攣的人的恐懼。

我們能否透過漸進的訓練與適度的教養，來使這種所謂神經軟弱的毛病獲得一定的療效，是沒有驗證過的。這種神經軟弱的人絕不應該被信任或被委以重任，這點確定無疑。

道德評論

一個人不應該自以為天地間只有自己最重要，甚至為了一己之私而不惜損害別人。對於我們實際遭受的傷害，旁觀者是難以完全體會到的。在一切不幸之中，名譽的損失往往是最大的，人們對自己名譽的看重總能讓人理解和同情。人們的不幸往往來源於對自己現實處境和所嚮往的處境二者之間的巨大落差的感受，以及由此而產生出的一些不切實際的追求的落空。如果你正身處不幸之中，那麼請你回到大眾之中，與他們融到一起，去體會他們的生活狀態，這時你會發覺，你所謂的不幸是多麼的微不足道，而自己克服困難的潛力又是如此巨大，這樣你就會恢復快樂的心情。

▌論自欺的天性

即使真實公正的旁觀者站在近處關注我們，我們也可能改正自己行為合宜性的判斷。我們自私的激情，及其不公平的程度，並不因真實公正的旁觀者近在眼前，而完全不會誘使我們心中的那個人，做出一份和真實情況非常不同的評價報告。

　　我們在行動之前和行動之後，都會檢視自己的行為，並以公正的旁觀者採取的見解對它進行審視。在這個過程中，我們很容易偏袒自己，而且越是在不應當偏袒的關鍵時刻，越是會偏袒我們自己。

　　熱烈的激情使我們在行動時，難以像一個中立者那樣坦率公正地考慮自己的行為。這時，我們心底激烈攪動的那些情緒，使我們所看到的事物全變了樣；當我們換個位置，以他人自然會採取的那種眼光來看待我們感興趣的那些事物時，我們會被極度興奮的激情召回到自己的位置上，在這位置上看見的每件事物都被自愛扭曲變了形。這些事物在那個人眼裡會以何種模樣呈現，他又會對它們有什麼的見解，我們都能夠領會。不過，這些事物在那個人眼裡僅是短暫的驚鴻一瞥，他的見解未必完全公正。

　　我們特殊的處境所引發的滿腔熱情，無法在我們瞥見的那一刻得到完全的擺脫；我們即將做出的行動，也無法像一個公正的法官一樣完全不偏不倚地考慮。這時，我們所有的激情，會證明自己的行為是正當的。

　　在行動結束後，我們很冷靜地體驗冷漠的旁觀者的情感。那麼，行動前曾吸引我們的東西，現在變得和以前一樣，都與我們無關。

　　既然我們能以他的坦率和公正來考察自己現在的行為，那麼，我們也不會在今天為昨天煩亂的激情而困擾。正如不幸突然降臨一樣，當情緒的迸發完全平息時，我們就會以內心理想的那個人來辨認自己，並以自己的品性、以最公正的旁觀者的眼光，在行動之前看待自己的處境，在行動之後看待自己的行為。

　　同之前相比，現在的評判已經沒了任何價值，不會產生任何有益結果，唯有給我們帶來徒勞的悔恨和無用的懊惱。事實上，我們無法保證以後是否會犯下同樣的錯誤。但是，即使是在這種情況下，我們也總是不夠坦率——想到自己曾做的那些令人不愉快的事，我們會有意從那些導致不利的判斷的場合中走開。

現代經濟學之父——亞當・斯密

　　很多人認為，外科醫生為自己施行手術時，他的手不會顫抖；任何毫不猶豫地揭開自欺的神祕面紗，讓自己的行為醜態完全暴露在自己眼前的人，都很有膽識和勇氣。我們不會從令我們不愉快的角度審視我們的行為，而是重新喚醒曾經誤導過我們的那些不義的激情。我們努力設法喚起過去的憎惡與怨恨，並重新激起已被我們遺忘的憤怒，以及我們為達到不幸的目的而做出的努力，這些都是因為我們曾經的不義。我們羞於見到並害怕見到我們曾經的不義，於是，我們不斷做出不義之舉。

　　不管是在行動時或在行動後，人們對自己行為合宜性的判斷，總是不夠客觀：他們很少能以某個中立的旁觀者採取的那種眼光來看待自己的行為。如果他們在評判自己的行為時憑藉的是所謂道德感那樣的能力，如果他們被賦予可以辨別各種熱情與感覺的美醜的知覺能力，那麼，他們自己的那些熱情最直接暴露在這種能力的視察範圍內，這樣，它對於那些熱情所做出的評

判，會比它對他人的熱情所做出的評判更為精確，因為他人的熱情就在遠方被它眺望著。

人生一半以上的混亂失調源自人的自欺，這是人類的致命弱點。我們嘗試著用不同人的眼光來看待自己的行為，或者是以他人看我們的那種眼光，或者以他人在全部了解事實時的那種眼光來看待自己，這時，我們可能會有機會悔過自新，而且我們可能對眼前那幅醜惡的景象無法忍受。

上帝不會相信影響如此重大的弱點完全無法補救，我們任憑自愛所衍生的種種錯覺的主宰，上帝卻沒有放棄。透過對他人行為的一段時期的觀察，我們知道了什麼是合宜的行為，什麼是應該避免的行為，並由此形成一定概括性的規則。

對於一些在他人行為中讓人自然感到反感甚至害怕的行為，如果周圍人表示對其有同樣的厭惡，那麼，它們會使我們覺得更加醜惡。當我們對它們的見解和其他人對它們的見解達成一致時，我們會為對它們的見解適當而感到滿意。我們決定自己不再犯同樣的過錯，絕不為了任何理由而使自己因這樣的行為成為別人指責的對象。為了使我們不成為可恨的、可鄙的或應該受罰的對象，或成為所有我們最害怕與最厭惡的那些情感的投射對象，我們自然而然的為自己定下了這些概括性的規則，以避免所有這樣的行為。

一個人的某些行為引起我們對他們的讚許，或周圍人對他們都同表讚許的時候，他們會得到每個人的熱心表揚與獎賞。我們生來最強烈渴望得到的那些情感也會被他們喚起，人們的敬愛、感激與讚美一樣被他們所喚起。於是，我們也會做出這樣的行為，細心尋求每一個可以做出這種行為的機會，自然而然地為我們自己定下另一條行為規則。

概括性道德規則的形成，是以我們的道德感或我們自然的功過感與合宜感，在個別的行為實例中讚許什麼或不讚許什麼的經驗為基礎的。某些行為我們在最初之所以讚許或譴責，並不是因為我們經過了檢視認為他們符合或違背概括性的規則。我們只有透過實際經驗，發現所有屬於某一類的行為，

或所有發生在某種情況的行為，都受到讚許或非難，才能逐漸在我們內心形成概括性的規則。

對於這種行為，我們認為是應受嚴厲譴責的行為。對第一次目睹一樁殘忍的謀殺行為的人來說，如果這樁謀殺行為是基於貪婪、嫉妒或不正當的憤怒而犯下的，而且受害者還是一個喜愛與信任謀殺者的人，當他眼睜睜地看著那位垂死的被害者死前的痛苦掙扎，當他聽到被害者以即將斷氣的聲息所悲嘆抱怨的，是他那位虛假的朋友多麼的背信與忘恩負義，而不是他所蒙受的傷害，要想像這樣一樁謀殺行為是多麼可惡，他根本不需要煞費苦心地思考。最神聖的行為規則，是禁止奪走任何一個無辜者的性命，而這一樁謀殺行為，顯然觸犯了這條規則。

此種行為會使他立即激起對此罪行的憎惡感，這種憎惡感一定是發生在他為自己形成概括性的行為規則之前。反之，在他自己的胸懷裡興起的那種憎惡感的基礎上，又會讓他形成一個概括性的規則。這種罪惡感，一想到這樁謀殺案，以及每一樁類似的個別行為就會產生。

通常，對慷慨的行為，我們會表示欽佩；對卑劣的行為，我們會表示輕蔑。欽佩與輕蔑不是我們所想像的，都是經過實際事實及根據我們體驗過的各種不同的行為，在我們身上自然引起的那些不同的情感效應而形成的。

不同的行為和舉動，會引起旁觀者對施行者的不同看法和行為。和藹的舉動、可敬的行為以及恐怖的行為，都是自然地激起旁觀者對施行者的愛、尊重或恐懼的行為。除了透過觀察何種行為真實地激起那些情感以外，不可能形成決定何種行為是、何種行為不是那些情感對象的普遍準則。

一旦這些普遍準則得以形成，並為人類情感所一致而廣泛地承認、確立起來，我們在爭論某些性質複雜和未定奪的行為該得到何種程度的讚揚或責備時，就會像求助於評判標準一樣求助於它。在這種情況下，判斷人類行為是正義還是不義都會以它們為基礎。這勢必會誤導一些傑出的作家，他們用

這種方式來描述這種體系。他們像法庭上的法官進行判決一樣，對人們的的對錯進行判斷。

因習慣性的反思，這些行為普遍準則在我們大腦中固定下來，對糾正自愛在特定處境中的有關行為是否合宜有很大的作用。如果一個心懷強烈憎恨的人，聽從自己憎恨情感的命令，他就可能將敵人的死看作是自己認為所受委屈的小小補償，不管這種委屈是多麼的微不足道，他都不覺得過度。

在觀察中認識到某些血腥的復仇行為是很可怕的。受過教育的人都會把避免這種暴行確立為不可違反的準則。這準則在他心裡保持著一種權威，使他不可能有這種行為。然而，他的脾氣可能非常暴躁，以致如果這是他初次考慮這種行為，一定會認定它是非常公正和合宜的，每個公正的旁觀者都會贊同。但是，過去的經歷使他對這一準則懷有尊重，會遏止他激情的衝動，並幫助他糾正自愛提示的、什麼是適宜在這種處境中做的片面的看法。但是，當他不能控制自己的激情而違反了此準則，即使是這樣，對這些準則慣常的敬畏和尊重還會在他心裡保留。

行動的時刻，是激情最高漲的時刻。他會為正要進行的事情而猶豫不決，顫慄不已。當他冷靜的時候，他可能意識到自己正要打破那些行為標準。在他的內心深處，他一樣能預測到違反這一準則會使他成為同樣不快的對象。他在做出最後致命的決定之前，所受到的一切痛苦折磨，使他一想到違反這樣神聖的準則就驚恐不安，他一樣承受著違反準則的強烈渴望帶給的驅使和刺激。

在這個致命的痛苦邊緣，他時刻都在改變自己的目的，他可能決心堅持他的原則，不沉迷於可能使他帶著羞恥和悔恨的恐懼並破壞餘生的那些激情。當他決定不讓自己經受相反行為的危險時，由於對享受安全和平靜的期待，又使他的心得到片刻安寧。

在這片刻安寧之後，激情又重新被喚起，它更加猛烈地驅使他去做不久前決心放棄的事。他始終在這崩潰的邊緣掙扎，最後還是沒有掙脫心裡的慾

望。當他帶著恐懼和驚愕邁出這致命的一步時，他就像一個逃離了敵人追逐卻置身於懸崖邊的人一樣，確信自己會遭遇比在身後的追逐更大的毀滅，這些是即使在行動時也會有的情感。

雖然他在做出這個決定時，無疑會比以後更少地注意到自己行為的不適宜性，當他的過激行為得到滿足而顯得淡然無趣時，他就會開始用他人易於看待的眼光來看待自己做過的事，並真正感到痛惜和悔悟。這時，這種之前無法預見的刺痛便開始困擾和折磨他。

道德評論

人類在行動之時和行動之後對自己行為的合宜性的評價都是片面的，要始終保持以公正的旁觀者的眼光來評價自己的行為，則是非常困難的。人們也往往生活在一種自我欺騙之中，遵循自己的道德標準來評價自身的行為。其實，這正是造成人類生活混亂的部分根源。透過觀察與反省，我們逐漸形成了一套道德準則。這一固定的準則對行為者具有強大的約束力。

▌論被視為上帝法則的道德

我們通常所說的責任感，是指對行為規則的尊重。它是人類生活中最重要的一項原則，是大部分人唯一能夠賴以指引其自身行為的原則。許多人之所以能在整個人生過程中避開顯著過失，都是因為他們具有得體的行為。我們讚許他們的行為是因為他們那種合宜的情感，他們的行為只是出於尊重他們所看到的一些已經確立的行為規則。

一個天生性情冷淡的人，即使從他人那裡獲得重大恩惠，他的心裡也只會產生極少的感激之情。然而，如果他曾受過良好的道德教育，他一定時常提醒自己，注意那些意味著缺乏這種情感的行為，看起來是多麼的醜惡討厭，而相反的行為看起來又是多麼的和藹可親。

所以，雖然他的內心沒有任何感激的熱情，他也會努力做出彷彿有那種熱情的行為；他會努力向他的恩人表達所有最強烈的感激指示他表達的那些敬意與殷勤。他會經常拜訪他，受感激之情他會對他畢恭畢敬，並且在他每次談到他的時候，絕不會不在口頭上表示對他極為尊敬，表示受了他的許多恩惠。

而且，他會謹慎地把握每一個機會，為他過去受到的照顧做出適當的回報。再說，他所有這樣的行為，也許沒有任何虛偽或該受責備的欺瞞成分，沒有任何自私的意圖想要得到新的恩惠，沒有任何想要欺騙他的恩人或社會大眾的意思。他的行為動機，也許不過是基於尊重已經確立的義務規則，基於認真嚴格地想在各方面都按照感恩的法則行動。

比如：一個妻子偶爾會對丈夫冷漠，她有時候也許會做出與她丈夫之間的關係很不相配的行為。然而，如果她曾經受過很好的教育，她會很努力地關心丈夫，稱作夫妻間愛的情感促使她做出那些細心照料的行為，她會很盡心去做，不會漏掉一樣。

以上這樣的朋友以及這樣的妻子，確實不是最好的朋友和最好的妻子。這二者都有最真誠的願望想要履行他們應該履行的每一份義務，可是，他們有可能在許多細微的環節上犯錯，他們錯過了很多施恩示好的最好機會，他們的心中如懷有他們的處境應該有的那種情感的話，這些機會是他們絕不能忽略的。即使不是最佳的朋友和妻子，也應真誠履行朋友和妻子的基本義務。

如果他們對某種概括性行為規則的敬意已有意識，他們二者可能都會把該履行的基本義務在每一方面都做得萬無一失。但是，自己的情感與行為絲毫不差地適合所有最細微的處境，除非是機遇最幸運、性格被塑造得最完美的那些人，否則，誰也不可能在所有場合都做出最細膩且最精確的合宜動作。

即使是構成大部分人類的那種粗劣的泥土，也不可能被加工塑造到如此完美的境地。當我們透過訓誡、教養與榜樣，似乎某種對概括性行為規則的

敬意可以銘刻在任何人的心裡，使他們在每一個場合的行為舉動都可稱之為端正合宜，並且使他在整個人生過程的任何顯著的過錯都能避免。

行為很規範的人對自己的行為規則都很尊重。一個人的心裡是否有這種尊重，在一個有原則與榮譽感的人和一個卑鄙小人之間能很明顯地區別出來。一個有原則與榮譽感的人，在他的一生中乃至任何場合，都堅定果斷地堅持自己的原則，並時刻保持這種行為旨意。一個卑鄙小人，他是隨著自己的心情、意向和興趣變化，這些對他的行為都占主導地位，他的行為舉止會跟隨這些主導意識而變化。

每個人的心情都屈於行為普遍規則的變化。一旦沒有這種準則，即使一個對自己行為的適宜性極其敏感的人，也會在最無關緊要的場合做出荒謬的舉動。如果你的朋友正要來看望你，可是你正好不願意接待他，以你的這種情緒，也許你會把他的拜訪看作不適宜的侵入，以你當時的這種看法，儘管他來到你面前，你還是會很有禮貌地接待他，可是你的行為會表現得很冷淡，你可能會在心裡輕視他。

如果你對禮貌和好客的普遍準則予以充分的尊重，你可能不會做出粗魯的行為。你的經歷和經驗將使你認識到，對準則的慣常的尊重能使人在任何場合保持得體的舉止，並能阻止那些會屈從情感變化的所有人的行為。人類社會的存在不僅依賴於一種真理，而且依賴於對這些職責的基本履行。尊重那些重要行為準則，人類社會的需要才能得到延續，人類社會的文明才能得到發展。

有一種觀點充分強調了尊重這些重要準則的必要性，這種觀點就是：重要的道德規則是上帝的命令與法律，是人類應盡的義務，而且上帝最後會獎賞順從義務者，並且懲罰逆反者。對道德規則的尊重，被天性銘刻在人們心裡。人類會被天性引導，把自己所有的感覺與激情歸附到一些神祕的存在者身上。這些神祕的存在者，無論他們是什麼，在任何一個國家，都是人們在宗教信仰上畏懼的對象，他們沒有其他什麼性質，也想不出其他什麼性質，可以歸附到他們身上。那些神祕不明但有情有知的存在者，那些他們想像得

到但看不到的存在者，在他們心裡的形象，必然和他們實際經驗過的那些有情有知的存在者有著某些相似之處。

人們這種關於神靈的想法，形成於無知的異教迷信和黑暗時代。人類所有的激情都被說成是神靈所具有的，包括色慾、食慾、貪婪、嫉妒和報復等這些絲毫不給人類增添光彩的情感，都被歸為此類。能夠為人類增添光彩的情感和品質，被說成是神靈所具有的，他們對神靈非常讚賞。而對美德和仁慈的愛、對罪惡和不義的厭惡，似乎被提升到類似神靈完美的境界。

無法抵抗神的這種法力，使受傷的人要求邱比特做他受傷害的目擊者，他相信神看到後會產生一種義憤，就是最普通的人看到這種行為也會產生這種義憤。做出傷害的人覺得自己成為人類厭惡和憎恨的合宜對象，他天然的恐懼會引導他把同樣的情感歸因於恐怖的神。

愛神邱比特

因同情而廣為傳播的這種天然的希望、害怕和懷疑，都會因教育而得到鞏固。人們普遍講述和相信神靈會報答人們的人道和慈悲，報復背信棄義和不義。因此，早在推理和哲理時代到來之前，宗教處於未開化的形式，道德

準則便予以認可，宗教的恐懼強制人們具有天然的責任感。責任感對於人類的幸福來說非常重要，人的天性不曾寄託於緩慢而不確定的哲學研究。

一旦這種哲學研究開始，就確認了天性中原始的預感。無論我們認為自己的道德觀是如何確立的，是基於有節制的理性，還是基於稱為道德感的原始本能，或是基於本性中其他的一些原則，毋庸置疑的是，上天賦予我們道德觀，是為了指引我們一生的行為。他們帶著最明顯的權威特徵，這種特徵表明他們在我們內心確立，是充當我們全部行為的最高仲裁者，監督我們所有的感覺、激情和慾望，是評判它們應該縱容或抑制到某種適宜程度的。

我們的是非之心不是一般人想像的那樣，在這個方面，它與我們天性中的其他官能和慾望是同等的。沒有任何其他的官能或行為原則能評判對方。這兩種激情或許是與對方對立的，但不能說他們是相互贊成或反對的。

評判我們一切天性的原則，是應該指責或稱讚的，是我們正在考慮的那些官能的特殊作用。它們可以看作以那些原則為對象的一種感官，每一種感官都高於其對象。眼睛不需要色彩的美麗，耳朵不需要聲音的和諧，味覺不需要味道的鮮美。每一種感官都是評判其對象的最後手段。所有可口的就是甜美的，所有悅目的就是美麗的，所有悅耳的就是和諧的。這些品質的本質在於使感受它的感官得到愉悅。

因此，道德官能決定我們，何時我們的耳朵應該聽到悅耳的聲音，何時我們的眼睛應該縱情觀看，何時我們的味覺應該得到滿足，我們天性的其他原則在何時與何種程度上應該得到縱容或受到限制。

道德官能顯然是充當主宰人性原則的角色，他們規定的準則被看作神的指令和法規，由神安排我們內心的頒布代理人。所有的普遍準則通常都被稱為法則，如物體在運動時遵循的普遍準則，就被稱為運動法則。

君主制定普遍準則，是規範臣民的行為。它們與法律一樣，是指引人們自由行為的準則，它們必然是由合法的上級制定的，也附有獎懲的條例。內

心神的代理人，總能透過內心羞恥和自我譴責的折磨來懲罰觸犯者。相反，它總會以平靜的內心、滿意和自我滿足來回報遵守者。

證實同樣的結論還有無數其他的例子。當造物主在創造人類以及其他一切有理性的生物時，給予他們幸福是他的本意。他的行為似乎都是為了促進幸福、防止不幸。只有幸福是值得我們認為應該將功勞歸於無比智慧和神聖仁慈的主。對主無限完美的抽象考慮指引著我們的想法，透過觀察自然的運動得到進一步確認。

但根據道德官能的指令行事，我們必然會追求最有效的促進人類幸福的方法。我們在一定意義上與神合作，盡力促進其計畫的實現。如果我們不這樣做，主為世界確立幸福和完美的計畫基本上就被阻礙了。因此，我們自然受到鼓勵，期待他賜予我們特別的恩惠與獎賞；同時，我們也害怕他的報復與懲罰。

有其他許多理由，以及其他許多自然的原理，都傾向加強證實有益的教誨。我們在世界分配外在的成敗時通常遵循的那些規則中發現，在看起來極不平靜的世界裡，各種事業上的成功，是適合鼓勵勤勞、節儉與審慎的那種報酬；財富與外在的榮譽是美德在整個人生過程中的適當報酬；與我們相處的那些人的信任、尊敬與喜愛，是促進言行誠實、公正與仁慈的那種報酬；仁慈的人想要為人所愛，他並不想成為偉人；誠實與公正的人並非為自己富有而有所喜悅，而是被人信任與相信，每一種美德應該獲有的報酬與鼓勵依然會獲得，除非有異乎尋常的各種情況在一起發生，否則獲取的希望都不會落空。

一個具有良好道德情感的人，可能因某一非常不幸的情況，被誤認為犯了一件他完全做不出來的罪行，可能會因這件事，他的餘生遭到世人極其不公的厭惡與憎恨。儘管他秉性誠實公正，但不幸的遭遇使屬於他的一切離他遠去。同樣，一個做事小心謹慎、思考縝密的人，可能沒有辦法逃避地震或洪水的不幸，使他因此而失去一切財產。這種罕見的意外，也是任何人不想

面對的不幸。第一種意外也許比第二種意外更加罕見，也更加背離一般的事理。

然而，想要獲得與我們相處的那些人的信任與喜愛，為人誠實、公正與仁慈是一種可靠的方法。

一個人的行為會遭人誤解，而一個人的行事作風很少遭人誤解。當一個清白無辜的人被人懷疑做錯了某件事，他慣常的行事作風已經確立的清白評價，在他真的犯錯時，儘管有很堅強的理由推測他犯了錯，我們還是會因為他的行事作風而為他開脫罪責。

一個無惡不作的人，可能因為他的作為不為人知，逃過了譴責，還得到了掌聲。但是，所有人都知道他經常作惡多端的行為作風，甚至在他事實上完全清白無辜的時候，也會使人懷疑他有罪。根據一般的事理，即惡行與美德能夠借由人類的感覺與意見來給予懲罰或獎賞來說，他們兩者得到了比正確無私的公平所要求的更多的獎勵與懲罰。

從這種冷靜和豁達的觀點來看，成功與失敗在這世間的分配通常所遵循的那些規則，雖然顯得完全和人類在這世間的處境相配，但是，與我們的某些天生自然情感是很不匹配的。我們天生對某些美德具有強烈的愛慕與欽佩，使我們想要授予它們各種榮譽與獎賞；甚至給予那些我們必須承認是其他某些性質的適當報酬，而為我們所愛與所欽佩的那些美德又未必總是附帶有那些性質。

我們對某些惡行的強烈厭惡，使我們想要在它們身上施加各種羞恥與不幸，甚至那些專屬於非常不同的某些性質的自然後果，也不例外地施加在他們身上。

一個人的寬宏大量、慷慨大方與光明正大，得到我們如此高度的欽佩，以至於我們希望看到他們被冠以財富、權力與各式各樣的榮譽，而這些都是審慎、耐勞與勤勉的自然結果，但是，前面那些美德卻未必和後面那些性質不可分割地連在一起。

另一方面，欺詐、撒謊、殘忍與凶暴，在每一個人的心裡激起這樣強烈的輕蔑與厭惡，以至於我們會覺得義憤難抑，我們看到他們有時候因為所附帶的勤勉與耐勞的性質而擁有他們在某一意義上應當擁有的那些好處。

勤勞的惡徒耕作土地，懶惰的好人聽任土地荒蕪。誰該收割作物？誰該挨餓？誰又該生活富裕？我們的情感到底應做出怎樣的決定呢？自然的事理，會做出有利於那個惡徒的決定，而人類天生自然的情感，又會做出有利於那個好人的決定。

大多數人都認為，勤勞的惡徒耕作土地，其品性幫他取得的那些好處，大大超過了他應得的報酬，而懶惰的好人，其品性自然為他帶來的那種窮困，似乎對他來說太過於嚴厲了。這些都是出於自然的事理。

人類情感的結論即是人類的法律。它可能讓勤勞謹慎的叛國者的生命與財產遭到沒收，可以獎賞不顧將來且粗心大意的好公民，為他們的忠誠與愛國心給以特殊的報酬。

在某種程度內，人在自然的引導下，改變了自然原本已經做出的那種獎懲分配。自然為了這個目的，引導人們遵循了一個與其自身所遵循的不同規則。它授予的每一種美德以及每一種惡行，對兩者都不是很相配，它只注意這個問題，沒有考慮到美德與惡行在人的感覺中具有的那些功過程度是不相同的。

人有時候可能只考慮到一點，並沒結合前後兩點共同考慮，並且努力使每一種美德或每一種惡行的報酬或報應，變得和他自己對它懷有的那個程度的喜愛與尊敬或輕蔑與厭惡準確地比例相稱。而它所遵循的規則適合自身，它遵循的那些規則也適合人類。但是，這兩種規則都是來促進同一偉大的目的的，都是來促進這世界的秩序，以及人性的完美與幸福。

當人被使喚改變了自然的事態趨勢，任其這樣發展，做出的那種獎懲分配，雖然像詩人筆下的諸神那樣，袒護美德，反對惡行，盡力撥開射向正直

者的箭，並盡力加速毀滅之劍揮向邪惡者，然而，他可能不知道，這兩者的命運變得完全符合他自己的感覺與願望是不可能的。

自然的事態趨勢不可能完全受制於人的虛弱努力，這宛若湍流的自然趨勢太急也太猛，人根本無力阻擋；引領這趨勢的那些自然的規則，雖然是為了一些最賢明與最善良的目的而設立的，然而，有時候他們所產生的結果卻震驚了人的一切自然的感覺。

強者當然勝過弱者，大團體當然勝過小團體，以及那些做好所有必要的準備去從事某一事業的人，當然會勝過那些毫無遠慮與準備的人。這每一種目的當然只能以自然確立的獲取方法來獲得，這個規則不僅本質上是必要與不可避免的，而且為了鼓舞人類的勤勉與專注，甚至也是必要的與適宜的。

也許，這個規則會使暴力與計謀勝過誠實與公正，從而激起潛在每位旁觀者心中的義憤；激起對無辜者的受苦而感到悲傷與憐憫；以及激起壓迫者的得逞而感到強烈的憤怒。

我們時常發現，我們完全無力糾正對邪惡所造成的傷害同感悲傷與憤怒。當我們無法遏阻不義之徒得逞的力量並感到絕望時，我們自然會祈求上蒼，希望偉大的造物主在來世，完成所有他為了引導我們的行為，而賦予我們的那些原始的性能，激勵我們嘗試甚至要在這塵世完成的那種獎懲分配；希望他將完成他自己曾經這樣鼓舞我們著手執行的計畫；並祈求我們在今生的所作所為應給予的報酬能在來世得到。

我們被人性中各種弱點、希望與恐懼所引領，也被人性中最高貴與最美好的那些原始性能所引領；更被愛好美德與厭惡邪惡不義的高貴情操所引領，我們就這樣被引領，相信另一個未來的世界。

決定行為的是非功過的普遍規則，被認為是某個全能的存在者所確立的法律，而這個全能的存在者又在監視著我們的行為，並且將會在某個未來的世界裡獎賞遵守他們，同時懲罰違逆他們的行為時，一種新的神聖意義，他們必然會在這樣的考慮中獲得。

我們行為的最高準則，是我們對神的意志的尊重，只要是相信神存在的人都不會懷疑。對人來說，反抗或忽視神以其無限的智慧與無限的力量下達給他的那些命令，是很荒謬的。

不尊敬他的創造者以其無限的仁慈命令他遵守的那些訓誡，而違背它們不受到任何懲罰，就是對它的創造者的不虔誠與不感恩。我們的合宜感在此獲得最強烈的自利動機的充分支持。

我們也許可能逃避人們的觀察，或者我們的身分地位已超出人類的懲罰範圍，但我們的所作所為逃不過神的監視，並且任何不公不義的行為一樣會受到這位偉大的復仇者的懲罰，這一想法，能夠抑制最頑固執拗的激情動機，熟悉這個想法的人都很認同。

宗教信仰就是這樣驅使人們遵守自然的義務感。正因如此，深懷宗教情操的人，通常會比較信任他們的誠實正直。

這種人的這種行為，除了受到節制其他人的那些行為規則的約束外，還多了一層束縛。對於宗教信仰的人與一般人，行為合宜與否以及名譽的顧慮，還有對他自己以及別人的心裡是否有掌聲喝采的顧慮，都有同樣影響的動機。

信仰宗教的人，他還處於另一種約束之下，除非他覺得自己完全暴露在最後將按照他的所作所為獎懲他的那位偉大的制約人面前，否則，他絕不會隨意採取任何行動。因此，人們對他的行為的規則性與正確性有更多的信賴。

當自然的宗教信仰情操沒有受到某種腐蝕敗壞時，其首要義務就是履行一切道德責任。此時，人們也沒有被教導需要把無聊的宗教儀式視為比公正與仁慈的行為更為重要的宗教義務，人們仍能以各種道德準則行事。總之，我認為，具有宗教信仰的人，他的誠實和公正，是值得人們充分信任的。

道德評論

在哲理時代到來之前，人們借助宗教表現出了對各種道德準則的認可，宗教要求人們按責任感行事，這非常有助於人類的幸福。是非之心在人類本

性中是起支配作用的，從某種意義上說，我們是在與造物主一起共同促進人類幸福的實現，如果我們違反了是非之心的原則，就是在某種程度上阻礙了人類幸福的實現。我們遵循著上帝的規則來判斷人們行為的是非功過，我們相信上帝始終在注視著我們，並且會在來世對我們進行公正的審判。

論責任感對我們行為的影響

值得我們讚賞的不僅是對宗教的虔誠，宗教賦予人們追求美德的強烈動機也是值得讚賞的。

宗教信仰者認為，我們沒必要感恩戴德，也不必懲罰邪惡；我們沒必要救助那些窮困的孤兒，也不用贍養自己那老邁多病的父母。只有一種情感是最重要的，這就是：虔誠地信奉上帝，把它的旨意貫徹到我們的一切行動中，做最恭順的聽命於他的人。

他們認為，我們不必為報恩而感激，不必為博愛而仁慈，不必為愛國而關注公共利益，更不必為了人性的愛而大度誠實。我們所有履行職責的動機，都只能是上帝對我們的要求。

對以上這種種說法，我沒有作過深入的探究，只是認為，這些觀點斷然不會被真正虔誠的人接受。虔誠的人會信奉兩個原則：一是用我們的全部智慧、靈魂和力量去愛我們的創造者；二是像愛自己那樣去愛自己的鄰居。我們愛他人其實正是在愛自己，而不是出於什麼被動的需要。

責任感是我們的唯一行動準則，基督教的教義中並沒有這一條。但哲學或常識都會告訴我們，責任感起的是某種綱領性、決定性的作用。這會帶來兩個疑問：何時我們的行動要完全聽命於某種責任感，何時應該由其他情感對我們的行為起主要指導作用。

關於以上兩個答案，也不可一概而論，它分為兩點：其一，使我們置普遍原則於不顧的那種情感是可愛的還是討厭的；其二，普遍原則本身是明確的還是含糊的。

我們本身的情緒和情感主導我們某種程度上的行為或對普遍準則的尊重。正如，仁慈的情感促使我們去做的一切優雅和令人讚賞的行為，應該來自對普遍的行為準則的尊重，也應該來自激情本身。

當一個人接受別人的施捨後，他會沒有任情感色彩地報答施捨他的人，對此，施捨者當然不會感到自己得到真誠的回報；一個妻子只是以處於這個位置的情感去順從丈夫時，她的丈夫並不會為她的順從而感到滿意；一個兒子以他缺少情感的尊敬，去孝敬他的父母時，他的父母也會因此不快，同時兒子也會對父母感到不滿。

對於這一切仁慈友好的情感，看到責任感就激起而不是抑制它。看到一個父親必須克制自己的喜愛，看到一個朋友必須約束自己本性的慷慨，看到一個人得到好處而必須抑制自己過度的感激之情，這些都讓我們感到愉快。

對於惡意和不友好的激情，我們有相反的準則。對一切應該感激和慷慨報答的，我們應該出自內心而不帶任何勉強，不刻意去考慮報答是否適宜。對於懲罰我們總是不情願，更多的是出於懲罰適宜性的感受，而不是出於強烈的報復意向。

他像一個法官，只考慮判斷某種冒犯應受何種報復的普遍準則。而在執行這條準則時，他對冒犯者要受的痛苦的同情甚於對自己忍受的痛苦的同情，他雖然憤怒，但仍記得憐憫，刻意以最溫和最有利的方式去解釋準則，並允許減輕罪行，這也是坦率、有正確判斷力的人所贊成的。

介入友好和不友好的激情之間的自私，在這一點上也是如此。在普通、微小和一般的情況下，以個人利益為對象的追逐，應該來自對指導這種行為的普遍準則的尊重，而不是來自因對象本身產生的激情。但是，在更為重要和特殊的場合，如果對象本身似乎沒有以很大程度的激情來激勵我們，我們就會變得笨拙、乏味和粗俗。

在他所有的鄰居看來，為了得到或節省區區一個先令而焦慮不安或終日盤算，就墮落為最粗鄙的商人。他在行為中要表現出：放任自己的處境這樣

捉襟見肘、不因為錢財本身而斤斤計較。他的境況或許要求他極端節省、極其勤勉，但每個節省和勤勉的努力不是來自對個人收益的關心，而應來自對極其嚴格地制定行為要旨的普遍準則的尊重。

他不是希望省出更多而極度節儉，也不是為能多得到什麼而在商店看著。這兩種行為只不過是來自對普遍準則的尊重，他在人生道路上對待所有人的行動計畫，都被這條普遍準則極其嚴格地規定好了。自此，吝嗇鬼和真正節儉勤勉的人之間的差別便鮮明地體現出來：前者只為自己的小事而擔憂計較，後者關注他們是因為他給自己訂下了人生計畫。

對個人更為特殊和重要的目標則完全不同。如果一個人不熱誠地追求這種目標，就顯得很卑劣；一個君主若不急於攻破或防守某個區域，就會遭到鄙視；一個紳士沒有使用卑劣或不義的手段就能獲得財產甚至是極大的官職，我們對此不會表示尊敬；一個議員不熱衷於自己的競選，會因完全不值得交往而被朋友拋棄；甚至一個商人沒有激勵自己獲取鄰居所說的特殊的生意或不尋常的好處，也會被鄰居看成是膽怯的傢伙。

失去和得到個人利益的重要目標，能改變一個人的地位。對這種目標的激情，如果限制在謹慎和公正的範圍之內，總會受世人欽佩，甚至當它超出了兩種美德的界限，而且是不公正而過度時，有時也能顯出非凡的偉大，引起我們無限的遐想。

貪婪和抱負的唯一區別在於偉大。比如：一個吝嗇鬼對半便士的追求，和一個有抱負的人想征服一個王國的意願一樣強烈。因此，人們普遍讚賞英雄、征服者甚至是政治家，他們的計畫雖然完全無正義可言，但非常大膽和廣闊。

另外，普遍原則本身的精確或者含糊，決定了我們尊重它的程度。因為支配我們各種美德（審慎、寬容、慷慨、感恩和友情）的普遍原則，大都沒有太明確的定義，而且很多例外是需要修正的，所以我們的行動很難透過他們來指導。

關於謹慎處世的諺語和格言，我們知道它們都是以日常生活經驗為基礎，可以說是我們最好的行為準則，但過度侷限於這些格言，無疑也會顯得過於幼稚和迂腐。

我們知道感恩這種美德不難理解。感恩的意義非常準確，而且沒有什麼例外情況。它的含義可以這麼理解：我們應該知恩圖報，甚至滴水之恩報以湧泉。這樣的解釋應該沒有什麼歧義，然而我們稍作考察，也會發現它的含義不僅含糊而且也有一些特殊情況。

比如：在你生病的時候有人照顧過你，你就應該在他生病時去照顧他嗎？或者，我們能夠用別的方式來報答那些人情嗎？如果你應該照顧他，又該照顧多長時間？是和他照顧你的時間一樣，還是更多？又應該多多少呢？如果你手頭緊張的時候，朋友曾經借錢給你，那當他經濟拮据的時候，你就該借錢給他嗎？又該借多少，什麼時候借？今天，明天，還是下月？可以借多久呢……可見，對這些五花八門的問題沒有任何一條普遍規則，可以給出統一的結論。

感恩是我們的善行中最為神聖的，所以它的定義相對來說還是最為精確的。如其他規定友情、人道、豪爽、慷慨等行為的那些普遍原則，相比之下都更模糊。

與感恩不同的是，正義這種美德不能有任何的例外和變通的原則，而且，正義的所有外在體現，都由普遍原則做出了明確的規定，它們貫徹的是一種不折不扣的原則。

假如，有一天我跟朋友借了十英鎊，不管我們有沒有約定好還錢的日子，但是在他需要用錢的時候，正義準則都會不折不扣的要求我們如數償還。正義原則的所有本質和細節，都有著明確的定義，我們應該做什麼，做多少，在什麼時間、什麼地點做，這些答案都很明確。

如果我們能嚴格履行正義準則，那麼，因執著於謹慎或者慷慨的普遍原則所偶爾引起的蠢笨古板的缺陷，就能得到避免。相反，它們是神聖的準則，

而且當出於對普遍規則的尊重而要求履行正義行為時，這種行為也並非完美無缺。

履行其他美德時，我們行為的動機更多的是某種關於恰當感的追求，和對某種特定的行為習慣的愛好，而不是對某個格言警句的尊重。那些準則本身並不是行動的主要對象，而是它的目的和基礎。

最為可親可敬的人是能夠完整堅持正義準則的人。堅持正義的核心，能防止我們身邊的人受到我們的傷害。我們在做某些違背正義原則的行動時，可能都會藉口稱之不會給任何人造成影響。當我們已經做了或者正在這樣做時，我們已經墮落且成了惡徒，就不再值得信賴，並且可能犯下嚴重的罪行。

正義準則和語法規則可以類比，指導其他美德的準則就像是文學批評家們對作品的評價標準。語法是精密、確切、必不可少的，而文論標準則沒有那麼嚴格和精確，它是對我們行為趨於完美的一種敦促，而不是教導我們如何做得完美的教條。人可以從語法的學習出發，學會正確地寫作，也可以保持正義的原則處世。

伏爾泰（1674~1778），法國啟蒙思想家、文學家、哲學家。伏爾泰是 18 世紀法國資產階級啟蒙運動的旗於，被譽為「法蘭西思想之王」、「法蘭西最優秀的詩人」、「歐洲的良心」。

文論標準可以在某種程度上使我們確立一些關於完美的不太明確的念頭，但卻無法幫我們創作出優美的文學作品。同樣，某些準則可以幫我們確立一些對美德的不太完備的觀念，但所有條件下表現的審慎、慷慨和慈悲，我們不一定能全部學會。

通常，我們希望自己的行為得到別人的肯定，結果很多時候都事與願違，與那些行為準則發生衝突。這時，不要指望別人會理解我們的初衷，或者贊同我們的舉動。當然，責任感或道德感的誤導可能使我們因此而失足，這是很值得惋惜的，畢竟，我們的精神和舉動也都有值得尊重的地方。我們的錯誤行為也閃耀著人性的光輝，仍然值得同情而不是憤慨。

我們天性中的缺點在所難免，不管我們多麼努力向善和嚴格自律，它都使我們經常被矇蔽。我們的情感幾乎都是這樣被荒謬的宗教精神欺騙的。那些對責任進行指導的準則可以在較大的程度上發生紊亂。通常情況下，常識會使我們的行為基本得體，如果我們更加嚴格公正地要求自己，是會得到稱許的。最關鍵的法則是服從上帝的意志，這點所有的人都會贊同，但具體到我們行為中的各種具體規範，就千差萬別了。所以，寬容和忍耐是不可或缺的品質。

對於迷誤的宗教意識產生的罪行，善良的人總會覺得懲罰難以下手，雖然我們懲辦各種惡行是為了維護社會的穩定，並不涉及各種惡行的具體動機，但那些被誤導而失足者不會引起旁人對其他罪人的那種的憤慨，而且他們面臨刑罰時的鎮定甚至會給他們招來欽佩之情。

就像伏爾泰寫得最好的悲劇《穆罕默德》，充分恰當地表達我們對那些失足者罪行的一種特殊的情感。該劇中的男女青年主角都非常的天真、善良，恐怕只有愛得太深算做是他們所謂的缺點。但是，狂熱的宗教情感使他倆犯了最違反人性和不可饒恕的凶殺罪。但他們倆並不知道，他們的父親是他們宗教的死敵。雖然他們和老人之間彼此都懷著深切的敬重親熱之情，但在上帝的安排中，老人只是可憐的犧牲品，而他倆卻要充當殺死老人的凶手。在他們準備動手時，他們感受到了極為矛盾的心理鬥爭。一方面是不可抗拒的

宗教使命的催促；另一方面是對老人仁慈的人格魅力的景仰與尊重。也唯有此情節讓我們覺得最有教育意義，更能吸引所有人。但責任感最終壓倒了本性中那可愛的缺陷。他們在得手後就馬上發覺自己受到了欺騙和犯下了不可挽回的錯誤，從而陷入了痛苦、恐怖和悔恨的深淵。我們明白了宗教可以這樣使人誤入歧途時，就會像對那兩個可憐的年輕人一樣同情每一個宗教的受害者。

我們的天性有時會明曉錯誤的責任會引導我們誤入歧途，同時會對我們的行為進行正確的指導。雖然當事人會為自己的軟弱懊惱，但我們會為他感到由衷的高興。由於他的決定是由於軟弱而非理性做出的，我們還是覺得他的行為並不是十全十美。

一個誠篤的羅馬天主教徒會恨不得殺死所有的新教徒，即使他在聖巴羅繆之夜大屠殺中，出於憐憫而挽救了一些可憐的新教徒，我們也不會給予他太高尚的讚揚。他這麼做的動機只是一種充分的自我贊同心情。我們會對他的慈悲之心感到愉悅，但這和對完備的美德表示的敬佩是完全不同的。

雖然基督告誡我們：如果有人打我們的臉，就要把我們的另半邊臉也伸給他。但如果一個虔誠的貴格會教徒被人抽了一嘴巴，那他的奮起還擊會讓我們更加高興，並因此更加喜歡他，但他可能得不到我們給予理性操守者那樣的尊敬。因為所有這些自我情緒過度強烈的行為都不能算作美德。

道德評論

人們常常把宗教原則作為行為的原則，是因為宗教賦予人們追求美德的強烈動機。責任感是我們行動的唯一原則。有一種美德，一般準則會對它的具體行為做出嚴格的規定，一旦缺乏準則規定的條件，就不能被判定為實行了美德，這種美德就是正義。正義就如同嚴格準確的語法規則，而其他美德就如我們對文學作品的品評一樣，標準是非常模糊的。一個人可能會由於錯誤責任感的驅使而做出錯誤的行為選擇，這時天性往往能幫助他，把他拉回到正確的軌道上來。

第六卷 論效用對讚許感的作用

雖然在生病或情緒低落時（這種對每個人都不陌生的沮喪哲學），會徹底將平日追逐的那些偉大目標看得一文不值，但當我們身體和心情都比較健康時，我們肯定會以比較愉快的觀點看待那些目標。

▌論效用賦予一切藝術品的美

如今，「效用是美感的一個主要來源」這一問題，已經為所有思考美的本質由什麼構成的人所關注。

例如一間房子，它的方便適用與它的整齊對稱一樣，能夠使觀者感到愉悅。然而，當觀者注意到，這一房屋窗戶的形狀不同，或看到大門沒有被正確地開在房屋的中間，必然會感到難受。任何體系或是機器，一旦達到了某種合適產生預定的目的，那這種合適性就會賦予整個體系或機器一種合宜或美的性質，並且使我們在想到它的時候，自然生出一種愉悅的感受。

有位思想深邃且善於深入淺出的表述的哲人也指出，效用是令人愉快的原因。根據他的觀點，任何一個物體的效用，都是透過向它的主人提供最適宜便捷的方式，從而讓主人覺得愉快。也只有這樣，效用才能成為滿足與快樂的源泉之一。

如果旁觀者是透過某種同情作用去體會主人的情感，那他也必然會報以同樣愉快的觀點看待該物體。例如：當我們在拜訪某位大人物宏偉華麗的府第時，心裡禁不住會興起，如果我們自己是主人，擁有如此巧妙獨創的容身處所，我們將享受的那種滿足。同樣道理也可以說明，為什麼看起來不方便使用會使任何物體變得令人不愉快的原因。

然而，在日常生活中，卻很少有人會注意到這種合適性，儘管這樣的情形極為常見。比如：為了一些工藝品而做的精心設計，所產生的效果竟然比

預期更加受到人們的珍視。換言之，就是為了獲得某種捷徑或歡樂而在手段上所做的精確裝備與安排，竟然會比其本身更加受到重視。

當某個人走進他的房間，發現椅子全都橫七豎八倒在房子裡，他肯定會很生氣。顯然，沒有人會喜歡這樣的局面，他寧可不辭勞苦，親手將這些椅子放回原位。在清理了居室後，室內的地面空曠了，他走動也更方便了。而為了獲得此方便，他寧願給自己添麻煩。

如果一進門就在其中一把椅子上坐下，也許會使他更加輕鬆容易。雖然當他大費周折清理完房間後，很可能也只是隨意找一把椅子坐下。所以，他想要的，與其說是為了走動上的方便，不如說是為了增進此方便的一種刻意安排、布置。不管怎樣，最終目的都是為了此方便，從而也使他為這安排、布置而歡欣，並賦予了它全部的合宜性與美。

手錶的功能是為了讓我們知曉時間，免於因不知道某一特定時刻而帶來其他不必要的麻煩。如果一隻手錶每天慢上兩分多鐘，就會被一個對其十分好奇在意的人丟棄。他甚至會賣掉它，或許只能換到兩枚基尼幣，然後再花五十枚基尼幣，重新買一隻每兩週都不會走錯一分鐘的手錶。

這種類似於「雞蛋裡挑骨頭」的人，不見得能比其他人在赴約時更分秒不差地守時，或是由於其他原因而更加焦慮不安地想要知道精確時間。他所真正感興趣的，並非時間的精確度，而是在於這個時間機器它本身的合適完美性。

有多少人曾把金錢揮霍在沒有什麼作用的玩物上，最終傾家蕩產？這些玩物愛好者的口袋裡塞滿了各類小玩意。無論在重量還是在價值上，恐怕都不下於猶太人的百寶箱。其中有些東西或許還小有用處，但並非必不可少，就算它們全部加起來的效用，恐怕也不值得為其忍受疲累。其實，這些玩物愛好者真正感興趣的，不僅僅是玩物能帶來的效用，而且也包括了器具本身設計的合適巧妙。

有這樣一個故事，講的是關於一個窮人家的兒子，由於某天突然得到了老天爺的眷顧，他開始重視自己的身世了。當他環顧四周時，對富人的生活處境大為讚歎。

他第一次發現父親的茅舍太小，根本不適合他容身，並且幻想如果是在一座府第裡，肯定會更加輕鬆自在；接著他對自己不得不徒步行走感到不悅，當他看到那些高貴富裕的人坐在馬車上時，便想像如果能坐在其中一輛中，他旅行時的不便肯定會大大減少。他覺得自己天性懶惰，且認為如果擁有了一大群僕役侍從，將會省去許多麻煩。他甚至覺得，一旦得到了想要的一切，就什麼都不用做了，只要陶醉在幸福安康的境界裡享受即可。這種幸福的遐想完全將他迷住了，在他大腦的幻想中，開始浮現出那些地位更高的人物的生活場景。

為了獲得富貴所能帶來的安逸生活，在他致力勤勉的第一年，甚至第一個月，他甘心忍受的身體疲累與心靈折磨，將比他畢生因為缺乏富貴而可能蒙受的還要多。他刻苦學習，以便將來在某個專職中出人頭地；他以最不屈不撓的勤勉，日以繼夜地努力，最終獲得了取勝的各種才幹。接下來，他拚命使自己的才幹為眾人所知，並且四處乞求每一個能夠運用發揮到自己才幹的機會。為了達到這樣的目的，他巴結奉承所有人，他服務他所憎恨的人，逢迎諂媚他所鄙視的人。他畢生追求著某種高雅的理想，為此，也犧牲了唾手可得的真正寧靜。

最後，在快到達生命盡頭時，他的身體早已被辛勞與疾病消耗殆盡。這時他回想起了所杜撰的敵人的不義，朋友的背信與忘恩負義，以及給他帶來的數以千次的傷害與失望，他感到痛心和氣惱。也只有在這時，他才終於覺悟到，富貴不過是沒什麼效用的小玩意，並不比玩具愛好者的收藏箱更適合用來取得身體的安逸或心靈的平靜。

誠然，富貴也如同那些收藏箱，對於隨身攜帶它們的人來說，所造成的麻煩，勝過可能帶來的一切方便。它們之間並沒有什麼真正的差異，只是前者所提供的各種方便比後者更容易被人們所察覺到。就如同那些大人物的府

第、花園、馬車配備與僕役侍從，全是一眼便可看到的便利。不需要麻煩它們的主人對我們解說其中的效用。我們很容易自動領會，且羨慕不已。

能夠滿足人類與生俱來的虛榮心，這大概是錢財地位的唯一用處了。但是對一個獨自在荒島上生活的人而言，就實在很難說豪宅或者小玩意對他的享樂到底有什麼意義。如果換一個場景，讓他住在人類社會中，情況就完全不同了。

在這種場合，就像其他一切場合那樣，我們比較在意的，通常是旁觀者而非當事人的感受。也就是說，我們經常會重視當事人的處境在旁觀者眼裡顯得如何，而不是他的處境在他自己眼裡顯得如何。如果我們追問旁觀者，為什麼他如此讚美推崇有錢人與大人物的處境時，他會認為他們享有高人一等的安逸或歡樂，還不如擁有無數造作高雅的精巧物品，增進安逸或歡樂；他甚至不認為他們真的比別人幸福快樂。但是，他也認為他們擁有較多可以取得幸福快樂的手段。對於一個處在病弱無力、年老疲憊狀態的人來說，從前曾吸引他去辛苦追逐的那些名利，不再有什麼可取之處，如今只剩下了富貴的空洞虛榮。如果還有什麼樂趣可言，那也已經完全消失不見。他暗自詛咒野心，徒然惋惜年輕時的安逸與懶散，感嘆這些已永遠消逝的逸樂，後悔他愚蠢地將其拋棄。富貴，看起來就是這樣一幅悽慘的景象，沮喪或是疾病迫使他靜下心來仔細觀察自己的處境，並且思考自己究竟欠缺了什麼，雖然此時已經有些為時已晚。

在這個時候，權勢與財富就會露出本質，顯示出它們不過只是一台碩大無比、異常費力的機器，所能提供的卻只有少許的便利。但構成這些機器的發條與零件卻極其精緻纖細，必須受到最小心翼翼的呵護照料才能維持最佳狀態。它們是龐大無比的構造物，需要花費一生的辛勞才能建造起來，卻隨時有可能土崩瓦解，壓垮住在裡面的人，並且讓他回到從前那樣的狀態。有時候甚至比從前要承受更大的壓力，他將被焦慮、恐懼、悲傷以及疾病、危險、死亡等各種不幸所包圍。

對於沮喪哲學，任何人都不會感到陌生。因為你曾經無數次和它相遇，當你生病或情緒低落時，它將引導你徹底將平日所追逐的那些偉大目標看得一文不值。相反，當我們身體健康、心情開朗時，肯定會以比較愉快的觀點看待那些目標。在痛苦與悲傷時，那些想像力似乎被限制、囚禁在自身裡。等到安逸與成功到來時，它就會自動膨脹、擴大到我們周圍的每一件事物上。這時候，大人物的府第，以及其中那盡善盡美的合適布置，就會讓我們喜歡得著迷。我們對每一樣東西發出的讚歎，都恰到好處地增進著他們的這種舒適感，預防他們可能會感到的缺陷，滿足他們的希望，排遣與舒緩他們種種最瑣碎的慾望。

如果我們把合適增進這滿足的美妙安排，切割開來分別看待，那麼，滿足總會顯得極其微不足道。但是，我們很少會以如此抽象超然的眼光去看待。在我們的想像中，它們帶來的滿足與世界和諧、穩定而有規律的運行幾乎是一回事。當我們以這種複雜的觀點思考富貴所帶來的那些樂趣時，便會覺得它們是某種宏偉、美麗與高貴的東西，十分值得我們為了占有它而付出一生的辛勞與焦慮。

人類的天性同樣可以用這種方式來誤導我們。而正是這種誤導，激起了人類的勤勉，並使之永久不懈；正是這種誤導，最初鼓舞人類耕種土地，構築房屋，建立城市與國家，並且發明與改進了各門學問與技藝，以榮耀和潤飾人類的生命；正是這種誤導，使原始的自然森林變成肥沃宜人的田野，使杳無人跡的海洋，成為人類賴以生存的新資源。

「眼大肚小」這句諺語，在他身上得到最為充分的證實。他肚子的容量，和他巨大無比的慾望完全不成比例；他所接受的食物數量，不會多於最卑賤的農民的肚子所接受的。他不得不把剩餘的食物，用適當的方式分配給別人：為他做飯的廚子，為他蓋房子的泥瓦匠，為他提供各種工具和玩意的手藝人等等。所有這些人，就這樣從他的豪奢與任性中，得到他們絕不可能從他的仁慈或公正中的那一份生活必需品。

　　土地的產出物，無論在什麼時候，都盡力維持著它所能維持的居民人數。有錢人只不過是從那一堆產出物中挑出最珍貴且最宜人的部分。他們所消費的數量，不會比窮人多。儘管他們生性自私貪婪；儘管他們只在意他們自身的便利；儘管他們僱用數千人的勞動，他們所圖謀的唯一目的，只在於滿足本身那些無聊與貪求無厭的慾望。但最終還是要和窮人一起分享他們經營改良所獲得的所有成果。他們被一隻看不見的手引導而做出的那種生活必需品分配，和這世間的土地平均分配給所有居民時會有的那種生活必需品分配，幾乎沒什麼兩樣。就這樣，社會利益得到了無意間的增進。

　　就真正的人生幸福所構成的要素而言，無論在哪一方面，都不會比身分地位遠高於他們的那些人差。在身體自在和心情平靜方面，所有不同階層的人民都差不多。路邊晒太陽的乞丐或許享受的正是國王們為之奮戰的那份安寧。

　　熱愛秩序，重視條理美、藝術美和創造美這些人類的天性，足以使人們喜歡那些有助於增進公共福利的制度或設施。當一個愛國者努力改善任何一部分公共政策時，他的所作所為，未必是出自純粹同情那些將因此而獲益者的幸福。如同一個熱心公益的人之所以推動修繕道路的工作，通常不是因為他同情運貨商和車伕。

　　公共政策的完善，以及貿易與製造業的擴張，本身就是高尚的、安邦定國的大計，這些計畫總讓我們感到欣慰。它們是我們政治制度不可或缺的重要環節，推動國家協調迅速地運轉。我們以看到或想到如此完美雄偉的一個體制日臻完善而欣慰不已；有時我們也會焦慮不安，直到排除了任何可能干擾或妨害此體制規律運轉的障礙。

　　所有政府組織體制的價值，全在於是否有助於增進它們所統治的人民的福利，這是它們唯一的用處與目的。不過，或許出於某種對制度的認同，或是對藝術發明的熱衷，我們重視手段的程度，有時更甚於目的。而完善或改進某個美麗與井然有序的組織制度，也是為了人民的幸福。

有一些人，他們有很強烈的愛國心，但在其他方面，卻對人類的情感並不敏感。相反，也有一些極為仁慈的人，卻沒有任何愛國之心。

每個人，在他熟識的朋友當中，都可以找到這兩種自相矛盾的例子。有誰會比那位全球馳名的俄國立法者更沒有人性卻還更有愛國心？相反，大不列顛的詹姆斯一世，雖然生性和善，但對他國家的光榮或利益，似乎完全沒有任何感覺。

你曾想喚起一個看起來幾乎毫無雄心壯志的人奮發向上嗎？如果你向他敘述有錢有勢的人是多麼幸福，如果你告訴他：他們通常有遮陰避雨的屏障，他們很少挨餓受凍，他們很少感到厭倦無聊或缺乏什麼物質，那麼，你將白費工夫。

無論你怎樣口若懸河，都不會對他產生多大的影響。假如你想成功說服他，就要這樣告訴他：在他們的府第裡，各個房間的布置與安排是多麼便利；他們的整套馬車配備是多麼優雅合宜；他們的僕役侍從總共有多少人、分成多少等級，以及分別擔負些什麼職務。如果真有什麼話可以說服他打動他，那就是這種敘述方式了。

然而，所有這些東西，也不過只是有助於遮陰擋雨，免去挨餓受凍，免去匱乏與厭倦無聊。同樣的，如果你想把公德心灌輸到一個對國家利益毫不在乎的人心裡，那麼，你往往將白費工夫。如果你告訴他，在一個治理優良的國家裡，人民會享受到哪些優越的好處；或者你告訴他，他們將住得比以前好，穿得比以前好，吃得比以前好，這些理由通常都不會給他帶來很深的印象。要想說服他，除非你先說出這些好處得以實現的那個偉大社會政治體制：進而解釋，這體制分成好幾個部分，他們之間有什麼聯繫與依存關係，它們彼此怎樣互相服從，以及它們整體怎樣有益於社會幸福；最後向他說明，這個體制將怎樣被引進到他的國家，從而使整個國家運轉得更加平穩和高效。

在聽了這樣的一番言論後，很少有人會無動於衷。他至少會在聽到的那一刻，暫時振作起來。沒有什麼比研究各種不同的政治機構以及其中的利弊

得失，本國的政治體制、它的處境、它與各個國家之間的利害關係、它的貿易、國防、它將為哪些不利的情況而受苦、它可能遭遇到哪些危險、怎樣移除不利的情況，以及怎樣預防危險等，更有助於增進愛國心了。

因此，各種政策研究，如果公正、合理又可行的話，可以說，是所有理論工作中最有用的。甚至連那些最拙劣、最糟糕的政策研究，至少也有助於激發人們的公德心與愛國情，鼓舞他們找出種種增進社會幸福的辦法。

道德評論

美產生的主要原因來源於效用。這也是使人感到愉悅的原因。

任何藝術品所具有的適宜性和巧妙的設計帶給人的愉悅享受，往往要超過藝術品本身的價值。熱愛秩序，重視條理美、藝術美和創造美都是人類天性使然，這種天性又足以使人們喜歡那些有助於促進社會福利的制度。

▌論效用賦予人的品質與行為的美

人的品質既可以促進也可以妨害個人和社會的幸福。這一點與藝術的創造或國家機構類似。一個具有審慎、公正、積極、果敢堅決和酒色不沾的品質的人，會使每一個和他相關的人，都有希望獲得成功與滿足。相反，具有魯莽、自大、懶惰、優柔寡斷和貪戀酒色的品質的人，不僅很可能使個人遭到毀滅，也很可能殃及所有和他相關的人。

毫無疑問，前者的靈魂是美的，後者則擁有最笨拙不堪的醜陋。有什麼政府機構，能夠比得上人民的智慧與美德那樣有助於增進人民的幸福？一切政府機構，不過是智慧與美德不足時的一個補救辦法。

所以，對於有用的美，與其說是屬於國民的政府，倒不如說屬於智慧與美德。相反，有什麼壞政策，能夠比人性的敗德惡行更有破壞性。拙劣的政府統治，之所以會產生毀滅性的影響，完全是因為它沒有充分提防人性的道德敗壞可能造成的危害。

所有的品質似乎都是因為它們帶給人們的利或弊，而被認定為美或醜，這也是哲學家們對人類行為的一種評判方法。哲學家在考慮人們為什麼贊同人道而譴責殘酷時，通常只是根據它們隱含的意義，往往並沒有什麼清晰和明確的評判標準。

只有在考慮特定的實例時，我們才會清楚地察覺到我們的情感和行為人的情感是否相一致，或是不協調。當我們以抽象概括的方式思考美德與邪惡時，不同品質所引起的不同情感就模糊不清了。而美德帶來幸福或者是罪惡帶來的災難，給我們的印象要遠遠深刻於對其他品質的印象。

效用是我們評價事物的主要標準之一，但是對效用或危害的看法卻並不是我們贊同或反對某一事物的主要原因，對事物美醜的情感評價在本質上與這種直覺的效用有很大的區別。

首先，對美德的讚許和對一棟設計完善的建築物的感覺是不相同的，就像我們不可能把稱讚一個人的話用來誇耀一個櫥櫃。

其次，讚許感的初始源頭很少來源於心性的效用。讚許的感覺，總是含有某種和效用感明顯不同的合宜感。在所有被當作美德而受到讚許的心性上，包括那些根據該理論體系，最初因為被認為對我們本身有用而受到讚賞的心性，以及那些因為對他人有用而受到尊重的心性。

最後，是自我克制力。這種能力使我們得以克制目前的歡樂或忍受的痛苦，以便在未來某個時候享受更大的歡樂或避免更大的痛苦。這兩種心性結合起來，就是所謂審慎的美德，在一切美德當中，對個人最為有用的就是這一類。

我們約束目前的慾望，以便在另一個場所獲得更充分滿足的自我克制力，因為它的合宜而受到讚許的程度，和因為它有用而受到讚許的程度，可以說不分伯仲。

當我們克制自己的慾望時，對其作為產生影響的那些情感，似乎完全和旁觀者的情感相一致。對旁觀者來說，我們將在一個禮拜或一年後享受的那

些快樂，和我們在這一刻享受的快樂，完全一樣的誘人。所以，當我們為了目前的快樂而犧牲未來時，我們的作為，在他看來，就會顯得極端荒謬與毫無節制，從而他也就不可能體會那些對我們的作為產生影響的情感。相反，當我們克制目前的快樂，以便獲得未來更大的快樂時，就彷彿遙遠的目標緊貼著我們的感官目標，由於我們的情感完全和他本身相一致，所以他絕不可能不讚許我們的行為。且由於他根據經驗知道，難得有人能夠自我克制到這樣的程度，所以，他肯定會懷著明顯的驚訝與欽佩看待我們這樣的作為。對於堅定不移地厲行節約、勤勞與專心致志的人，每個人都自然會感覺到的那種崇高的敬意，便是源自於此。

這樣的一個人，他的剛毅不拔，以及為了獲得美好而遙遠的好處，不僅放棄了眼前的一切快樂，而且忍受著最大的身心勞苦，這樣的做法必然會博得我們的讚許。顯然對支配他的那種利益與幸福的看法，完全符合我們對同一現象自然會有的看法。同時，根據我們對普通人性弱點的經驗，這樣的對應一致，是我們所不能合理預算的。所以，我們不僅讚許，而且在某種程度也欽佩他的作為，認為這樣值得高度讚揚。而唯一能夠支持行為人堅守這種行為的，也正是這種值得讚揚與尊敬的意識。

對他人最有用的心性，則是仁慈、公正、慷慨和公德心與旁觀者在情感上的協調一致。慷慨與公德心的合宜性以及公正的合宜性所依賴建立的原理都是相同的。而慷慨和仁慈則不同。這兩種心性，初看起來十分相同，其實並不屬於同一類。

仁慈是女性的美德，慷慨則屬於男性。女性比男性更溫柔，但也很少像男性那樣慷慨。仁慈只不過在於，旁觀者對主要當事人的感覺懷有敏銳的同情，以致會為當事人的痛苦感到悲傷，為當事人的受傷感到憤怒，以及為當事人的幸運感到高興。最仁慈的行為是不需要自我犧牲，不需要自我克制，也不需要奮力發揮合宜感。這種行為只不過是釋放出敏銳的同情，也自然會鼓舞我們去做的那些事。

但是，慷慨就不一樣了。它是指在某方面我們喜愛某個人勝於自己，或犧牲自己的某一重大利益，以成全朋友或上司的某一同樣重大的利益；某個人放棄他應該得到的職位，儘管這是他所追求的偉大目標，只因他認為另一個人的服務貢獻更有資格得到該職位；某個人不顧自己的性命去保衛朋友，只因為他認為他朋友比他的性命更重要。

以上幾個行為都不是出於仁慈，或因為他們對於關係到他人的事情感覺比較敏銳，而對於關係到他們自己的事情則相反。對每一個旁觀者來說，他人的成功或存活，也許會比他們自己的成功或存活，更為正當誘人，但是，對當事人自己來說，事情就不是這樣了。所以，當他們為了他人的利益而犧牲自己利益時，其實是在使自己適應旁觀者的情感，並且努力按照任何第三者都自然會想到的那些見解行動。

布魯圖斯是西元前八四年古羅馬第一個推翻暴君統治的英雄，他把神聖的羅馬皇帝驅逐到國外，建立了羅馬共和國，並成為賢明的執政官，但是他的兩個親生兒子參與了伊特魯立亞人的復辟陰謀活動，布魯圖斯為捍衛共和國的利益和神聖的法律，毅然處決了這兩個逆子。畫家借這一題材熱情讚

頌了為國家利益而大義滅親的賢明君王。此圖名為《處決自己兒子的布魯圖斯》，為雅克‧路易‧大衛於西元一七八九年創作。

一個捨身保護長官的士兵，即使那位長官不幸身亡，或許他本身也不會有什麼特殊的感觸。如果那位長官的死完全不是他的過錯導致，而是他自己不幸碰上的一個很小的不如意，也許會使他感覺到一股更為強烈的悲傷。但是，當他努力採取這樣的行動，並且使公正的旁觀者對支配他的那些行動的原則感到讚許時，他覺得，對每一個人（除了他自己）來說，他個人的性命，和他長官相比，彷彿是滄海一粟，微不足道。同時，他也認為，當他為了長官的性命而犧牲自己的性命時，這種行動就顯得十分恰當，完全符合每一個公正的旁觀者自然會想到的見解。

就算是更加偉大的愛國行動，情形也是相同的。一個年輕的軍官，為了替他的君主取得某一瑣屑的新領土而不顧自己的性命，這並不單是為了新增的土地，對他自己而言，這是一個比保全他自己性命更有價值的目標。當然，他也會認為自己的性命價值，無限大於所效力的國家或者是所征服的某個王國的全部領土。但是，當他比較那兩個目標的相對價值時，他並不是站在他私人會採取的立場，而是站在他所效命的國家和全體人民的立場。對全民來說，戰爭勝利至關重要，而個人的性命則無足輕重。當他採取全民的立場看待問題時，他會覺得，他所流的血有助於達成這樣一個有價值的目的。這種合宜的義務感，造就了他的英雄感。

一些誠實的英國人，在他們私人的崗位上因為損失了一枚基尼幣所感受到的煩亂心情，遠比他們為英國損失了米諾卡島所感到的更為嚴重；然而，如果有能力保衛那座要塞，他將寧可犧牲他的性命千百次，也不願意眼睜睜地看著它落入敵人手中。

當布魯圖斯一世知道了他自己的兩個兒子陰謀背叛了正在成長中的羅馬時，立即決定把他們領出去接受死刑。假如這時他只顧慮到自己私人的感受，那麼，他便可以說是為了滿足一種比較微弱的愛，而犧牲了另一種更加強烈的愛。在選擇是兒子死亡還是羅馬因為缺乏這麼偉大的一個警戒榜樣而可能

蒙受的所有不幸之間，布魯圖斯自然應當對前者懷有更多的同情。但是，在這件事情上，他沒有選擇站到一個父親的立場，而是以一個羅馬普通百姓的觀點來看待他的兩個兒子。他如此徹底地同情後面那個角色的感覺，以致可以完全不顧存在於他們之間的親子關係。對於一個羅馬公民來說，即使貴為布魯圖斯的兒子，如果拿來和羅馬最小的利益相比，也顯得微不足道。

在這些相似的例子中，我們不僅看出這種行為的效用，覺得它合宜，而且是出乎意料之外的合宜。這就是偉大、尊貴與崇高的合宜，當我們認真考慮到它的效用時，無疑會把一種新的美麗屬性歸附給這種行為，因此使它得到我們更高的讚賞。

當讚賞的情感完全來自我們察覺到的這種效用之美時，便和他人的情感沒有任何關係了。

假使某個人在和社會完全隔絕的情況下長大成人，他的各種行為，仍然會因為是否有助於他幸福或不便，而受到他本人的讚賞或非難。他或許會在審慎、節慾和良好的作為上察覺到這種效用之美，並且在與此相反的作為上察覺到醜陋。

在前一種場合，當他在觀察造就的氣質和性格時，或許會懷著我們在打量一部設計優良的機器時所感到的滿足；而在後一種場合，或許會帶著我們看到一部笨拙粗陋的機器時所感到的厭惡與不滿。然而，對於這些美醜的感受，全是一種品味鑑賞問題，因此具有這感受能力所隱含的一切脆弱性與微妙性（真正稱為品味的鑑賞力，就是建立在這種感受之上）。

道德評論

人的品質既可以促進也可以妨害個人和社會的幸福。效用是我們評價事物的主要標準。我們所稱讚的品質，首先是因為這一品質對我們自身有用才得到青睞；同時，它對別人也要有用才會受人尊重。對我們自身最有用的品質，首先是極強的理智，其次是自我控制。二者的結合，使我們具有謹慎的美德，這對我們來說往往也是所有美德中最有用的一種。

第七卷 論習慣與風尚對道德讚許情感的影響

在一般的行為方式領域，習慣並沒有太大的背離行為的自然本性。可在某些特殊領域，習慣所至就會嚴重損害良好的道德，也會把那些極端錯誤的行為說成合理合法的。

論習慣與風尚對美醜概念的影響

強烈影響人類情感的某些原則已經在前面提到過。這些原則界定了在不同時代和國家哪些行為值得讚揚或責難。此外，習慣和風尚兩種原則，也會對我們判斷什麼是美產生重要影響。

如果人們時常見到某些事物被聯繫在一起，而一旦某一天這種恆定的狀態被打破了，也就是說當它們沒有同時出現時，我們就會茫然不知所措，因為它破壞了固有的習慣。比如一件衣服，如果它缺少了某些小裝飾，或者某個地方少了顆扣子，就會讓我們覺得十分彆扭。如果這種聯繫背後有著某種自然的搭配感，習慣就會強化這種感受，我們也就更加難以接受相反的安排。

情趣高尚的人難免會厭惡平庸或醜惡的事物，就像習慣了雜亂無章的人對於整潔和優雅的感知能力會被消弱以至喪失。有些家具或衣服的式樣對陌生人可能顯得滑稽可笑，但已經習慣它們的人卻無動於衷。

風尚有別於習慣，或者說它是另一種特殊的習慣。舉個簡單的例子：大人物舉止優雅自然，再加上平日衣著豪華，無不體現著他們尊崇的地位。由於他們時常以這種姿態出現，時間一長，自然就會成為優雅和豪華的代名詞，如果哪一天他們沒有展現出這種姿態，我們反而會感到不習慣；但是如果所有人都刻意去模仿這種姿態，也會讓我們反感。

　　一般情況下，人們會認為衣服和家具完全是習慣風尚的產物。其實，它的影響還不止這些。它廣泛存在於音樂、詩歌、建築等人文情趣的各個領域。

　　幾年前流行過的樣式如果被一個人穿在身上並且走在大街上，人們一定會因為好奇而回頭觀望，甚至嘲笑。而根據經驗，習慣和風尚只不過是一時流行。製作衣服或家具的質料都不是很耐久。如果一件漂亮袍子要花十二個月才能縫好，根本就談不上流行了。家具相對來說比較持久耐用，所以它的樣式不像服裝款式變化那麼快。不過每五到六年，就會有一次革新。

拉辛（1639~1699），法國劇作家、詩人。

　　還有些藝術作品，也因為更耐久而流傳較長時期。一幢施工精良的建築可以存在好幾個世紀，一首優美的歌曲可以透過口耳相傳流行很多年，一首動人的詩歌可以流芳百世。因為創作者的獨特風格、情趣或手法，使得這些藝術作品可以流行很多年。大多數人認為，藝術品的審美標準不會隨著習慣和風尚而變化。他們覺得那是以理智、天性為標準的。

建築、詩歌及音樂受到習慣和風尚的影響，其實絲毫不遜色於衣服和家具。比如說多立克式石柱頭的高度為直徑的八倍，愛奧尼式石柱的高度是柱頭盤蝸直徑的九倍，科林斯式石柱直徑是柱頭葉形裝飾的十倍，究竟哪一個是最恰當的？這些都只是以風尚和習慣為準罷了。當我們已經習慣了某種裝飾的特定比例關係後，再看其他的比例關係就會覺得不舒服。各種柱式都有其特定的裝飾物，如果換成了其他風格的裝飾，就會引起對建築學深有造詣的人的反對。按建築師的說法，正是根據這些規定，我們的祖先為每一個石柱頭配上了適當的裝飾，再沒有別的選擇，哪怕此後再有五百種同樣合適的樣式，也不被採納。在建築學的特殊準則已經被習慣定型以後，再以同樣的角度來修改它，哪怕是出於更高雅、優美的動機，都是枉然可笑的。

亞歷山大 · 蒲柏（1688~1744），18 世紀英國最偉大的詩人。

一個人穿著一件與他以往的裝束大相逕庭的衣服出現在公共場合時，就會

顯得滑稽可笑，雖然新裝本身非常雅緻合體同樣的道理，如果用與常規概念完全不同的方法去裝修房子，也會顯得荒謬可笑，不管這種新方法是否真的實用。

不過，習慣並非一成不變。古人認為，詩歌的韻律和體例，天生就能表達某種情感和內容。嚴肅或輕快的風格各有其對應的體例。雖然這一理論看上去很有道理，但如果要和我們現在的感受相比，就與這一原理有所出入了。

英國的詼諧詩與法國的英雄詩用的詩體相同，幾乎同樣的詩句在拉辛的悲劇或伏爾泰的《亨利亞德》中都可以找到：「汝之良言，吾人沒齒難忘。」法國的詼諧詩反過來也毫不遜色於英國的十音節英雄詩。在一個國家，某種韻律用來表達莊嚴肅穆的情感，而在另一個國家，卻用來表達詼諧幽默的情感，這僅僅是習慣使然。如果用英語書寫法國亞歷山大風格的悲劇，或者用法語創作十音節詩，那幾乎是同樣荒謬可笑的。

一些高明的藝人會改進已有的藝術形式，開創另一種全新的寫作、音樂或建築風尚。無論某種裝束多麼怪誕，如果一個很有名望的大人物穿上它，就會使之迅速成為流行；同樣，一位出色大師的新手法，也會成為行內的楷模。

昆德良批評塞尼加擾亂了羅馬人的情趣，拋棄莊重理性的雄辯而煽動浮華輕佻之風。薩盧斯特和塔西佗也受到了類似的指責，說他們提倡一種看上去簡潔優美、詩意盎然，但明顯是勞神費力和矯揉造作的風格。究竟需要何種素質，一個作家的不足才會變為特色？在我們表彰了一個民族情趣的改善之後，能歌頌作家的唯一方法，大概就是說他同樣敗壞了這種情趣吧！在英語作家中，蒲柏先生的長詩和斯威夫特博士的短詩創作都有所創新。斯威夫特式的簡易流暢取代了巴特勒的詭怪神奇。德萊頓和愛迪生那種冗長無味已經被人們所拋棄，雖說他們分別有著生動和精確的長處。如今蒲柏先生那種細緻簡練已經成了長詩的標準風格。

我們對自然之美的感受和藝術品一樣，都會受到習慣與風尚的影響。萬物存在著各種各樣的美。讚揚某種動物的身體比例之美時，我們不會想到把

這種標準用到另一種動物身上，因為每一種動物都具有屬於自己的特殊美，也因此受到人們的欣賞和讚美。

淵博的耶穌會教士比菲艾神甫認為，各種事物在他們最為常見的狀態和顏色中常常會體現出自身的美。如此說來，人的容貌之美都屬於一種中庸狀態，與各種醜惡的造型相去甚遠。上帝似乎都是無心而為，可他又好像完全違背了這一原則：一個漂亮的鼻子，不太長也不太短，不太直也不太彎，在各種極端狀態中都正好因為處於中庸，而展示出它的美。

根據比菲艾神甫的說法，美即源於習慣，因此，我們先要透過實踐和經驗來研究，才能說明什麼東西是美的。

關於植物、動物或其他東西的美，不能用在對人體美的評價上。同樣，地域及生產生活方式的不同、生物適應生存環境而產生不同的形態差別，都會產生不同的美的標準，就如同摩爾馬之美不同於美洲馬之美。

不同國家，不同人關於人的體型和面孔的美的標準，更是千差萬別。在幾內亞海岸，白皮膚就是一種驚人的醜陋，而塌鼻子和厚嘴唇則是美；兩耳垂肩在有些國度最招人羨慕；在中國，一個女人邁開大腳健步如飛，就會被看成醜陋；北美的某些野蠻民族有給嬰兒頭上綁四塊木板的習慣，這樣趁孩子的骨頭柔軟尚未成型，就把頭塑造成了四方塊的形狀；歐洲人難免驚駭於這些凶暴荒唐的風俗，而某些教士認為這來自那些民族的野蠻未開化性。讓大家沒有想到的是直到最近的一百年來，歐洲女人都在拚命把自己漂亮的圓腦袋壓成同樣的四方形。雖然在所謂文明國度裡，大家都明白這些習俗會帶來很大的痛苦和疾病，可畢竟是習慣，它們仍然將廣為流行。

按照那位淵博而睿智的神甫的美學體系，人們出於習慣而形成了對特定事物的深刻印象，就是美感的全部魅力所在嗎？所有的事情並非都是絕對或者單面的，習慣是否真的就是我們判斷外在美的全部標準？

例如：我們都知道物體的效用是產生美的重要因素，但它卻不完全受習慣的影響。事實上，我們的眼睛總是更青睞於某種顏色，無論對另一種顏色

如何熟悉也改變不了這種看法。就如同迷人的外表、總比粗俗的外表更讓我
們感到愉悅。萬物環環相扣的緊密聯繫的變化要比雜亂無章的組合更受鍾愛。

雖然習慣並非美感的唯一準則，但我們還是承認，如果有悖於人們的習
慣，任何事物都不會美得令人心動；如果與人們的習慣相符，一個事物即使
再醜也不會醜得讓人難以忍受。

道德評論

風氣有別於習慣，但它同時又是某種特殊的習慣。習慣和風氣的影響廣
泛地存在於音樂、詩歌和建築之中。不僅藝術品會受到習慣和風氣的支配性
影響，我們對自然對象的審美判斷，也受到習慣和風氣的影響。美源於習慣，
但是習慣並非美的唯一原則。

▌論習慣與風尚對道德情感的影響

習慣與風尚對行為美的影響要比對其他的影響小得多。外在形狀總能讓
我們更加順眼，不管最初它們與習慣和風尚多麼水火不容。不過，尼祿式的
殘暴或者克勞迪厄斯式的輕蔑，永遠不會得到習慣的容忍，也得不到風尚的
追隨。

美感本身的原則，往往是將美麗柔弱化，透過習慣或教育進行糾正。但
人性中最強烈的還是道德的讚許或批判之情，它們或許有些細微的偏差，但
還不至於被完全歪曲。

習慣和風尚對道德情感的影響程度和它們對其他事物是相似的。受真正
良師益友影響的人，我們會發現他具備了正義、謙遜、人道和理性的美好品質；
而在暴力、墮落、虛偽中長大的人，即使良心未泯，往往也會視虛偽、放蕩
的行為為理所當然。這都是習慣對行為影響的結果。

風尚有時會對某種程度的混亂大加讚賞，而使高貴的品質遭到冷落，所
以它未必是好的。

　　查理二世時期，把大人物的缺陷視為優點，而對小人物的美德不屑一顧，而某種程度的放蕩不羈則被看作是自由主義教育的特徵。那個時代的習慣看法是，放蕩不羈是一位紳士而非清教徒的特徵，並與慷慨、真誠、高尚和忠心耿耿聯繫緊密。反之，莊重的舉止和得體的行為則跟欺騙、狡詐、卜流、偽善聯繫在一起。

　　不同職業和生活境遇的區別，使人們的品質和行為方式大相逕庭。在每個階層和職業中，都有其慣常的準則。可是，由於我們普遍認同的中庸思維方式，希望人們具有合宜的與其生活境遇相伴而生的品質，

查理二世 (1630~1685)，蘇格蘭及英格蘭國王。

　　比如我們習慣於老年人的莊重沉穩、飽經滄桑，或者習慣於年輕人的機敏活潑、朝氣蓬勃。但是，這些特點都不能太過，老年人過於保守遲鈍或者年輕人太輕浮虛幻都讓人覺得不舒服。如青年人能夠學習老人的穩重老成，老人也適當保持些輕快活潑，都再好不過。但過猶不及，老年人的呆板拘謹

出現在年輕人身上就很滑稽；年輕人的放縱、輕浮和虛榮如果在老年人身上太明顯，也是難以讓人接受的。

由職業習慣塑造出來的特殊舉止和品質，有時是可以脫離習慣而具有適當的獨立性。而且，如果我們考慮到當事人所處的具體環境時，就必須對這種特殊的舉止和品質表示欽佩了。我們說一個人的行為是恰當的，並非僅僅因為他的行為只適合他所處的某一環境，而是適應了所有環境。如果他完全被一種環境所束縛，而不能恰當地適應其他環境，我們就無法完全贊同他了。如果我們周圍環境沒有發生太大變化，就不必太過強求他。

日常生活中，一位父親失去獨生子後表現出的悲傷和脆弱是完全正常的。但如果作為軍隊統帥的將領，公眾的安全和榮譽正需要他傾盡全力時，表現出這種情感就是不可原諒了。因為正常情況下，不同職業的人們面對的是不同的事物，因而產生的也是不同的情感。我們應當設身處地地從他們的角度考慮問題。

作為一個傳播天國福音的信使，輕率和冷漠都不適合這一職業使命。即使生活得輕鬆放蕩的人們也會認為，牧師的心靈應該充滿著莊嚴肅穆的情緒，而不是各種雞毛蒜皮的瑣事。這樣，牧師職業行為的合宜性就不以他個人的習慣為轉移，而長年累月形成的行為習慣已與他的本職特點完全融為一體了。

對於其他職業所應具有的品質的看法，就沒牧師那麼簡單明瞭。我們對於它們的評判往往是出於所理解對方應有的習慣。比如在想到士兵的時候，我們會立刻聯想起尋歡作樂和輕浮放蕩。如果認真考慮這種職業最適合的品質，就會覺得隨時都面臨著死亡威脅的人，最好應當是老謀深算。但是為了克服對死亡的恐懼，他們只能沉湎於酒色。士兵大都是堅毅果敢的，但長期生活在戰鬥的陰影中，是非常沉重的，幾乎無人能夠負擔，他們的內心已經無法享受快樂。對於沉溺於聲色中的人來說，是無法體會到的。

長久的和平容易讓軍人的個性泯滅，也會讓衛戍一個城市的軍官和普通百姓一樣具有精明而吝嗇的性格。大多數城市裡的士兵都輕率且放蕩，如果

他們中的某一個人顯得拘謹嚴肅，就會遭到同伴的嘲弄，因為他和別的士兵太不一樣了。

如果一位大人物的舉止很好很高雅，那麼我們的印象中就會對他形成一個固定的概念，那就是他所屬的階層與舉止都應該是對應的，甚至以後我們能再次見到那個階層的人時，也期望出現和我們預期想像中的舉止，一旦沒有，我們就會感到非常遺憾。

同樣，不同時代和不同國家的人們，也會形成各種不同的性格，所以，人們對各種品質的評價標準，也總是隨著國度和時間的不同而有所區別。例如：在俄羅斯被看作女人氣的諂媚，在法國宮廷則可能被認為是粗俗的舉止；波蘭貴族中節約的習俗，到了阿姆斯特丹公民身上就變成了極大的奢侈浪費。幾乎每個時代和國家，都會把上層人常有的品質說成是美德，並且隨著環境的改變而作相應的調整。

在一個文明開化的國度裡，更注重培養的是關於人道的美德，對自我克制和激情的約束就要相對少得多。而野蠻未開化國家的教育狀況則相反，自我克制處於比人道更重要的地位。文明時代的燈紅酒綠、歌舞昇平使人們缺少了對艱難困苦和危險的忍耐能力，脫貧致富也談不上美德，因為一切顯得太容易了。很少有人再強調節制慾望的必要性，於是縱慾的趨勢開始在各個領域迅速蔓延。

野蠻人和未開化民族的情況完全相同。因為他們時時刻刻都生活在危險中，經常因挨餓受凍而處於死亡線上。在這樣的環境下，他們每個人就像是受到了斯巴達式的堅韌訓練一樣，習慣和接受了各種痛苦，同時也養成了不會向任何困難低頭的作風。

我們能同情別人的前提是自己必須生活在更為舒適安閒的水平上。如果我們都自顧不暇，又怎麼能向他人伸出援助之手。野蠻人就是一個很好的例子。所有野蠻人都在為滿足自己的需求而勞苦奔波，根本不會有時間顧及別人的痛苦。所以，無論一個野蠻人遇到什麼危難，都不會指望從別人那裡得

到同情和幫助。他不願因為一點小小的困難而聲名掃地。他絕不允許自己的情緒影響神情和行為的鎮定，不管那種情緒是多麼的強烈。

北美的野蠻人無論在什麼場合都會表現出一種滿不在乎的架勢。他們覺得如果流露出了愛慾、痛苦或者憤怒等情感，將會顏面盡失。這種出奇的自我克制和高尚舉止大大出乎歐洲人的想像。如果一個國度裡所有人的地位和財產都差不多，我們會猜測男女應該能夠不受拘束地自由戀愛，並且縱情歡愛。但正是在這種國家，父母決定了所有的婚配，他們的青年會覺得，要是自己對某個女子情有獨鍾，或者過度關注自己將與誰訂婚，那是被人一輩子都瞧不起的事情。

男女對愛情生活的嚮往在富有教養和人性的時代是被普遍接受的，但是野蠻人則將其視為絕不能原諒的女人氣的行為。即使結婚以後，他們也仍然保持著對兩性激情的漠然態度。他們似乎為如此卑鄙的結合方式蒙羞。因此，他們無法共同生活，只能住在父母家裡，找機會偷偷相約。其他所有國家都被認可的兩性公開同居，在這裡被視為最無恥的淫亂。

野蠻人不僅在這種本性上具有巨大的自我控制能力，就算是在大庭廣眾之下面對別人的侮辱和責罵，他們也能完全忍受。如果一個野蠻人被他的對手俘虜，並按慣例處死時，他們仍然會不動聲色，哪怕是受到了最可怕的拷打也不會叫喊。唯一的表現就是向他的對手錶示蔑視，除此之外，他幾乎沒有任何反應。當對手慢慢點起篝火燒烤他時，他只會嘲弄行刑的傢伙，大聲威脅他們。如果他的對手中的任何一個落在他手裡，那他則會採取比這個更殘酷、更精妙的辦法來處置這個人。有時，為了加強受刑者的痛苦感，在經過幾個小時的燒烤、戳劃他身上最敏感、最柔軟的所有部位之後，就要把他從火堆上放下來一會。在這個時候，他仍會說起各種與自己無關的瑣事和天下大事。而其他圍觀的野蠻人同樣麻木不仁，他們吸著菸葉，開著玩笑，除了進行處罰的時候，幾乎都不會看那個受刑的傢伙，好像根本沒有這回事一樣。

　　其實，野蠻人在很小的時候就知道了將來可能會面臨的命運。為此他們專門創作了一種所謂「死亡之歌」。當他成為敵人的俘虜並要被折磨死時，他會唱起這首包含了對敵人、對死亡與痛苦的極端蔑視的歌；當他將要投入戰爭與敵人交手或者任何重大場合，他又會心硬如鐵地唱起這首歌。

　　如上所述，野蠻民族的公民必備的那種百折不撓的堅忍，在文明社會的人身上難得一見。所以當「文明人」總是怨恨痛苦，哀嘆貧窮，或被愛情、憤怒折磨得發瘋時，他們也很容易得到別人的諒解；哪怕有時表情誇張或者裝腔作勢，只要不做出破壞正義或人道原則的事情，他也就不會因此被徹底否定。

　　大多數人在朋友面前都要比在陌生人面前更放得開，那是因為前者對我們更熟悉也更寬容大度。同理，文明民族和野蠻民族相比，也更容易寬容人們的激動舉止。文明人以坦誠為交談原則，野蠻人以保守為交談原則。由於文明和野蠻民族自我控制的程度差別很大，而這種差別的表現形式也有很多種，所以在對他們進行評價時就要按照不同的標準。

　　率性的文明人會趨於坦誠和豪爽，而長期壓抑情感的野蠻人則虛偽狡詐。如果你和亞洲、非洲或美洲的野蠻民族打過交道就會發現：這些人幾乎都難以理解，並善於成功地將某件事情的真相隱藏，即使巧妙的誘惑或無情的拷打也不起作用。野蠻人受到傷害後的情緒不會立刻顯露出來，他們會深深埋藏在心底，當某一天憤怒的洪水終於決堤時，報復將會相當的殘忍、可怕。而文明人雖然總會吵吵鬧鬧，但並不會造成太多實質性的傷害。

　　由原則引起的判斷失誤，與一般的品格和行為並不相關，而與特殊習慣的合宜與否有更大的關聯。雖然我們的某些觀點會受到不同職業和生活狀況帶來的習慣性影響，但是上面也已經提到過習慣並不是影響人們行為選擇和期待的唯一決定因素。

　　對老人和青年、官員和牧師，我們都希望他們表現出真理和正義。我們在瞬間的行為中尋找它們的鮮明特徵，如果留心，也可以找到原來沒有注意

的情況：一種習慣已經使我們覺得，各種職業都分別具有不受習慣影響的合宜性。這樣我們就不能抱怨說，人性具有很大的區別性。雖然程度各異，但不同民族對他們認為好的品質的評判標準還是大體相同。

當一種美德的功用被無限誇大時，就會損害別的美德。就像波蘭人慣常的慷慨好客可能影響節約與有序；荷蘭人尊重的節約也許會傷害親密與大度。而野蠻人必需的勇氣反而弱化了他們的人性，文明人所需的敏感或許也傷及了他們性格中的堅強。任何民族的行為風格大概都是適合本民族的處境，就像勇氣適合於野蠻人而敏感適合於文明人。所以，我們不能只依據隻言片語，就隨意妄下結論。

在一般的行為方式領域，習慣並不會出現太大的背離行為。可在某些特殊領域，習慣所至就會嚴重損害良好的道德，也會把那些極端錯誤的行為說成是合理合法的。

比如：還有什麼行為比殺害嬰兒更野蠻呢？嬰兒的嬌弱無助、天真無邪甚至會喚起敵人的愛憐。恐怕只有最殘暴的征服者才會有殺嬰的行為，那如果是嬰兒的父親呢？

棄嬰的行為在古希臘是被認可的，即使在最文明和富有教養的雅典也是如此。由於無力撫養，父母隨時都可以把嬰兒拋棄，聽任他被野獸所食也不會招致非議。並且我們發現，所有的野蠻民族都盛行這種做法，而且越是原始低等的社會越寬容這種行為。野蠻人往往生活在極端的物質匱乏中，時常受到來自饑餓甚至死亡的威脅，對他來說同時養活自己和孩子往往是不可能的，他因此而拋棄孩子也是一種可以理解的行為。

可是在希臘晚期，由於貧困或圖省事的動機而殺嬰則是絕對不可容忍的。令人失望的是，當時的整個社會都認可這種行為，以致哲學家們也完全看不清現實，他們被矇蔽雙眼，隨聲附和而不加批評，甚至引經據典論證它的合理性。亞里斯多德認為，多數情況下，這是行政長官應該鼓勵的事情；慈悲的柏拉圖在哲學著作中大談人性之愛，卻也沒有對這種行為進行批評。由此

可見，如果習俗能夠容忍如此駭人聽聞的反人性行為，我們就可以推論，同樣殘暴的行為也可以被普遍接受。

在我們的日常談論裡，這類事情可謂屢見不鮮。人們似乎也明白，這是一種對最無義無理的行為的解脫之辭。人類行為的普遍品質與特殊習慣的差異為什麼會有如此大的區別，習慣的影響又究竟存在於哪些地方呢？

答案很簡單：所謂習慣根本就不存在。如果殘暴的習慣成為一種普遍現象，那麼這個社會將無法正常存在。

道德評論

風尚並非一定是好的，有時風尚會對一定程度的混亂大加讚賞，而高貴的品質則遭受冷落。不同的職業和生活狀況使人們形成了不同的品質和行為方式。人們總是希望具有合宜的與其生活境遇相伴而生的品質，既不要太多也不要太少。習慣所許可的對行為合宜性的最大背離並不是在一般的行為方式方面。習慣會使某些特殊的行為方式嚴重損害良好的道德，但也容易把嚴重違反善惡和是非原則的特殊行為判定為合法，從而讓人無從指責。

第八卷 論美德的品質

雖然我們的善行僅限於一個國度，但博愛的情懷卻能超越國界遍及整個世界。人類天性對宇宙主宰意志的順從使得他們常常心甘情願地付出自己的全部。

▋論對自身幸福產生影響的個人品質

當我們還是孩童的時候，常常會聽到父母關於趨吉避凶、保持身體健康之類的訓誡。等我們長大後就慢慢地了解到，一個人為了滿足那些天生的慾望，為了得到快樂和避免痛苦煩惱，就要事先做一些審慎預見，然後再開始思考，如何才能保持和增進我們得到的這些物質財富？

我們知道，物質財富在最開始的作用是向人體提供所需的各種必需品和便利。人們在社會上的各種名譽和地位，幾乎取決於我們自身所擁有的各種物質財富，另外的一些則是靠他人對我們財富的種種猜想。

沒有人不希望自己不被他人尊重，如果我們沒有覺察到同等地位的人對我們表示應有的尊重，那麼我們的情緒就會變得低落甚至沮喪。或許這也是人類所有願望中最為強烈的一種。我們在同等地位的人中間所獲得的地位和名譽，基本上是依賴於自己的品質和行為。或者說，這些品質和行為是由和你相處的人們自然激發出來的信任、尊敬和友好而定。

人們通常會認為，此生幸福和快樂所依賴的主要對象是：個人身體狀況、財富、地位和名譽。無論是對它們在意還是關注，都被當做是謹慎美德的恰當職責。

有過親身經歷的人都知道，當你從一個較好的處境跌落到另一個較差的處境時，所感受到的痛苦，甚於在較好處境裡所感受到的痛苦。因此，安全就成了謹慎這個美德的主要對象。沒有人願意把自己的健康、財產、地位、名譽孤注一擲地抵押出去。人們寧可小心謹慎而不願採取冒險行動，哪怕只

是邁出小小的一步。人們更願意知道，如何維護好已經擁有的有利條件，而不是怎樣進一步獲得更多。而靠我們在自己行業或職業中的真才實學，在日常生活中的刻苦和勤勉，以及在所有花費中的節約，甚至某種程度上的吝嗇，都能增加財富的安全度。

亞當 · 斯密的母校格拉斯哥大學

當某種明智和審慎的行為指向那些比關心個人的健康、財富、地位和名譽更為偉大和高尚的目標時，就被稱之為謹慎。

一個謹慎的人總是很認真地去學習了解他想知道的一切。這樣做並非為了將來可以在別人面前高談闊論、四處炫耀他所學到的東西。他也許談不上天資聰穎，但他所掌握的卻總是最完美的真才實學。

謹慎的人總是真誠的，他們只說實話，因為擔心謊言被揭穿以及因此帶來的羞辱。他不會用一個狡猾騙子的奸計來欺騙你；不會用一個喜歡炫耀自己的人所用的傲慢氣息來欺騙你；更不會用一個淺薄而厚顏無恥的冒牌學者過度自信的斷言來欺騙你；他甚至不會誇耀他所真正掌握的才能，而且他也討厭他人用來騙取公眾信任的一切伎倆。

　　謹慎的人行動總是十分小心，所以講話也是有所保留。他並不認為自己有義務在不正當的要求下必須吐露出所有真情，也從不魯莽或是強行發表自己的看法。你也許會覺得他們這種人有些過於敏感，但事實上，有時他們也是很善於交朋友的。他們的友情並非炙熱而強烈，往往都是一種短暫的慈愛。不過這對年輕人和無人生閱歷的人來說，倒是顯得很投機。對於少數幾個經過多次考驗和精選的夥伴來說，它是一種冷靜牢固和真誠的友愛。在對他們的選擇中，謹慎的人並不輕易為他們的傑出才能所左右，而是由自己對他們的謙虛、謹慎和高尚行為的審慎尊重所支配。

　　一個人能夠按照收入來安排自己的處境，將會是一件美好的事情。在這樣的處境下，透過每天連續不斷的小額積蓄，就會一天比一天好。並且他還可以逐步地放鬆節約措施和放寬應用之物的簡樸程度。他會對這種逐步增加的舒適和享受加倍地感到滿意，因為在過去受到了伴隨著追求舒適和享受時的那種艱難困苦。他不會輕易改變如此令人滿意的處境，也不去探求新的事業和冒險計畫，它們可能會危害而不是進一步改善他如今正在享受的一切。如果他打算從事任何新的項目或事業，則必定是經過充分的準備，因為他會安排很多時間去考慮它們可能帶來的後果。

　　總之，謹慎這種美德，如果只是單純的指向關心個人健康、財富、地位和名聲時，也能獲得尊重，甚至是在某種程度上顯得可愛或受歡迎的一種品質。但是，它卻從來不被認為是深受人喜愛或者最高貴的美德。它能受到某種輕微的尊敬，卻沒有資格得到任何非常熱烈的愛戴或讚美。

　　我們時常談論偉大將軍或偉大政治家的謹慎。在這樣的場合中，謹慎都同許多更偉大和更顯著的美德、英勇，以及對於正義準則的神聖尊重結合在一起。這種較高級的謹慎，如果放到一個最完美的程度，就成為了某種藝術、才幹以及在各種可能的環境下最合宜的行為習慣或傾向。它意味著所有理智和美德的盡善盡美。這是將最聰明的頭腦同最美好的心靈合二為一；這是最高的智慧和最好的美德兩者之間的結合。它非常接近於學院派和逍遙學派中哲人的品質，就如同較低等的謹慎非常接近於伊比鳩魯學派哲人的品質一樣。

　　對於一些單純缺乏審慎，或者缺乏關心自己能力的人，慈悲和寬宏大量的人對他們表示憐憫，而凡俗夫子則會輕視甚至笑話他。但無論如何，他們都不會招致人們的憤慨和厭惡。可當它與另外一些壞品質相結合時，後果只能是臭名昭著。就像狡猾的惡棍有機敏靈巧的天分，雖然避免不了被猜忌，但卻能使他逃避追捕和刑罰。相反，愚蠢而笨拙的傢伙則難以避免那種命運，同時也會成為人們泄憤的對象和笑柄。

　　在刑罰嚴酷的國家，已經習慣了那些殘暴行為的人們，就不會再有恐懼的念頭；相反，在一個法律嚴明的國家，人人都會為那樣的行為感到震懾。所以，法制正義的國家，蠢行是最大的罪惡；而在刑法嚴酷的國家裡則未必。

　　十六世紀的義大利上層社會，暗殺、謀殺甚至雇凶殺人是司空見慣的行為。凱薩·布吉亞曾邀請臨近四個小國的君王到塞內加各利亞舉行友好會盟。不久這幾位君王就帶著他們那小小的衛隊趕到了，可等待他們的卻是掉腦袋的命運。雖然在那個無法無天的罪惡年代，這種不光彩的行為難以得到人們的贊同，但除了名譽受到一點點玷汙外，凱薩·布吉亞並沒有因此身敗名裂。就連他數年以後的下台，也與此毫無關係。

　　尼古拉·馬基亞維利，在那個時代也算不上最有道德的人。當上面這樁罪行發生時，他正作為佛羅倫斯共和國的公使常駐在凱薩·布吉亞的宮廷。這時，他卻用一種不同於他以往所有作品的簡潔、優雅和質樸的語言對此事做了奇怪的說明。他冷漠地評價這出悲劇，對凱薩·布吉亞的手腕錶示欽佩，對被害人的軟弱與不幸視而不見，並且對殺人者的殘暴虛偽表現出麻木不仁。

　　對於偉大征服者的殘暴和不義之舉，人們常常顯示出驚嘆與讚美；而對小偷、強盜和殺人犯的殘暴和不義之舉，人們卻輕視、憎恨甚至恐懼。雖然前者的危害和破壞性比後者大一百倍，但是，當他們得逞時，常常被認為是一種英勇、高尚的行為。後者，作為愚蠢之舉，也作為最低層和最無地位的人犯下的罪行，總是遭到憎恨和厭惡。雖然我們都知道，前者的不義肯定同後者一樣大，就連愚蠢和不謹慎相差也並不遠。可見，一個邪惡和卑劣的智者從世人那裡得到的信任，常常比他應該得到的還要多；一個邪惡和卑劣的

愚者，在所有人眼中總顯得最可恨，也最可鄙。謹慎同其他美德結合在一起就構成了所有品質中最高尚的品質，相反，不謹慎同其他壞品質結合在一起也構成了所有品質中最卑劣的品質。

道德評論

一個人對自己身體、財富、名譽和地位的關心是他獲得幸福的主要源泉，同時，這種關心也被看成一個人所應具有的謹慎美德的必然要求。對自身安全的掛念是謹慎的首要內容。謹慎的人踏實、真誠、勤勞儉樸且持之以恆。他們只願做好自己分內的事，不願替別人承擔責任。謹慎作為一種個人美德當然無可厚非，但它不是最高貴的美德。謹慎與其他美德結合時就成為最高尚的品質，而不謹慎與壞品質結合也就成了最讓人不齒的品質。

▌論對他人幸福產生影響的個人品質

人的品質，大體可分為兩種：當它可能對別人的幸福產生不良影響時，就是有害的品質；當它可能為別人的幸福帶來快樂時，就是好的品質。

法律的威力應當被用來約束或懲罰違法行為。每個政府或國家都可以運用社會力量進行約束，從而使這些人不能相互危害，或破壞他人的幸福。為了這個目的而制定的那些準則，構成了每個政府或國家特定的民法和刑法。

以上所說的準則作為原則的依據，是一門特定的學科學研究究對象，是在所有學科中都占有重要地位的研究對象。但迄今為止，這門自然法學還幾乎沒有得到任何研究和發展。當然，討論自然法學，並不是我們的目的。無論在什麼方面，甚至在沒有法律能合宜地提供保護的情況下，不危害、不破壞我們鄰里幸福的某種神聖的和虔誠的尊重，才是最清白和最正直的人的品質。這種品質在某種程度上還表現出對他人的關心，則其本身總是得到高度尊重甚至崇敬，並且時常伴有許多其他的美德。例如：對他人的深切同情、偉大的人道和高尚的仁愛。這是一種人們充分了解的品質，不需要對它作進

一步的說明。在本節中，我要盡力解釋天性體現出的那種調節次序。依據它，我們為數不多的善行一般總是先針對個人，再針對社會。

可以看到，作為一種至高無上的智慧，調節天性在這一方面也指導著它所給予的次序，這一智慧的強弱，常常跟我們善行的必要性大小或有用性的大小成比例。

論天性致使個人成為我們所關心對象的次序

人性一開始就是自私的，沒有人一生下來就喜歡助人為樂、關心他人。如同斯多葛學派的學者常說的那樣，每個人首先要關心的就是自己。當然無論在哪一方面，每個人應當比他人更適宜關心自己。通常，我們對自己的快樂和痛苦的感受，比對他人的感受更為靈敏。前者是最原始的感覺，稱為實體；後者則是對周圍感覺的反射或同情的想像，我們姑且稱之為影子。

生活在同一家庭的人們，他的父母、孩子、兄弟姐妹，自然是僅次於他自我關心之後的。當他對他們表示關心或同情時，這樣的感受明顯接近於他關心自己時的那些感受，所以他清楚地知道每件事情可能如何影響他們，並且對他們的同情比對其他人的更為貼切和明確。

天性將這種同情，以及在此基礎上產生的情感傾注在他的孩子身上，其強度超過他的父母。並且，他對前者的情感比起對後者的尊敬和感激更為主動。我們曾經說過，在事物的自然狀態中，一個孩子來到世上以後的一段時間裡，他的生存完全依賴於父母的撫育，而父母的生存並不必靠子女的照顧。

人的天性似乎認為，孩子是比老人更重要的對象。小孩的軟弱總能激起人們更強烈和更普遍的同情，這是理所當然的。從孩子身上可以獲得希望、至少說能期待到一些東西。而在老人身上所能期待或希望到的東西都非常少。在一般情況下，一個老人和一個孩子的死，總是後者更能讓人們感到痛心。

當兄弟姐妹們共同處在一個家庭之中時，相互之間的情投意合，對這個家庭的安定和幸福來說是必要的。這種最初的友誼，是在他們年幼時幼小的

心靈對彼此間的感受，自然而然地建立起來的。他們彼此能夠給對方帶來的快樂或痛苦，比給其他人帶來的還要多。這樣的處境使得他們之間的相互同情，成為了一種促進共同幸福的極端重要的因素。並且，由於天性的智慧，同樣的環境迫使他們相互照應，使得這樣的同情更為慣常。也就會顯得更為強烈、明確和確定。

兄弟姐妹們的孩子也是由這樣一種友誼天然地連結在一起，這種友誼在各立門戶之後，則將繼續存在於他們的父母之間。孩子們的情投意合會增進這種友誼所能帶來的愉快，如果他們之間不和，也將會擾亂這種愉快。然而，由於這些孩子很少在同一個家庭中相處，雖然他們之間的相互同情比對其他大部分人的同情更重要，但與兄弟姐妹之間的同情相比，又顯得無足輕重。由於他們之間的相互同情不再那麼必要，所以慢慢地，也就變得無所謂了。這以後，表（堂）兄弟姐妹們的孩子，因為更缺少聯繫，彼此的同情更不重要，隨著親屬關係的逐漸疏遠，情感也就開始逐漸淡薄。

所以，我們常說情感實際上就是一種習慣性的同情。親屬們經常生活在同一環境中，他們彼此之間勢必會產生相當程度的情感。如果本來就有著某種關係的人，相互之間卻並沒有一種情感存在的話，我們會覺得非常不合宜。比如：身為父母卻對子女毫無情感，而作為子女又對父母並不孝敬，這些都會令我們感到特別不舒服，甚至非常厭惡。

一般而言，在一定的環境中都會產生與之相宜的情感。即便父母和孩子很少相處，但在他們之間依然會存在著某種天然的情感，並且都希望從對方那裡得到或者向對方付出一定的情感。在他們不曾相見之前，總是把對方想像得盡善盡美，一旦長期相處，發現彼此的性情並不相投的時候，他們會覺得很失落。雖然少了些曾經由衷期待的愉快和推心置腹的坦率，但也只能客客氣氣的生活在一起。

如果要使父慈子孝、兄謙弟恭，他們就必須經常生活在一起。而要培養出尊老愛幼、重視人情的孩子，就應該親自教育他們。即使常年接受學校教育，也最好讓他們住在家裡，經常的言傳身教才能逐漸培養出孩子對父母的

敬重情感，而父母與孩子彼此也更能約束對方的行為，並使之更趨文明和合宜。

悲劇或唯美的愛情故事中，常常會出現美麗動人的場景，它們以所謂血緣關係的力量為根據。然而，這種血緣關係的力量除了出現在悲劇和戀愛故事中以外，很少能存活在現實中。就算是在悲劇和戀愛故事裡，這種情感也只存在於同一個家庭中生活的那些人之間，即父母和子女之間或是兄弟姐妹們之間。

在從事畜牧業，或者一些法律力量不足以保護每個公民安全的國家，同一家族不同分支的成員通常喜歡住在彼此鄰近的地方。這樣的做法有利於他們共同防禦外界可能發生的危險。所有的人，從地位最高到最低，彼此都或多或少地發揮著自己的力量。他們的和諧一致加強了相互間的必要聯繫，而他們的不一致則總是削弱、甚至可能破壞這種聯繫。他們彼此之間的交往比與任何其他家族成員的交往更為頻繁。同一家族中即使關係最遠的成員也有某些聯繫，因此，在一切條件相同的情況下，其所期望得到的關注比沒有這種關係的人要多。

亞當 · 斯密雕塑

　　很多年前，在蘇格蘭高地，酋長習慣於把自己部族中最窮的人看成是自己的堂表兄弟和親戚。據說，在韃靼人、阿拉伯人和土庫曼人中，也存在著對同族人的廣泛關注。

　　在以商業為主的國家，法律的力量總是足以保護地位最低下的國民。同一家庭的後代，在沒有這種聚居的動機下，必然會為各種利益或愛好所驅使而散居各地。他們彼此於對方來說，將不再有什麼價值。過不了幾代，他們不僅會失去相互之間的一切關懷，而且也會忘記他們之間具有同一血緣，忘記他們祖先之間曾經具有的聯繫。在每一個國家裡，隨著這種文明狀態建立的時間越長久和越完善，我們對遠方親戚的關心也越來越少。

　　英格蘭同蘇格蘭相比，這種文明狀態確立的時間更為長久，也更為完善。而在每一個國家裡，顯赫的貴族們以記得和承認彼此之間的關係為榮，不管這種關係是多麼疏遠。對這些顯赫親戚的記憶，在相當大的程度上都是為了炫耀他們整個家族的榮耀。因此，這種記憶被如此小心地保存下來，既不是出於家族情感，也不是出於任何與這種情感相似的心理，而是出於最無聊最幼稚的虛榮。

　　假如某一地位很低但關係近得多的親戚，敢於提醒這些大人物注意他同他們家庭的關係，那麼這些大人物會告訴他，他們是糟糕的家系學者，不知道自己家庭的歷史。我們也就不用指望天賦情感會向那一方向有多麼大的擴展。

　　所謂天賦的情感，更多地是來自父母和子女之間道德聯繫的結果，而不是隨著想像自然聯繫的結果。如果某個猜疑心很重的丈夫，常常懷著憎恨和厭惡情緒來看待他的孩子，而且一心認定這個孩子是他妻子不貞的產物，那麼，儘管他和這個孩子在倫理上還是父子關係，儘管這個孩子一直在他的家庭中受教育，但對他來說，這是一個令人不愉快的永久標記，是他蒙受恥辱的永久標記，也是他家族蒙受恥辱的永久標記。

　　人與人之間，隨著相互順應的必要和便利，常常會產生一種友誼。這種友誼和生來就住在同一家庭之中的那些人之間產生的情感沒什麼兩樣。辦公室中的同事、貿易中的夥伴，彼此稱兄道弟，並且時常感到就像真的兄弟一樣。他們之間的情投意合對大家都有好處，如果他們是有理智的人，自然會更傾向於和諧一致。羅馬人用「必要」這個詞來表示這種依附關係，從詞源學的角度來看，它似乎表示這種依附是環境對人們的必要要求。

　　即使是住在同一區域中的人們，彼此的生活細節也會對道德產生某種影響。假如一個天天見面的人從未冒犯過我們，那我們也不會去隨意損害他的顏面。人們都知道，鄰居可以給對方帶來很大的便利，也可以給對方製造很大的麻煩。當然，我們希望一切都能和諧一致，並認為一個不好的鄰居就是一個品質不好的人。因此，鄰居之間會存在著某種微小的互相幫助，但總的來說，這種幫助需要在沒有任何鄰居關係的人之前給予一個鄰人。

　　我們總是盡可能多地遷就他人或者將某事求得一致，因為我們認為必須要在與其共處或經常交往的人們中間去確定，以便進一步加深我們自己的情感、道義和感受。同時，這也是對朋友產生感染力的主要原因。

　　如果一個人總是與有智慧和美德的人交往，雖然到頭來他不一定也會成為有智慧有美德的人，但卻不能不對其懷有一定的敬意；相對而言，一個總是同荒淫和放蕩之徒打交道的人，雖然他不一定會成為那樣的人，但至少會失去他原有的對荒淫和放蕩行為的一切憎惡。或許，這就是為什麼我們經常看到一個家庭好幾代人的品質具有驚人的相似。然而，家庭成員的品質，就像他們的相貌一樣，似乎不應該全部歸結於道德方面的聯繫，而應當部分歸因於血統。

　　對於一個人的全部情感，如果完全是處於對這個人高尚的行為和舉動，所懷有的尊敬和贊同為基礎，並經過了許多經驗和長期交往的證實，則是最受尊重、最持久的情感。這種友情不是一種勉強的同情，也不是為了方便而假裝表現為習慣的同情，而是從內心油然而生的情感———我們對這些人的依戀，是經過尊重和贊同的自然合宜的對象。它只存在於具有美德的人之中。

　　我們可以把人塑造成一個為了自己的幸福，而彼此以仁相待的造物主；也可以把每一個曾經接受過幫助的人，變成人們特定的友好對象。雖然有時人們的感激並不總是同他的善行相稱。但是，公正的旁觀者對他優良品德的看法，以及表示同感的感謝，卻總是相同的。人們對某些卑劣的忘恩負義者大發牢騷後，反而會加深他對優良道德的全面認識。樂善好施的人必然得到他善行所帶來的結果。善有善報，如果被同道熱愛是我們期望達到的目的，那麼之前所要做的努力，便是用自己的行動表明你是多麼的善良。

　　無論是因為他們跟我們的關係，還是因為個人品質，或者只是因為他們過去對我們的幫助，當他們成為我們善行的對象後，就應該得到我們仁慈的關懷和熱情的幫助。這些人由於自己所處的特殊處境而顯得與眾不同。地位的差別，社會的安定和秩序，基本上建立在我們對前一種人（也就是造物主）自然懷有的敬意基礎上。人類不幸的減輕和慰藉，則完全建立在我們憐憫後一種人的基礎上。

　　社會的安定秩序，比減輕不幸者的痛苦更為重要。我們對大人物的尊重，極容易因為過度而使人感到不舒服，而對不幸者的同情，又容易因為力不從心而使人感到不舒服。倫理學家們勸告我們，要寬以待人和同情他人，不要為顯貴所迷惑。這種迷惑力是如此強烈，以致人們總是更傾向於成為富人和大人物。

　　天性會作出明智的決斷：地位等級的區別，社會的安定和秩序應當更可靠地以門第和財產的差別為基礎，而不是以智慧和美德的不明顯（且時常不確定）差別為基礎。大部分人平凡的眼光完全能夠察覺前一種差別，而有智慧和有美德的人所具有的良好辨別力，有時要辨認出後一種差別卻有困難。在上述所有作為我們關心對象的事物的序列中，天性善良的智慧同樣是明顯的。將一個對權貴和善行的欽佩結合在一起，就會增進這種善行。將我們對權貴的崇拜和對善行的欽佩結合在一起，就會增進這種善行。在某個沒有妒忌的場合，我們對顯貴所必然產生的好感和偏愛，因其與智慧和美德的結合而得到加深。

儘管大人物具有智慧和美德，但他仍然會遭遇不幸。地位越高的人所受的影響越深，而我們對他們命運的關注程度，也會大大超過我們對具有同樣美德但地位較低的人的關注。許多悲劇和戀愛故事中最有吸引力的主題，就是使具有美德和高尚品質的國王和王子們遇到不幸。如果他們能運用智慧和毅力，使自己從這種不幸之中解脫出來，並完全恢復先前的優越和安全的地位，我們就會不由自主地懷著最大的熱情，甚至是過度的讚賞之情來看待他們。我們與主角同悲同喜，並且在美德與權勢的結合下使我們更加傾向他們。

當不同的仁慈情感趨於不同時，是用精確的準則來判定我們該按照某種情感行事，還是按照場合的不同選擇情感行事呢？我們應當用怎樣的原則來判定取捨呢？其實，我們並不需要各種固定的、機械的準則來指導我們的行為。我們只需要在心裡為自己設想出一個公正的旁觀者，由他來決定我們的行為。如果我們完全站在他的立場，用他的眼光看待我們，對他所說的建議報以謙虛的態度。我相信，他的意見就一定不會使我們受騙。

道德評論

每個人最關心的就是自己。父母對孩子的關愛比起孩子對父母的敬愛，是一種更為主動的天性。共處一個家庭的兄弟姐妹之間的友誼，對整個家庭的安定和幸福至關重要。要使父慈子孝，兄謙弟恭，他們就必須生活在一起。

商業文明發達的國家，人們為了利益驅使而散居各地，經過幾代流動，親情也會越來越疏遠。地位最高的人所受的影響往往最深，而我們對他命運的深切關心，其程度會超過我們對具有同樣美德而地位較低的人的命運所應有的關心程度。悲劇和戀愛故事中最有吸引力的主題，是具有美德和高尚品質的國王和王子們所遇到的不幸。

論天性致使社會團體成為我們所幫助對象的次序

我們的慈善對象通常都是那些最重要，或者是將成為最重要的社會團體。而把個人作為我們的慈善對象，這種先後次序的原則，同樣也指導著社會團體作為我們慈善對象的那種先後次序。

政府、國家保護著我們的健康安全，使我們得以在其中自由生長、接受教育，並且繼續快樂生活下去。作為一個社會團體，我們的某些高尚或惡劣的行為能夠對國家的幸福和不幸產生很大影響。天性堅決地將它作為我們的慈善對象。不僅是我們自己，我們最仁慈的情感中所包括的我們的孩子、父母、親人、朋友和恩人，所有那些我們最為熱愛和尊敬的人，都包含在國家裡。而他們的幸福和安全，在一定程度上都依賴於國家的繁榮和安定。因此，天性恰好利用了我們所有自私和仁慈的情感，才使得我們熱愛自己的國家。它的一切繁榮與光耀，都與我們息息相關：當我們將它與別的同類團體相比較時，我們為它的優越而感到驕傲；當它在某個方面不如同類團體時，我們就會在一定程度上感到屈辱。

我們常常帶著極大偏向的讚美去看待國家過去時代所出現的那些傑出人物，如勇士、政治家、詩人、哲學家、文學家。並且不自覺地把他們排在其他所有民族的傑出人物之上。這些愛國者為了國家的安全，甚至為了它的榮譽感而獻出自己的生命。顯然，他是用公正旁觀者看待他的眼光來看待自己。透過這個公正的旁觀者，他把自己幻化成了大眾心中一個僅僅是有義務在任何時候為了大多數人的安全、利益甚至榮譽而犧牲自己生命的人。雖然這種犧牲顯得非常正當合宜，但我們知道，做出這舉動是多麼困難，而能夠這樣做的人又少之又少。

因此，我們不僅極其佩服和讚賞他的行為，而且認為這種行為似乎應該得到最高尚德行的所有讚揚。相反，某些人卻幻想愛國者能夠透過出賣國家利益來為他獲得一點私利，這種人極其可恥和卑劣地追求著自己的利益，而不顧所有的人安危和利益，顯然是最值得我們憎恨的。

對自己國家的熱愛常常使我們懷著最壞的猜疑和妒忌心理去看待其他國家的繁榮和強盛。相鄰的國家，由於沒有一個公認的權威來裁決相互之間的爭端，彼此都生活在對鄰國持續不斷的恐懼和猜疑之中。幾乎每個君主都不會期待從他的鄰國那裡得到正義，導致他毫無疑慮地用這樣的方式對待他的鄰國:尊重各國法律，相互交往時有義務遵守準則。這只不過是裝腔作勢罷了。每個國家都在猜測或是肯定，自己正在被它周圍任何一個鄰國不斷增長的實力和擴張勢力征服。這樣的惡劣習慣常常以熱愛國家的某種高尚想法為依據。

據說馬庫斯‧波爾修斯‧加圖每次在元老院講話時，不管主題是什麼，最後的結束語總是這樣:「這同樣是我的看法:迦太基應當被消滅。」這是一個情感強烈而粗野的人的愛國心的自然表現，他因為某國給自己的國家帶來那麼多苦難而激怒得近乎發狂。而大西庇阿在他的一切演說結束時所說的更富有人性的一句話是:「這也是我的看法:迦太基不應當被消滅。」這是一個人胸襟更為寬闊和開明的慷慨表現，他甚至不會對一個宿敵的繁榮抱以反感。如果它已衰落到對羅馬不再構成威脅的地步，那麼法國和英國都可能有一些理由害怕對方海軍和陸軍實力的增強。但是，如果兩國都妒忌對方國內的繁榮昌盛、土地的精耕細作、製造業的發達、商業的興旺、港口海灣的安全以及所有科學文化的進步，這無疑有損於這兩個偉大民族的尊嚴和友誼。

不過，這些正是促進我們這個世界真正進步的原因。人類因這些進步而得益，人的天性因這些進步而高貴。在這樣的進步中，每個民族不僅應當盡力超過鄰國，而且應當出於對人類之愛，去促進而不是阻礙鄰國的進步。這些進步都是國與國之間競爭的適宜目標，而不是偏見和妒忌的目標。

對自己國家的熱愛似乎並不完全來自人類之愛。前者的情感完全不受後者的支配，有時甚至使我們的行動同後一種情感大相逕庭。我們熱愛自己的國家，不只是因為它是人類大家庭的一部分，而是因為它是我們的國家，這種熱愛同一切理由全然無關。智慧設計出人類情感體系，如同設計出天性的一切其他方面的體系。這似乎已經斷定:把每個人最主要的注意力引向人類大家庭的某一個特定部分，就可以極大地促進大家庭的利益。

　　民族的偏見和仇恨很少能做到不影響鄰近的民族。或許我們怯懦而又愚蠢地把法國稱為我們理所應當的敵人，同樣，法國也會怯懦而又愚蠢地把我們看成他們的敵人。但是法國和我們都不會對其他國家的繁榮心懷妒忌。然而，我們很少能卓有成效地運用我們對這些遙遠國家的友好情感。

　　政治家最拿手的便是實施最廣泛的公共善行。他們籌劃並且實現同鄰國或距離遙遠的國家結成同盟，以保持所謂的力量平衡；或者與一些正在談判的國家保持普遍的和平安定。然而，政治家們在謀劃和執行這些條約時，除了考慮各自國家的利益之外，很少會有任何其他目的。阿沃伯爵，這個曾經的法國全權大使，在簽訂《蒙斯特條約》時，甘願犧牲自己的生命以便透過簽訂條約，恢復歐洲的普遍安定；威廉王子似乎對歐洲大部分主權國家的自由和獨立具有一種真正的熱忱，或許這種熱忱在基本上是由他對法國特有的厭惡激發出來的；德國的自由和獨立在威廉王子時代大抵處於危險之中，而同一種仇視法國的心情似乎也部分地傳到了安妮女王的首相身上。

　　獨立的國家總是會分出許多不同的階層和社會團體，而每個階層和社會團體都有它自己特定的權力、特權和豁免權。每個人同自己的階層或社會團體的關係自然比他同其他階層或社會團體的關係更為密切。關乎他自己的利益和名譽，以及他的許多朋友，基本上都同他人有關聯。他雄心勃勃地擴展這個階層或社會團體的特權和豁免權；他熱忱地維護這些權益，防止它們受到其他階層或社會團體的侵犯。

　　所謂一個國家的國體，取決於如何劃分不同的階層和社會團體；取決於它們之間如何分配權力、特權和豁免權。國體的穩定性，取決於每個階層或社會團體維護自己的權力、特權和豁免權，免受其他階層侵犯的能力。無論什麼時候，某個階層的地位和狀況比從前有所上升或下降，國體都必然遭到或大或小的改變。

　　所有不同的階層和社會團體都依靠著國家，從國家那裡獲得安全和保護。就算是每個階層或社會團體中最有偏見的成員，也承認這樣的真理：各個社會階層或等級都從屬於國家，只有憑藉國家的繁榮昌盛，它們才有立足之地。

207

然而，要使他相信，國家要更繁榮昌盛，則需要減少他自己那個階層或社會團體的權力、特權和豁免權，這往往難以做到。這種偏心，雖然有時可能是不正當的，但也不會因此而毫無用處。它抑制了創新精神，傾向於保持這個國家劃分出來的各個不同的階層和社會團體之間任何已經確立的平衡。有時它似乎阻礙了當前政治體系的變更，但實際上卻促進了整個體制的鞏固和穩定。

對自己國家的熱愛，一般情況下似乎牽涉到兩條不同的原則：第一，對已經確立的政治體制的結構或組織，表示一定程度的尊重和尊敬；第二，盡可能使同胞們的處境趨於安全、體面和幸福。可以肯定的是，他不是一個不尊重法律和不服從行政官的公民；他也不是一個不願用自己力所能及的一切方法去增進全社會同胞們的福利的人。

在和平安定時期，這兩個原則通常保持一致並引出同樣的行為。支持現有的政治體制，顯然是維持同胞們的安全、體面和幸福處境的最好辦法。我們看到這種政治體制，實際上正維護著同胞們的這種處境。但是，當公眾們有不滿情緒、發生派別糾紛和騷亂時，這兩個不同的原則就會引出不同的行為方式。即使是一個明智的人，也會想到這種政治體制的結構和組織需要某些改革。就現狀而言，它顯然不能維持整個社會的安定，所以在這種情況下，我們需要政治上的能人志士作出最大努力去判斷：一個真正的愛國者在什麼時候應當維護和努力恢復舊體制的權威，什麼時候應當順從大膽且危險的改革精神。

對外戰爭和國內的派別鬥爭，能夠為熱心公益的精神提供極好的表現機會。在對外戰爭中成功地為自己的國家做出了貢獻的英雄，滿足了全民族的願望，並因此而成為被普遍感激和讚美的對象。進行國內派別鬥爭的各黨派領袖們，雖然可能受到半數同胞的讚美，但也常常被另一半同胞咒罵。他們的品質和各自行為的是非曲直，通常更不明確。因此，從對外戰爭中獲得的榮譽，總是比從國內派別鬥爭中得到的榮譽更為純真和顯著。

然而，取得政權的政黨領袖，如果他有足夠的威信來勸導他的朋友們以適當的心情和穩健的態度（這是他自己常常沒有的）來行事，那麼他對自己國家做出的貢獻，有時就可能比從對外戰爭中取得的輝煌勝利更為實在、重要。他可以重新確定和改進國體，防範某個政黨領袖中，可能會出現的可疑的人；他可以擔當一個偉大國家的所有改革者和立法者中最優異和最卓越的人物，並且，用他各種聰明的規定來保證自己的同胞們能在將來好幾個世代獲得同樣的安定和幸福。

在派別鬥爭的騷亂和混亂之中，某種體制的精髓反而容易與熱心公益的精神混合。後者是以人類之愛，以對自己的一些同胞可能會遭受的不幸和痛苦產生真正的同情為基礎。這種體制的精髓通常傾向於那種更高尚的熱心公益精神，並且總在不斷激勵它，從而上升到一個狂熱的地步。

梭倫（前 638~ 前 559），古代雅典的政治家、立法者、詩人，是古希臘七賢之一。梭倫在前 594 年出任雅典城邦的第一任執政官，制定法律，進行改革，史稱「梭倫改革」。

在野黨的領袖們，常常會提出某種似乎有道理的改革計畫——他們自稱這種計畫不僅會消除不便，也會減輕一直在訴說的痛苦，而且可以防止同樣的情形在將來重現。為此，他們常常提議改變國體，並且建議在某些最為重

要的方面更改政治體制。儘管在這種政體下，一個大帝國的臣民們已經連續好幾個世紀享受著和平、安定甚至榮耀。這個政黨中的大部分成員，通常都陶醉於這種體制的虛構和完美之中，雖然他們並未親身經歷這種體制。可是，他們的領袖們在對其進行描述時卻塗上了極其絢爛的色彩。對這些領袖本身來說，可能他們的本意只是為了擴大自己的權勢，他們中的許多人遲早會成為自己雄辯術的捉弄對象，並且同那些極不中用和愚蠢的追隨者一樣，渴望這種宏偉的改革。即使這些政黨領袖就像他們通常所做的那樣，保持著清醒的頭腦，他們也始終不敢使自己的追隨者失望。所以不得不常常在行動上顯示出他們是按照大家共同幻想行事的樣子，雖然這種行動同自己的原則和良心相違背。這種黨派的狂熱行為拒絕了一切緩和手段、一切調和方法以及一切合理的遷就通融，但常常由於要求過高而一無所獲。而那些稍加節制就可消除或減輕的不便和痛苦，卻完全沒有緩解的希望了。

如果一個人熱心公益的精神完全是由人性和仁愛激發出來的，那他就會懂得尊重已確立的權力、甚至個人特權，且更尊重這個國家劃分出來的主要社會階層和等級的權力特徵。雖然他會認為其中某些權力和特權在某種程度上被濫用了，但他還是滿足於調和那些用強大暴力才能取消的權力和特權。他不能用理性的勸說來克服人們根深蒂固的偏見，他也不想用強力去壓服它們，只是虔誠地奉行著柏拉圖的神聖箴言裡的那句話：「如同不用暴力對待你的父母一樣，也絕不用暴力對待你的國家。」他將盡可能使自己的政治計畫適應於人們根深蒂固的習慣和偏見。如果不能樹立正確的事物，他就不會不在乎修正錯誤的東西；而當他不能建立最好的法律體系時，他將像梭倫那樣盡力去建立人們所能接受的最好的法律體系。

相反，在政府裡掌權的人，很容易自以為非常聰明，並且常常對自己所虛構的完美政治計畫迷戀不已，以致不能容忍它的任何一部分稍有偏差。他不斷全面地實施這個計畫，並且在這個計畫的各個部分中，對可能妨礙它的重大利益或強烈偏見不作任何考慮。他似乎認為他能夠像用手擺布一副棋盤中的棋子那樣，掌握偌大一個社會中的各個成員。他並沒有考慮到：棋盤上

的棋子除了受擺布時的作用之外，不存在任何行動原則。但是，人類社會這個大棋盤則不盡相同，這裡的每個棋子都有它自己的行動原則，它完全不同於立法機關可能選來指導它的那種行動原則。如果這兩種原則一致、行動方向也相同，人類社會這盤棋就可以順利和諧地走下去，結果必然和諧而美好。如果這兩種原則彼此牴觸或不一致，這盤棋就會下得很艱難，而人類社會也必然時刻處在高度的混亂之中。

　　一個充滿了有關政策法規的完整體系的設想，對於指導政治家持何見解都是非常有必要的。但是誰要是堅決要求這個設想裡的一切全都實現，甚至是立刻實現，並且無視所有反對意見，都是蠻橫無理的。這些要求使他自己的判斷成為辨別正確和錯誤的最高標準；使他幻想自己成為全體國民中唯一有智慧和傑出的人物，幻想同胞們遷就他，而不是他去適應同胞們的要求。因此，在所有搞政治投機的人中，握有最高權力的君主們是最危險的。這種蠻橫無理在他們身上屢見不鮮，他們不容置疑地認為自己的判斷遠比別人正確。

　　因此，當這些至高無上的皇家改革者們屈尊考慮受其統治的國家組成情況時，他們看到的最不合心意的東西，便是有可能妨礙其意志貫徹執行的障礙。他們輕視柏拉圖的神聖箴言，並且認為國家是為他們而設立的。因此，他們改革的偉大目標在於：消除障礙，縮小貴族的權力，剝奪各城市和省分的特權，使這個國家地位極高的個人和最高階層的人士，像最軟弱和最微不足道的人那樣無力反對他們統治。

道德評論

　　我們的行為可以對政府和國家產生重要影響。天性要求我們熱愛自己的國家。對自己國家的熱愛包含兩條原則：一是對已有政治體制的組織結構的尊重；二是盡可能保證同胞們安全和幸福的願望。

論博愛

在此，我要指出的是，雖然我們的善行僅限於一個國度，但博愛的情懷卻能超越國界遍及整個世界。對於那些淳樸有益而有知覺有生命的生物，我們會衷心喜歡牠們。當我們設身處地考慮到牠們的種種不幸時，也會有感同身受的不適。那些有害也有知覺的生物則會自然而然地激起我們的厭惡，因為牠們會使有益的生物受到傷害，正是這兼濟萬物的仁愛之心，才激起了我們的厭惡。

不相信上帝存在的人也難以相信，正是這個偉大、仁慈、萬能的上帝，無時無刻都在關懷和保護著天下所有的生物，無論最卑賤還是最高貴的。人類本性的所有行為都處在這個上帝的指導之下，人們希望上帝能賜予一切最本質的美德。對於懷疑上帝存在的人來說，任何高尚的兼濟萬物的善行，都是靠不住的幸福源泉。因為當他面對無人主宰、廣袤無垠的宇宙時，必然會產生最傷感的懷疑和悲觀。他會覺得除了無窮的苦難和不幸以外，茫茫世界的所有未知領域都一無所有。如果他出於習慣而不承認上帝存在的話，悲觀的陰影將一直伴隨著他，使他想像出來的一切美好的事物和燦爛光輝都黯然失色。但對於相信上帝存在的人來說，由於他是個有美德有智慧的人，即便是所有的痛苦和憂傷，也不會磨滅他的樂觀之情。

無論何時，有智慧和美德的人都更願意犧牲個人利益來成全整個社群或階層的公共利益。同樣，他也是隨時準備著為了國家或君王的更大利益而犧牲自己。進一步而言，他同樣會為了上帝創造和管理的所有生物的利益，甚至為了全世界的更大利益而犧牲一切次要利益。他也許還會具有虔誠的信仰和習慣。因此他深切體會到，局部的痛苦和邪惡也是上帝所設計，對將來的幸福是十分必要的。一旦明白了這一點，他就會虔誠地、心甘情願地承擔起一切責任。

人們順從於宇宙偉大的主宰意志，這種高尚的順從，並沒有超出人類天性所能接受的範圍。優秀的軍人們總是熱愛和信賴自己的將軍，當他們開往

毫無生還希望的作戰地點時的感受，常常比去往沒有困難和危險的地方，更為樂意並且欣然從命。因為，在去往後者的行軍途中，他們所產生的情感只是單調沉悶的一般責任感；而如果是開往前者的行軍途中，他們就會感到自己正在作出人類最高尚的努力。他們知道，如果不是為了軍隊的安全和戰爭的勝利所必需，他們的將軍不會命令開往這個地點。他們心甘情願為了一個很大的群體的幸福而犧牲自己微不足道的血肉之軀。他們深情地告別了自己的同伴，祝願他們幸福和成功，並且不僅是俯首帖耳地從命，而且常常是滿懷喜悅地歡呼著出發，前往指定的那個必死無疑，但是壯麗而光榮的作戰地點。

無論對於國家的災禍還是個人的災難，一個有理智的人都應當這樣考慮：他自己、他的朋友和同胞們不過是奉宇宙最偉大管理者之命前往世上這個悽慘的場所；如果這對整個世界的幸福來說不是必要的，他們就不會接到這樣的命令。他們的責任是，不僅要乖乖地順從這種指派，而且要盡力懷著樂意和愉快的心情來接受它。一個有理智的人，確實應當如同一個優秀的軍人時刻準備去完成任務。

自古以來，神的意念以其仁慈和智慧，製造出宇宙這架大機器，以便不斷地產生幸福，這成為了人類極其崇尚思索的全部對象。同這種思索相比，所有其他的想法都顯得平庸。我們相信，傾注心力作這種崇高思索的人，最後都成為了我們極為尊敬的對象，我們對他懷著虔誠的敬意，常常比看待一個國家最勤勉和最有益的官員時所懷有的敬意更深刻。例如：馬庫斯·安東尼努斯就是針對這個問題所作的冥想，這使得他的品質得到的讚美，比他公正溫和和仁慈的統治期間處理的一切事務更為廣泛。

然而，對宇宙這個巨大機體的管理，對一切生物的普遍幸福的關懷，是神的職責而不是人的職責。人們對他自己的幸福、家庭、朋友和國家的幸福關心，被限制在一個很小的範圍內。不過，這倒正好適合他那棉薄之力，以及狹小的理解力範圍，他將忙於思考更為高尚的事情。

道德評論

　　雖然我們的善行僅限於一個國度，但我們博愛的情懷卻能超越國界遍及整個世界。具有智慧和美德的人能夠為了階層、社團的利益犧牲自己的利益，也能夠讓本階層本社團的利益讓位於更大的國家利益，並且願意為了全世界的利益而犧牲上述所有的利益。人類天性對宇宙主宰意志的順從，使得他們常常心甘情願地付出自己的全部。

▌論自我控制

　　一個按照謹慎、正義和仁慈的準則行事的人，可以說具有完善的美德。但要使他的這些準則真正付諸實踐，當事人還必須具備完善的自我控制能力，否則激情就會使人背離準則而誤入歧途。

　　道德學家將激情分為兩類：一類是需要做出巨大努力才能抑制的激情，比如對憤怒和恐懼的控制；另一類是能在較短時間內加以控制的激情，比如對舒適、讚揚和享樂等情緒的抑制。如果當事人對前一種激情實現了成功的控制，我們就說他具有剛毅堅韌的品格。如果當事人對後一種激情實現了成功的控制，我們就說他具有節制謹慎的美德。

　　對上述兩種激情中的任何一種進行控制，都是一種美，應該得到一定程度的尊敬和稱頌。這種美的東西是從控制的效用中取得，與從這種控制能使我們在一切場合按照謹慎、正義和合宜的仁慈要求採取行動所獲得的美無關。這裡有兩種情況：其一，這種努力所表現出來的力量和高尚激起了某種程度的尊敬和稱頌；其二，這種努力所表現出來的一致性、均等性和堅忍性，激起了某種程度的尊敬和稱頌。

　　一個人如果處於危險、痛苦且接近死亡時，仍然還保持著同平時一樣的鎮定，並且隱忍著不說出或是不表示出同最公正的旁觀者看法不完全一致的話，他必然會博得高度的欽佩。如果他是為了人類和對自己國家的熱愛，在爭取自由和正義的事業中受難，那無論是對他的苦難表示最親切的同情，還

是對迫害他的人表示最強烈的義憤，或是對他善良意圖最深切的由衷感激，對他優點最深刻的認識，都與對他最高尚行為的欽佩融合混雜在一起，並且常常使其變成最熱烈和狂熱的崇敬。

在古代和近代史上，人們總是喜歡用特殊喜愛和好感來回憶英雄們。這些英雄通常在取得真理、自由和正義的事業過程中，死在斷頭台上，並且在那裡表現出和他們身分相稱的自在和尊嚴。如果蘇格拉底的敵人容許他在自己的床上平靜地死去，那麼對這個偉大的哲學家的稱讚，便不可能獲得使人眼花繚亂的光彩，甚至一直閃耀在後人的認識中。當我們瀏覽弗圖和霍布雷肯雕刻的傑出人物頭像時，我們不禁會想，雕刻這些傑出人士——湯瑪斯莫爾先生、雷利、羅素、西德尼等，他們頭像下面的這把一直作為砍頭標記的斧頭，反而給這些人物顯示出某種真正的尊貴和情趣，這比他們自己佩帶的紋章顯得更優越。

這種高尚行為不只是給無辜或是具有美德的人們的品質增添光輝。它甚至使人對要犯的品質也產生一定程度的親切和敬意。當一個盜賊或攔路強盜被帶到斷頭台上時，如果他顯得莊重和堅定，那麼，我們在完全贊成對他的懲罰時，又不得不為他感到惋惜：一個具有這種優異和卓越才能的人，竟然會犯下如此卑劣的滔天大罪。戰爭是一個獲得鍛鍊這種高尚品質的大學校。如跟我們所說的那樣，雖然死亡是最可怕的事情，但對於克服了對它的恐懼的人，在任何其他的自然災難臨近時，都不會心慌意亂。

在戰爭中熟悉了死亡的人，必然會消除在意志薄弱和沒有經過戰爭的人身上那種迷信式的恐怖。這些人把死亡看做是生命的喪失，把它當做一個厭惡的對象，正如生命恰巧是如願的對象那樣。他們也從經驗中知道，許多表面看來很大的危險，卻並不如它們所顯現的那麼可怕。透過振奮精神、開動腦筋和沉著應付，常常很有可能從最初看來沒有希望的處境中光榮地解脫出來。於是，對死亡的恐懼就這樣大大減輕，而從死亡中逃脫的信心或希望也就增強了。他們學會了從容使自己面對危險。當他們處在危險之中時，並不急於去擺脫，也不那麼心慌意亂。正是這種對危險和死亡習慣性的輕視，使

得軍人的職業高尚起來。並且在人們的意識中，它將比其他職業顯得更高貴和體面。在為自己的國家服役期間，熟練和成功地履行軍人的職責，似乎已經成為一切時代人們特別喜愛的、具有最顯著特徵的、英雄們的品質。

軍事上的巨大功勳，雖然同一切正義原則相違背且絲毫沒有人性，但是，有時也會引起我們的興趣，並對指揮戰爭那個毫不足取的人感到一定程度的尊敬。甚至，我們會對海盜們的業績感興趣，懷著某種尊敬和欽佩的心情來解讀一些微不足道的歷史：他們為了罪惡目標而拚命追逐時，與任何一般的歷史課本所講的英雄相比，他們忍受著更大的艱辛，克服了更大的困難。

西塞羅（前 106~前 43），古羅馬著名政治家、演說家、雄辯家、法學家和哲學家。

在許多場合，對憤怒的控制似乎沒有比對恐懼的控制那樣崇高。雅典的狄摩西尼痛罵馬其頓國王的演說，西塞羅控告喀提林黨徒的演說，從表達這種激情的高尚的合宜行為中導出了它們的全部妙處。但是，這種正當的憤怒，只不過是抑制併合宜地緩和了公正的旁觀者能夠給予同情的憤怒。一旦超過了這個界限，那種怒氣衝衝、喧鬧的激情，便總是令人討厭和不快。使我們感興趣的，不是這個發怒的人，而是作為他憤怒的對象。在許多場合，寬恕這種高尚的品質，比最合宜的忿恨更為優越。在引起憤怒的一方作了合宜的謝罪，或者即使他們完全沒有作這種表示，在公眾的利益需要與最可恨的敵

人聯合起來以便履行某項最重要的職責時，那個能夠拋卻一切敵意，對曾經最強烈地反對他的人們表示信任和熱誠的人，似乎應當得到我們高度的欽佩。

然而，我們對憤怒的抑制，卻不總是顯現出這種絢爛的色彩。對某些事物的恐懼也常常抑制住了將要爆發的憤怒，所以我們說恐懼是憤怒的對立面。憤怒可以促使人們攻擊對方，而有時縱容憤怒則似乎顯示出了某種膽量和高於恐懼的品質。如果說縱容憤怒有時是因為某種虛榮，那縱容恐懼卻從來不是。愛好虛榮和意志薄弱的人，在他們的下級或不敢反對他們的人中間，常常裝出一副慷慨激昂的樣子，並且自以為顯示出了所謂氣魄。

惡棍常常對周圍的人編造出他是多麼的蠻橫無理，並且期待著自己會因此讓他的聽眾覺得，如果他不是一個值得尊敬的人，至少也是一個很可怕的人。社會上常有些不良風氣鼓勵著人們相互仇恨，甚至支持私人復仇。這種風氣或許在基本上因為恐懼而抑制憤怒，變得更為可鄙。在對於恐懼的抑制之中，總有某些高尚的東西，不管這種抑制以什麼動機為依據。而對於憤怒的抑制則並非如此。除非這種抑制完全以體面、尊嚴、合宜的意識為基礎，不然，絕不會得到完全的贊同。

按照謹慎、正義和合宜的仁慈要求行事，如果是因為受了某些誘惑而使我們這樣去做，似乎就並不是具有高貴的品質。但是，要在巨大的危險和困難之中冷靜審慎地行動；虔誠地奉行神聖的正義準則，不顧一切引誘我們違反這些準則的重大利益，也不顧可以激怒我們去違反這些法則的重大傷害；從不聽任自己的仁慈性情由於個別人的狠毒和忘恩負義而受到抑制和妨害——這樣的仁慈就是屬於最高貴的智慧和美德的品質。自制不僅本身是一種美德，這種光芒也同樣照耀著其他美德。

對恐懼和憤怒的抑制，總是來源於偉大而高尚的自制力量。當它們為正義和仁慈所驅使時，便為所有的美德增添了光彩。雖然偶爾也會受到截然不同的動機驅使，但在這種場合下，自我控制仍然是一種偉大的和值得尊敬的力量。不過有時它們也可能會是極端危險的力量：大無畏的勇猛可能被用於最不義的事業。在受到重大的挑釁時，表面上的平靜和好脾氣有時可能隱匿

著非常堅決和殘忍的復仇決心，儘管這種心理總是被卑劣的虛妄所玷汙，但也時常受到不少人的高度欽佩和讚許。

梅迪契家族中的凱薩琳，她的掩飾功夫常受到學識淵博的歷史學家達維拉的稱頌；迪格比勛爵及其後布里斯托爾伯爵的掩飾功夫，也受到了嚴肅、認真的克拉倫敦勛爵的稱頌。甚至西塞羅也認為，這種欺騙雖然不是非常高尚的品質，但也適用於具有一定靈活性的行為方式。他認為，從總體來看，它還是可以受到贊同和尊重的。他以荷馬著作中的尤利西斯、雅典的地米斯托克利、斯巴達的來山得、羅馬的馬庫斯‧克拉蘇等人的品質作為這種欺騙的例子。這種心計很深的欺騙經常出現在國內大亂或是激烈的黨派鬥爭之中。

當法律在基本上變得無能為力時，當最清白無辜的人不能獲得最低的安全保障時，為了保護自己，大部分人在面對占上風的政黨時，就不得不採取隨機應變，並且表面上盡力順從的態度。這種虛偽的品質，也常常是靠著極其冷靜的態度和毅然決然的勇氣。出色的運用這樣的勇氣，正如死亡通常要透過某種檢測來確定一樣。雖然它有時可以用來加劇或減輕對立派別之間的那些深切的敵意，但在某些情況下，它也可能是十分有害的。

對非強烈和狂暴的激情的抑制，似乎更不容易被濫用到任何有害目的上去。節制而莊重，謹慎而適度，總是一種令人感到純潔簡樸的美德。而讓人敬重的勤奮和節儉這些美德，則是透過緩和地自我控制這種堅持不懈的努力，獲得了伴隨它們的一切樸實光彩。在幽僻而寧靜的生活道路上行走的那些人，他們的行為從自我控制中獲得了很大部分的優美或是優雅，雖然並不是那麼光彩奪目，但令人喜愛的程度並不總低於英雄、政治家和議員的顯赫行為。

在從上述幾個方面對自我克制的性質進行了探討後，我們沒有必要再去詳盡論述這種美德了。接下來需要研究的是：得體的程度是隨著激情種類的不同而不同的。這種得體，是指作為一個公正的旁觀者所感受和贊成的。人們對某些激情總抱有這樣的看法：它的過度比不足更讓人覺得舒服些，並且這種激情達到的得體程度較高，或者說它更趨近於過度而非不足。而對於另一些激情，人們的看法恰好相反。前者是當時的感受合乎當事人心意的激情，

也容易被旁觀者接受；後者則是不符合當事人心意的那種激情，不易被旁觀者接受，甚至讓人覺得厭煩。我們可以把它當作一個普遍準則，並且用少數幾個例子來說明並論證。

有助於把社會上的人團結起來的內心情感，無非是這幾種：仁愛、仁慈、天倫之情、友誼和尊敬。這樣的情感有時可能會顯得比較過度。然而，即使這種過度的情感，也會讓一個人得到他人的喜愛。有時，我們會因為這種過度的情感而同情或是親切地看待它，絕不會感到厭惡。我們對它的感受更多的是遺憾而不是憤怒。在許多場合，縱容這種過度的情感，對直接產生情感的人來說，不僅愉快而且饒有興趣。

在日常生活中的某些場合，我們可以看到，當這種過度的情感被施加到一個卑劣的對象身上時，常常讓他感到來自內心十分真切的苦惱。這樣的場合，即使是一個心地善良的人，也會懷著最大的同情來看待他，並且會為藐視他的人感到極大的憤慨。相反，被叫做鐵石心腸的這種情感的不足，便是使他對別人的感受和痛苦無動於衷，同時排斥世上所有人的友誼，這樣做的後果就把自己排斥在了社會上一切最好的和最舒適的享受之外。

憤怒、憎恨、嫉妒、怨恨、仇恨可以使人們不相往來，切斷人類社會的一切聯繫。這樣過度的情感比它的不足更加使人感到不愉快，它會使一個人自我感覺卑劣可恥，並且使他成為所有人憎恨的可怕對象。但相比較，他的不足卻很少受到人們的抱怨，雖然它也是有缺陷的。我們通常都認為，男子品質中最基本的缺陷便是缺乏正義，這使得他在許多場合沒有能力保護他自己或是親人朋友，使之免受侮辱和侵害。

憤怒和憎恨這一本能的缺陷便是由於過度和方向不適當，從而演變成了可惡可憎的妒忌。而妒忌所產生的情緒是，以懷著惡意的厭噁心情來看待他人身上所真正匹配的優勢。有些人被稱之為沒有骨氣的人，他們總是善於在某些大事情上表現出溫順，似乎可以容忍一切。這種軟弱，通常可以在怡情、不愛和人作對、討厭忙亂的人身上看到。有時，也可以在某種不合宜的寬宏大量中看到，這種寬宏大量使他始終可以藐視一切利益，自然也就十分輕易

地選擇了放棄。然而，在這軟弱之後到來的通常都是極度的懊惱和悔恨，之前表面上所具有的那種寬宏大量，到最後通常就會變成最惡毒的嫉妒，以及對那些人身上所懷有優勢的憎恨。

我們對危險和痛苦的感受，更容易因為它的過度而不是不足使人感到不愉快。沒有一種品質比一個懦夫更可鄙；沒有一種品質比一個在最可怕的危險中無畏地面對死亡，並且保持著鎮定和沉著的人更值得讚美。我們尊敬那些以男子氣概和堅定態度來忍受痛苦折磨的人；同樣，我們也不屑於在痛苦折磨面前意志消沉，任性喊叫甚至痛哭流涕。有人時常對一個小小的不幸過於敏銳，從而導致煩躁不安；也有人把他人變成一個連他自己也感到可憐的人；有人成為了一個讓他人感到厭惡的人。

一個鎮定沉著的人，絕不允許內心的平靜被日常生活的進程所傷害，或被微不足道的不幸事件所打擾。但是，我們自己對所受到的傷害和不幸的感受，通常會非常強烈。一個對自己不幸幾乎沒有感受的人，對他人的不幸也必然沒有什麼太多感受，更不用說去幫助他們解除這些不幸。相反，對自己蒙受的傷害幾乎沒有什麼憤恨的人，對他人蒙受的傷害也必然沒什麼憤恨，也就更不願意去保護他人或為此復仇了。

對人類生活中的各種事件都顯得麻木不仁，必然會消減對自己行為合宜性的一切熱切而又誠摯的關注。而這種關注，正好構成了美德的真正精髓。如果我們對自己的行為所能產生的結果毫不在乎，那也就幾乎不會考慮它們的合宜性。

感受災難給自己所帶來的全部痛苦；感受到自己蒙受的傷害；感受自己的品格所要求具有的那種尊嚴；不被在不好處境下必然會激發出的那些散漫所擺布，而是按照內心那位像神一樣的偉大居民所指定和讚許的情緒來支配自己的全部舉止和行為，這樣的一個人，才是真正具有美德、熱愛、尊敬和欽佩的最合宜對象。麻木不仁和那種高尚的堅定，即以尊嚴和合宜意識為基礎的自我控制，兩者並不是完全相同的，後者依前者的發生程度而變化，在很多時候，它所具有的價值會全然喪失。

　　一個遭受了傷害、危險和不幸仍完全沒有感受的人，會使他自我控制力的一切價值化為虛有。但是，上述這些感受常常容易變得很過度。當合宜感，或者內心的這個法官，能夠控制這種極度的感受時，就必然顯得非常高尚、偉大。一個人透過某種巨大的努力可能在行為上表現得完美無缺。但這兩種本性之間的爭執以及內心的思想衝突，可能過於激烈，以致不能始終保持平靜和愉快。造物主賦予他這種過於強烈的感受，而且他的這種感受並沒有因早期教育和適當鍛鍊而減弱，也能夠在職責和合宜性所許可的範圍內，迴避自己不能很好適應的境況。

　　軟弱和脆弱的情感，使一個對痛苦、苦難和各種肉體上的痛苦過於敏感的人，不會魯莽地從戎，也不會輕率地投身於派系之爭。雖然合宜感會加強到足以控制這些情感，但內心平靜卻總是在這種鬥爭中遭到破壞。在這樣的混亂中，判斷並不總是能夠保持平常的那種敏銳性和精確度。雖然他總是打算採取合宜的行動，但他常常會魯莽和輕率地以一種他在自己今後的生活中將永遠感到羞恥的方式行事。擁有一定的剛毅、膽量和堅強的性格，不管是先天還是後天，對自我控制的一切高尚努力來說，無疑都是最好的準備。

　　戰爭和派系鬥爭無疑是培養堅強和堅定性格的最好學校，是醫治一個人懦弱的最好藥物。然而，如果考驗他的日期，恰好在他學完他的課程之前來到，恰好在藥物產生療效之前來到，其結果就不會令人滿意。

　　我們對人類生活中的歡樂和享受的感受，同樣會因其過度或不足而有所不快。但在這兩者之中，過度似乎不像不足那樣使人感到不快。無論是旁觀者還是當事人，對歡樂的強烈癖好，必然比對娛樂和消遣對象的麻木不仁更令人愉快。我們迷戀於年輕人的歡樂，小孩子的嬉戲，但時常容易對伴隨著老年人單調乏味的莊重感到厭煩。確實，當這種癖好並沒有被合宜感抑制時；當它在同一時間地點、同那個人的年齡或地位不相稱時；當他沉迷於它以致忽視自己的利益和職責時，它就被正確地指責為過度，並且被當成對個人和社會都有害的對象。

　　有時，自我評價可能會顯得太高或是太低。然而，人人都知道，高估自己令人愉快，低估自己令人不快。不過，在某種程度上高估自己並沒有比低估自己那樣而令人不快。然而，也許那個公正的旁觀者會持截然相反的意見。對他而言，低估自己反倒沒有高估自己那樣令人不快。就我們的同伴而言，經常抱怨的原因無疑是自我評價過高。當他們擺出一副凌駕於我們之上的樣子時，就會傷害到我們的自尊心。於是，我們的自尊和自負促使我們去指責他們，並且不再充當他們行為的公正旁觀者。然而，如果這些同伴容忍其他任何人在他們面前假裝某個不屬於他的優點，我們不僅會責備他們，而且常常把他們當作卑劣的人加以鄙視。相反，如果他們在其他人中間竭力使自己更靠前，然後到達了一個很高但是同他們的優點不相稱的地位，那麼，雖然我們不完全贊成這樣的行為，但總的來說，也會因此高興。而且，在沒有妒忌的情況下，我們對於他們所感到的不快，幾乎總是大大少於他們容忍自己被貶到低於自己應有的地位的不快。

　　在評價我們自己的優點、品質和行為方面，具有兩種不同但必然據以衡量它們的標準。一種是完全合宜和盡善盡美的觀念，這是我們每個人都能夠理解的觀念；另一種是接近於這種觀念的標準，通常是世人所能達到的標準，是我們的朋友和同伴、對手和競爭者中的大部分或許已經達到的標準。我們在試圖評價自己時，很少注意到這兩種不同的標準。但是，每個人的注意力，甚至是同一個人在不同時間的注意力，常常極為不同地在它們之間來回，有時傾向前者，有時傾向後者。

　　當我們的注意力指向前一種標準時，我們中最有智慧的人，在自己的品質和行為中所能見到的只是缺點和不足。除了能找到許多理由來表示謙卑、遺憾和悔改以外，沒有任何理由妄自尊大和自以為是。當我們的注意力指向後一種標準時，我們可能受到這樣或那樣的影響，同時感到我們真正處在用來衡量自己的標準上下了。

　　具有智慧和美德的人把他的注意力都集中於前一種標準——完全合宜和盡善盡美的觀念。每個人的心中都存在這種觀念，它是人們根據對自己和他

222

人品質行為的觀察逐漸形成的。每個人都或多或少地準確掌握了這種觀念，並且根據其細微和精確程度；根據進行這種觀察的專心程度和注意力大小，所掌握的這種觀念在色彩上多少是協調的，所勾畫出來的輪廓多少是逼真的。

布瓦洛（1636~1711），法國著名詩人、美學家、文藝批評家，被稱為古典主義的立法者和發言人

具有智慧和美德的人，生來就極具精確細微的感受能力。他們傾注了全部心力進行這種觀察。輪廓上的特徵，色彩上的瑕疵每天都不盡相同。而他比其他人更努力地探索這種觀念，更加深入地理解它；他在自己的心中形成了某種更加正確的概念，並更加深切地迷戀於它那優雅而神奇的美；他盡可能地按照那個完美模型來塑造自己的品質；他臨摹那個非凡的畫家作品，但盡量不是一模一樣；他感到自己的努力仍存在著不完美，並為人造複製品不同於原物而憂傷苦惱；他懷著關切而羞恥的心情回憶自己是如何由於缺乏注意力、良好的判斷力和性情，從而導致在言語和行動、行為和談吐上違反了這些嚴格且合宜的法則。

並因此而偏離他據以改變品性和行為的模型。

然而，當他把自己的注意力轉向第二條標準，以及他的朋友和熟人通常能達到的完美程度時，他可能會意識到自己的長處。可是由於他的注意力都指向了前一條標準，所以他在前一標準的對比中所受到的貶抑，遠甚於後一條標準的對比中可能得到的抬高。他從來不炫耀或假裝傲慢看不起不如他的

人，他清楚地了解自己的不足，知道自己在做出跟正確模型大致相似的複製品時所遇到的困難。因此，他不會用輕視的態度來看待他人的不足。他懷著寬容心去看待他們，並且，樂意以自己的勸告和實例，促使他們進一步提高。假使，在某種特定條件下，他們偶然勝過他，他也絕不去嫉妒。他知道，超過自己是多麼不容易，因而對他們表示尊重和敬意，並且給予高度讚許。

總之，這種真正謙虛的品質，既謙遜的估計自己的優點、同時又充分認識他人優點的品質，在他的心裡和一切行為舉止中留下了深刻的印象。

在繪畫、詩歌、音樂、雄辯和哲學，以及所有自由和具有獨創性的技術中，最偉大的藝術家總認為最好的作品中仍然存在著真正的不足。他比任何人都更清楚地認識到，這些作品同他觀念中的完美相比存在著很大差距，而對於這種作品，他已經形成了某種觀念，並盡可能地模仿它，雖然不可能完全相同。相反，次等的藝術家總是非常滿足於自己的成就，完美對他而言幾乎沒有概念，他也不會去思考。而且，他總是將比他更次一等的藝術家的作品用來同他自己的作品比較。

布瓦洛，這個偉大的法國人常常說：「沒有一個偉大人物曾經對自己的作品感到十分滿意。」他的老朋友桑托伊爾（一個拉丁詩作家，因創作了一些通俗淺顯的作品而喜歡幻想自己是一個詩人）卻總是裝出一副對自己作品十分滿意的樣子。布瓦洛用某種可能是狡黠的雙關語來回答他：他當然是這方面有史以來唯一偉大的人。布瓦洛在評價自己的作品時，是用他那詩歌領域裡某種完美標準來加以對比的。我想他是盡了所能作出的最大努力，來深刻地思考這個觀念上的標準，並且精確地想像出來。而桑托伊爾在評價自己的作品時，則主要是用他那個時代其他拉丁詩人的作品來加以對比。

但是，要使一生的行為談吐始終如一地和這種觀念上的完美相像的話，卻比完成一個精微藝術品的複製過程更困難。藝術家總是以其技能、經驗和知識的充分掌握，才能從容不迫地從事他那寧靜的工作。聰明人在健康、生病、成功、失意、勞累、懶散或是最清醒時，都必然保持著自己行為的合宜性：某事極其突然的襲擊不會使他驚駭；他人的不義也不會導致他採取不義之舉；

激烈的派系鬥爭更不會使他驚慌失措；戰爭的一切艱難險阻亦不會使他沮喪和膽寒。

有些人將絕大部分注意力轉向第二條標準、轉向他人平常的優良品質時，他評價自己的優點，判斷自己的品質和行為時，就會真實地感到自己所作所為大大超越了這條標準，這一點連富有理智和沒有偏見的旁觀者也不得不承認。然而，這些人的主要注意力總是指向一般而非觀念上的完美標準。他們很少意識到自己的缺點和不足，幾乎談不上什麼謙虛。他們常常傲慢、自大和專橫無理。雖然這樣的品質很不端正，而且其優點也並非為真正具有謙虛美德的人所具備，但是，他們仍然在極端的自我賞識，甚至常常使很多高明的人蒙受欺騙。某些民間和宗教界最沒有學問的人，卻時常冒充內行人並取得令人驚奇的成功。這足以說明我們是多麼容易被放肆和自我吹噓所欺騙。

而且，當這些自我吹噓被某種真實的優點所矇蔽時；當它們因為故弄玄虛而炫耀奪目時；當它們取得了很高地位並且擁有大人物支持時；當他們吹噓成功並為此博得民眾高聲喝彩時，即使最清醒的人也會沉湎於眾口交贊之中。正是這種愚蠢的喝彩聲，使他那悟性發生混亂，使他從遠處觀察那些偉大人物時，常常懷著某種真誠的欽佩心情，甚至會懷著比那些人的自我尊崇更強烈的尊崇心情去敬仰他們。

在沒有嫉妒的場合，我們都樂於表示欽佩。因此，我們會自然而然地傾向於將一切變得十全十美，且值得讚美的那些品質。或許，偉大人物的過度自我讚美是容易被理解的，甚至被十分熟悉他們的、對目空一切的自我吹噓一笑置之的那些聰明人所理解。然而，在所有時代都有這種情況：大部分名噪一時、信譽卓著的人，其名聲和信譽也常常在相隔最遠的後代中變得一文不值。

如果沒有一定程度的過度自我讚賞，那很少有人能取得人世間的偉大成就，取得支配人類情感和想法的巨大權力。最傑出的人物——完成了卓越行動的人，在人類處境和看法方面引起了劇烈變革的人，成就巨大的戰爭領導

人，最偉大的政治家和議員，最能言善辯的團體創始人和領袖，他們中間的許多人恰巧就是因為這種自以為是和自我讚賞而嶄露頭角。

或許，正是這種自以為是，不僅驅使著他們去從事頭腦冷靜的人絕不想從事的事業，而且也驅使著他們去博得追隨者們的服從和忠順，以便在這項事業中得到他們的支持。因此，當他們屢獲成功時，這種自以為是便進一步誘使他們迷戀虛榮，幾乎接近瘋狂和愚蠢。例如：亞歷山大大帝不僅幻想自己是一個神，同時也希望別人這樣看他。在他臨終時，完全不像神做的那樣，要求他的朋友把他列入人們尊敬的神的名單，而是他自己很早以前就已經列出的名單，他那年邁的母親奧林匹婭或許也被榮幸地列入了其中。在他的追隨者、門徒、公眾們充滿敬意的讚美聲中，人們仿照神諭（或許是跟著這種讚美聲）宣告他是最有智慧的人，是最偉大的蘇格拉底式的賢人。雖然這個神諭已不容他自命為神，但其威力尚不足以阻止他幻想從某個無形而非凡的神那裡得到神祕而頻繁的提示。

凱薩的頭腦沒有健全到足以阻止他愉快地認為自己是女神維納斯家譜中的一員。而且，在這個被他說成是自己曾祖母的維納斯神殿前，當羅馬元老院這個顯赫機構把一些崇高榮譽作為天命授與他的時候，他並沒有起身接受。這種目空一切，與幾乎是充滿孩子氣的愛好虛榮等行為結合在一起（這種孩子氣的愛好虛榮幾乎不能馬上憑藉非常敏銳和廣泛的理解力想像出來的），似乎就加劇了公眾的猜忌，從而增加了他的刺客的膽量，加速了他們密謀的實施。

當代的宗教和風俗，很少鼓勵我們的偉大人物自命為神或預言家。然而，當成功與公眾強烈的愛戴結合在一起時，一些最偉大的人物就會覺得暈頭轉向，以致把大大超過自己真正具有的價值和能力歸於自己。由於這種自以為是，促使他們從事了許多輕率甚至具有毀滅性後果的冒險活動。偉大的馬爾伯勒公爵是一個例外，他所取得的十年不間斷的輝煌勝利，也並沒有誘使他做出一個輕率的舉動、說一句輕率的話或有任何一種輕率的表情，這幾乎是他所獨有的特性。我們不能說另外一些偉大的戰爭領導人：尤金王子、已故

的普魯士國王、偉大的孔代親王、甚至古斯塔夫二世——同樣具備這種適度的冷靜和自我控制。蒂雷納似乎最接近於這種品質，但他一生中所處理的幾件不同的事情足以表明，他身上的這種品質並沒有馬爾伯勒公爵身上的那種完美。

維納斯

無論是平民百姓的小打算中，還是高層人士雄心勃勃的勇敢追求中，巨大的才能和成功的計畫起初常常慫恿人們去從事最後必然導致破產和毀滅的事業。

每一個公正的旁觀者，對勇敢、寬宏大量和品格高尚的那些人的真正優點所表示的尊敬和欽佩，是一種恰如其分和有充分根據的情感，所以也是最穩固和持久的情感，同他們命運的好壞完全無關。而這個旁觀者對他們過度的自我評價和自以為是所產生的那種欽佩，則是另外一回事。不管怎樣，當他們取得成功時，他確實常常被他們完全征服。

成功遮住了他的眼睛，不僅使他不能看到他們事業中許多輕率魯莽和不符合正義的地方，而且使他對他們品質中的缺陷不加挑剔，且抱著極其熱烈的欽佩態度去看待它。然而，如果他們時運不濟，各種事情的面目和名聲就會大大不同。過去認為是英雄式的寬宏大量，變成了過度輕率魯莽和愚蠢所應該有的名聲；過去隱藏在繁榮景象後面的那些貪婪和不義的邪惡東西，現在暴露無遺且損害了他們事業的一切聲響。

凱薩真正的美德——正當的愛好、簡明而高雅的文筆、合宜的修辭、嫻熟的指揮戰爭能力、對付不幸事件的才略、面臨危險時的冷靜和鎮定的判斷能力、對朋友的忠誠、對敵人無比的寬宏大量，這些都為人們所公認，同喀提林受到的公認一樣。但是，如果凱薩在法薩盧斯戰役中不是獲得勝利而是遭到失敗，那他的品質只會被貶低到比喀提林稍好一點的程度，而且就連最愚鈍的人也會用比全部敵意更邪惡的表情看待他，並且把這種事看成是反對國家法律的行徑。當凱撒妄圖奪取一切時，所表現出來的目空一切和不義的野心，使得他所具有的全部優點黯然失色。

在許多方面，命運對人類的道德情感具有重大影響。而且按照境遇的好壞，也能使同樣的品質變成受普遍愛戴和欽佩，或是被普遍憎恨和蔑視的對象。可見，人類道德情感的這種巨大失調，並非毫無用處。在很多場合，我們甚至會因為這樣的弱點和邪惡，而讚賞上帝的賢明。

我們對成功的欽佩如同對財富和地位的尊敬，都是以同一原則為基礎。這對於確立各階層之間的區別和社會秩序同樣是必要的。這種對成功的欽佩，引導著我們較為平靜地去順從那些在人類發展進程中的優勝者，引導著我們以一種尊重或是尊敬的心情來看待那些不能抗拒的幸運暴力，不僅有凱薩或亞歷山大大帝那種傑出人物的暴力，而且也有最蠻橫和最殘暴的人的暴力。如阿提拉、成吉思汗、或帖木兒等人的暴力。對於這些強大的征服者，我們大部分人必然會帶著一種驚奇的、茫然的欽佩心情看待他們。我們會被這種欽佩引導著，從而不自覺地順從於某種不可抗拒的統治力量，且不能透過反抗將自己解救出來。

　　雖然自我評價過高的人在他一切都順利時，似乎會比具有端正和謙虛美德的人得到更多好處；雖然有群眾以及那些從遙遠地方觀看的旁觀者所發出來的讚揚聲（前者比後者更為響亮），但是，如果從各方面加以公正估量，在把發出讚揚的兩種人進行比較，就會發現真正有利的是後一種人而不是前一種人。那個既不把自己優點以外的任何優點都歸於自己，也不希望別人將其給他的人，對自己品質的真實性和穩定性感到心滿意足，不擔心丟臉或是暴露真相。欽佩他的人可能不太多，他們的讚揚也可能不很響亮。只有在近旁觀察他的和及其深刻了解他智慧的那個人，對他的讚揚最為熱烈。

　　一個真正的智者，對另外一個智者對他審慎而恰如其分的讚美，比一萬個人對他雖然熱情卻出於無知的嘈雜讚揚聲，更感到由衷的滿足。這個智者可能會提到巴門尼德：他在雅典的一次群眾集會上宣讀一篇哲學演講時，看到除了柏拉圖一人外，其他所有的聽眾都已離他而去，他仍繼續宣讀下去，並且說，只有柏拉圖一個聽眾，我就心滿意足了。

　　對自我評價過高的人來說，情況就不一樣了。在旁觀察他的那些明智的人，對他的讚美最少。當他陶醉於自己的成就時，他們對他表示出了恰當的敬意，而他卻把這樣的敬意當做是某種惡意和妒忌。

　　他猜疑自己最好的朋友，並且為同他們交往感到不快。他把他們從自己身旁趕走，對他們為自己的付出，不僅忘恩負義且常常冷酷或不公正的對待。他輕易地信任那些表面上迎合他虛榮自大心理的人，卻把某些方面有缺點但總的來說還是可親可敬的人，當做了他所輕視和討厭的人。就像亞歷山大大帝在陶醉於自己的成就時，殺死了克萊特斯，因為他想把父親菲利普開拓疆界的功績占為己有。他使卡利斯塞納斯受盡折磨而死，因為後者拒絕按照波斯方式來崇敬他。他還因為對父親的好朋友、德高望重的帕爾梅尼奧產生毫無根據的猜疑而謀殺了他，然後把這個老人唯一存活的兒子（其餘的兒子都在為亞歷山大效勞時受折磨死去）送上了斷頭台。

　　菲利普提到帕爾梅尼奧時常常說，雅典人非常幸運，每年能找到十個將軍。而他在一生中除了帕爾梅尼奧之外再也找不到第二個這樣的人。由於信

賴帕爾梅尼奧，菲利普在任何時候都可以安然入睡。他在歡宴時常常高興地說：讓我們乾杯吧！朋友們，我們可以安然無虞地暢飲，因為帕爾梅尼奧從來不喝酒。據說，正是由於這個帕爾梅尼奧的干預和籌劃，使得亞歷山大大帝贏得了一切勝利。而那些恭順的、讚聲不絕的和奉迎拍馬的朋友，他們擁有亞歷山大給予的僅次於他的勢力和權限，瓜分了他的帝國，甚至在劫走了他的家庭成員以及同這些成員有血統關係的親屬之後，不論男女，一個接一個地加以殺害。

對於比平常人擁有更多長處的傑出人物，當他們過高的自我評價時，我們不僅會寬恕，而且完全表現出體諒和同情。我們把他們當作勇敢的、寬宏大量的和品格高尚的人，將所有表示高度讚揚和欽佩的詞都用到他們身上。但是，我們卻不能體諒和同情其他一些人的過高自我評價，在這些人身上，我們看不出什麼超人之處。我們對他們過高的自我評價感到討厭和憎惡，並且很難原諒或容忍。我們把它稱為驕傲和虛榮——用到他們身上的這兩個詞語中的後者總是比前者更多的意味著嚴厲的責備。

這兩個罪名，雖然用來在某些方面制約過高的自我評價時是相似的，但在許多地方，兩者仍大不相同。

驕傲的人深信自己身上有很多長處，雖然要去猜測這種深信有什麼依據很困難。他希望你能用他的眼光來看待他。對於他向你提出他認為是正當的要求，但你卻沒有像他尊重自己那樣去尊重他，他就感到比屈辱更為不快，他開始憤憤不平，看上去就像受到了真正的傷害。即便如此，他也不會屈尊說出自己提出那種要求的理由。他不屑於求得你的尊敬甚至裝作蔑視它，並努力保持自己虛假的身分，甚至盡量不使你意識到他的優越從而發現自己的不足。

愛好虛榮的人並非不相信自己真的具有別人所說的有關他的長處。他只希望你用來觀察他的眼光能夠比他自我觀察時，更帶有鮮明的情感色彩。他會把自己放到你的位置上，並且假定你了解他所了解的一切。所以，當你用不同的觀點來觀察他時，他會比遭到傷害更感到不快。他充分利用一切機會，

透過極其誇張或是極不必要的方式，像他人顯示他所具有的一些還算可以的優良品質和才能。有時他甚至虛偽地誇示他的才能（儘管有的才能少得可憐或是完全不具備），以此來提出希望你承認他的那種品質的要求。

愛好虛榮的人非但不會輕視你的敬意，而且用讓你極為不安的照顧來博取它。他不想壓抑你的自我評價且適當地維護它。作為回報，他希望你也這樣維護他。他奉承你是為了得到奉承。他對你彬彬有禮、大獻殷勤，有時甚至向你提供真正和實在的幫助（雖然往往是以此誇耀自己，或許還帶有不必要的賣弄的味道），他努力取悅你使你感到愉快，不過最終都是為了讓你對他有一個好的看法。

愛好虛榮的人看到人們對地位和財產的敬意時，也會很想得到這種敬意，同時也很想得到人們對他才能和美德的敬意。因此，他會在服飾、用具和生活方式上，盡力顯示出他具有比實際地位更高和更多的財產。為了在他一生的早期階段維持這種愚蠢的欺騙，他常常在這種狀況下終止以前的貧窮和不幸。然而，只要他能維持他的日常開支，他的虛榮心就總是由於自我欣賞而得到滿足，他沒有用「如果你了解了他所了解的一切，你就會用觀察他的眼光來觀察自己」，而是設想你受到他服飾、外觀的引誘並觀察他。在虛榮心所帶來的一切幻覺之中，這或許是最常見的一種。

到國外去訪問的無名之輩，或者從一個遙遠的地方到自己國家的首都作一次短期訪問的人，常常試圖以此滿足自己的虛榮心。這種愚蠢的企圖，雖然對一個有理智的人來說是極其卑劣的，但這裡，也許不像其他大多數場合所表現的那樣明顯。如果他們逗留的時間不長，就可能避免不光彩地被別人察覺。不過用幾個月或幾年的時間滿足自己的虛榮心之後，當他們回到家裡，就要用極度的節儉來彌補過去的揮霍所造成的浪費。

驕傲的人很少會因這種愚蠢而受人指責。他的自尊心使得他小心翼翼地保持自己的獨立。並且，當他的財產恰好不多時，他依然會過著像樣的生活，雖然需要堅持節儉和謹慎用錢。他極其厭惡愛好虛榮的人那種講排場的花費。

或許，這種開支會使他相形見絀。作為某種身分絕不應有的僭越，這種開支激起了他的憤怒，以至於他談到它時所作的責罵從來都是極其刺耳和嚴厲的。

驕傲的人總是討厭和自己地位相等的人相處，這會令他感到不舒服；當然，如果同比自己地位高的人相處，他會感到更不舒服。在比他地位高的同伴面前，他不能申述他的巨大抱負，因為他們的面容和談吐總是深切地懾服著他。因此，他轉向那些比他低一等的同伴——他不太尊重的人，他不願意成為朋友的人或是同他相處不愉快的人。這些人通常都是他的下級，他的奉承者。他很少拜訪地位比他高的人，就算某天他去拜訪，也只是為了得到同他們相處時的虛榮滿足感。

愛好虛榮的人則完全不是這樣。驕傲的人力求避開地位比他高的人；愛好虛榮的人則力求他們同自己相處。他似乎認為，他們的光彩總會影響到他。他經常出沒於君主們的宮廷和大臣們的招待會，擺出一副就要得到財產和肥缺的神態。他喜歡成為大人物宴會的座上賓，更喜歡向其他人誇耀自己在那裡榮幸地與大人物親近。他盡可能同上流社會的那些人物；同被認為是指導公眾輿論的那些人；同有聰明才智的、學識淵博的和深得民心的那些人交往。一旦公眾愛好的傾向偶然在某些方面對他最好的朋友們不利，他就會避免同他們相處。對於他希望他們引薦自己的那些人，他會為了達到這個目的而採取卑劣的手法：不必要的誇大其詞、沒有根據的自我吹噓、持續不斷的盲從附和、習以為常的奉承拍馬。雖然這些在大部分情況下會使人感到愉快和輕鬆。

愛好虛榮的人即使撒謊，說的也全是無害的謊言，意在抬高自己而不是壓低他人。而驕傲卻是一種莊重的、陰沉的和嚴厲的激情。驕傲的人很少墮落到卑劣撒謊。但是如果他這樣做，他的謊言就一定有害。驕傲的人撒不撒謊對他人來說都是有害的，本意都是貶低他人。他認為他人是不正當地享有的較高地位，從而滿懷憤怒；他懷著敵意和妒忌來看待他人。而且，在談到他們時，他常常竭盡所能對他認為是他人的長處，加以低估和貶低。無論怎樣有關他人短處的流言蜚語傳播開來（雖然這些流言蜚語很少是他自己編造

出來的），但他常常樂於相信它們，絕不會不願散播，有時甚至添油加醋。愛好虛榮的人最惡劣的謊言，都是我們稱之為小謊的謊言；一旦驕傲的人墮落到說出最惡劣的謊言，情況就完全相反。

然而，這樣的判斷經常會使我們犯錯誤，而且驕傲的人和愛好虛榮的人常常是（或許絕大部分是）大大高於通常水平。雖然並不像驕傲的人自認為的那麼高，也不像愛好虛榮的人希望別人所看的那麼高。如果我們將其同他們的自我吹噓相比較，似乎就成了適當的鄙視對象；但是，如果我們把他們同他們的大部分競爭者真正具有的水平相比較，則很可能大大超過通常的水平。在存在真正長處的地方，驕傲常常會伴隨著這樣一些令人尊敬的美德：真誠、正直、高度的榮譽感、熱誠和始終如一的友誼、堅忍不拔和不可動搖的決心。而虛榮心常常會伴隨著許多令人感到親切的美德：仁愛、有禮貌、在一切小事上報答別人、有時在一些重大的事情上真正慷慨地報答別人的願望。

愛虛榮的和虛榮心這兩個詞從來不會被人以褒義來使用。我們有時在心情很好的狀況下談論一個人時，說他因為有虛榮心反而顯得更好一些。或者說他的虛榮心讓人感到更多的是高興而不是討厭。但大多數時候，我們仍然把這種虛榮心看成是他品質中的一個弱點和笑柄。相反，驕傲的和驕傲這兩個詞有時會被人以褒義來使用。我們常常說某個人是一個很驕傲的人，或者說他過於高傲，從來不做一件下賤的事情。驕傲在這裡就混雜著某種高尚的東西。亞里斯多德當然是對世事洞察無遺的哲學家，他在寫高尚人物的品質時，會描繪這種人物的許多特色，這些特色在過去兩個世紀內，通常被說成是西班牙人的品質：對一切決心要做的事，他都曾深思熟慮；一切行動都從容不迫甚至遲緩；他的聲音是莊重的；他的談吐是審慎的；他的步伐和舉止是緩慢的；他在所有重大和特別事務上，用最堅定和最強烈的決心去行動。他不是一個喜歡危險，或是魯莽地去經受危險的人，而是敢於使自己面臨有重大意義的危險。而且，當他面臨這樣的危險時，他可以完全不顧自己的生命。

　　驕傲的人通常容易對自己感到非常滿意，他認為自己的品質不需要作任何改善。他為自己的十全十美而鄙視一切有助於進步的提高。對自己長處過於自信和荒唐可笑的自高自大，通常從他年輕時就伴隨著他直至耄耋之年。像哈姆雷特所說的那樣，「他死時，未經抹油，沒有受過臨終塗油禮，負著他的全部罪惡死去」。

　　愛慕虛榮的人則不同。為了得到那些受人敬佩和令人尊重的品質，他對一切充滿熱望。這是一種對光榮與尊嚴的真正狂熱。這種狂熱即使不是人類天生激情中最好的，也肯定是其中之一。虛榮心往往是希望過早取得本該以後才具有的某種榮譽。假設你的孩子只有二十五歲，即使他現在只是吹噓自己具有聰明和高尚的品質，也不要對他傷心憤怒，如果你正確的將他的這種虛榮心引導到了一個正確的軌道，那他完全會在四十歲時成長為一個那樣的人，而這正是教育事業的祕訣所在。微不足道的本領固然不值得誇耀，但不要讓孩子覺得那些對現實有重要意義的才藝遙不可及。只有當他熱切地追求這些目標時，他才可能真正得到它們。你應該去鼓勵這種慾望；提供一切手段以促使他獲得這種才藝；雖然有時他會在功夫尚未到家時裝出一副已經獲得這種才藝的樣子，但不要對此過於生氣。

　　上面這些，就是驕傲和虛榮心按照各自固有的品質發生作用時表現出來的不同特點。但是，驕傲的人常常是愛虛榮的；愛虛榮的人常常是驕傲的。沒有什麼會比如下情況更為自然：一個對自己的評價超過他應有評價的人，希望別人也更高地評價他。這兩種缺點常常存在於同一種品質之中，兩者的特點混雜在一起：虛榮心的淺薄和不恰當的賣弄誇張，同驕傲的、幼稚的且最有害的傲慢無禮結合在一起。因此，我們有時不知道如何去識別這種特定的品質，也不知道該歸於驕傲還是虛榮。

　　有些低估或高估自己的人，優點反而會超過通常水平的人們。這種人雖然不是非常高尚，但在私人交往時也完全不是令人不快的。他的同伴在同這樣一個虛懷若谷和不擺架子的人交往時都感到自己非常舒暢自在。然而，如果他的這些同伴並不具有比常人更強的識別能力和更寬宏大量的品質，就算

他們會對他產生一些友好的情感，也不會對他產生較大的敬意，而且，他們的友好熱情遠遠不足以補償淡薄的敬意。

不比常人具有更大識別能力的人們，對別人的評價也從來不會超過對自己的評價。他們認為，他似乎在懷疑自己是否同這樣一種地位或職務完全相稱。於是，轉而喜歡一些對自己的資格不抱任何懷疑的人。雖然他們可能具有識別能力，然而，如果不夠寬宏大量，他肯定要利用他們的單純，並且裝作更有某種優勢的樣子，而這種優勢是他們根本沒有資格擁有的。他們的和善可能使他對此忍受一段時間。但往往到了為時已晚，在他的地位因為猶疑不決，被熱心卻不太有功的同伴所篡奪時，他才變得後悔不已。

天賦大不如通常水平的人們，有時對自己的評價似乎更不如他們的實際狀況。這種謙卑似乎會使他們顯得愚蠢笨拙。當然，如果你觀察過白痴，就會發現：他們中許多人的理解力絕不低於另外一些人——這些人雖然被人認為生性遲鈍和愚蠢，但沒有人認為他們是白痴。許多白痴受到同常人一樣的教育，也學會了讀書、寫字和算帳。許多從未被看成是白痴的人，儘管受到了精心的教育，儘管在他們年事已高時仍有足夠的精力，去學他們幼時的教育中未能學到的東西，但從未能學會上述三種技能中的任何一種。

然而，出於某種驕傲的本能，他們把自己列入與年齡和地位相同的那些人的行列，並且鼓起勇氣在同伴中維護自己本來的地位。相反，白痴常常感到自己不如他認識的每一個朋友。他非常容易受到虐待，極易陷入憤激和狂怒劇烈發作的狀態，任何良好的待遇、善意或恩惠，都不能使他挺起身來平等地同你交談。不過，如果你最終能使他同你交談，你就會發現他的答話非常中肯，甚至通情達理。但是，他們內心巨大的自卑感總會留有痕跡。他似乎畏畏縮縮，不敢正視你的面容同你談話。儘管你貌似謙虛，但他把自己擺在你的位置上來考慮問題時，還是感到你必然會認為他大大地不如你。

大部分所謂的白痴，似乎主要或完全由於理解能力上的某種麻木或遲鈍，而被看成是白痴。但是，另外有些白痴，他們的理解力並不顯得比未被看成是白痴的人更為麻木或遲鈍。然而，在自己的同事中維持自己平等地位所必

需的那種驕傲的本能，在前一種人身上似乎完全沒有，在後一種人身上就不是如此。

因此，最能為當事人帶來幸福和滿足的自我評價，似乎同樣也能給公正的旁觀者帶來最大的愉快。那個按照應有的程度來評價自己的人，很少能從他人身上得到他認為是應當得到的一切敬意。他所渴望的並不多於他所應得到的，而且對此非常滿足。

相反，驕傲的人和愛好虛榮的人始終不會感到滿意。前者對於他認為別人的長處不符合實際感到憤慨和憎恨；後者對於他預先感覺到會因為那些沒有根據的自我吹噓，而被人發覺後的羞恥心理一直忐忑不安。即使真正具有高尚品德的人各種過度的自我吹噓，因其傑出的才能和美德而得到維護，但更多的還是靠他的運氣。

這樣的做法顯然會欺騙群眾，但他也不在乎他們的讚賞。它欺騙不了那些智者，對這些智者的贊同他不得不加以重視，並且渴望獲得他們的敬意。他總是覺得他們看透了他，也懷疑他們鄙視他那過度的傲慢。從而他常常遭受很大的不幸，這些人起先是他留意提防和祕而不宣的敵人。最後是他公開的、狂暴的和極其仇恨的敵人，而他們以前的友誼似乎只是為了給他帶來某種享受。

驕傲的人和愛好虛榮的人使我們感到厭惡，我們也常因此而低估了他們。然而，除非我們被某種特殊的人身侮辱所激怒，否則我們不敢粗魯地對待他們。在一般情況下，為了使自己暢快，我們會盡量採取默許的態度，並且盡可能遷就他們的愚蠢行為。對於那些低估自己的人，除非我們具有比大部分人更大的識別能力和更慷慨的品質，至少我們很少不像他對待自己那樣不公平地對待他，而是經常比他做得過頭。不僅他的心情比驕傲的人和愛好虛榮的人更不愉快，而且他更容易受到他人的各種虐待。幾乎在一切場合，過於驕傲都比在各方面過於謙遜好。而且在當事者和公正的旁觀者看來，某種過高的自我評價似乎都比任何過低的自我評價更令人愉快。

因此，在這種自我評價的情感中，就像在其他各種情感、激情和脾性中一樣，最能使公正的旁觀者感到愉快的程度，也就是最能使當事人自己感到愉快的程度。其過度或不足很少令前者不快，也就相應地很少令後者不快。

道德評論

對激情的成功控制本身具有一種美，應該受到尊敬和稱頌。在危險和困難面前處變不驚，即便是公正的旁觀者也對他誤解時，依然能坦然處之、不作辯解的人，必然會博得人們高度的欽佩。真正的英雄之所以能感動後人，除了他們壯舉本身的偉大外，更多的是他們作出犧牲時所表現的鎮定和尊嚴留給了人們更為深刻的印象。

第九卷 論道德哲學體系

　　每一種曾經在世界上享有聲譽的道德學說體系，或許最終都來自一直在努力闡明的某個原則。由於這些道德學說在這一方面全都以天性的原則為基礎，所以它們在某種程度上全都是正確的。

▌論道德情感的理論應該探討的問題

　　當我們考察人類道德情感的本性和起源的最成功和最卓著的理論時，往往會發現：幾乎所有的理論都有部分和我們一直努力加以說明的理論相一致；甚至我們還發現，每個作者都提出關於天性的觀點或看法的體系的緣由。

　　或許，我一直努力闡述的某個原則，正是曾經在世界上享有聲譽的每一種道德學說體系的根本來源。我們之所以說道德學說在某種程度上全都是正確的，是因為它們在這一方面全都以天性的原則為基礎。但是，那些少量來自於某種局部的、不完整的關於天性觀點的道德學說，則是錯誤的。

　　要探究道德體系，以下兩個問題必須考察：

第一，什麼地方存在美德？或者說，是什麼樣的性格和行為構成了成為尊重、尊敬的還是值得贊同的自然對象的那種優良和值得讚揚的品質？

第二，無論是值得尊重和尊敬的品質，還是值得贊同的品質，究竟是我們內心的什麼力量和功能讓我們具備了它們？或者說，我們心裡喜歡某種行為的意向而不喜歡另一種；把某種行為的意向說成是正確的，而把另一種說成是錯誤的；把某種行為中的意向看成是贊同、尊敬和報答的對象，而把另一種看成是責備、非難和懲罰的對象，我們實現這一切的依據是什麼？

當我們考察美德是否存在於仁慈之中，或者是否存在於我們所處的各種不同關係的合宜行為之中，甚至是考察的美德是否存在於對自己幸福的明智而謹慎的追求之中時，實際上就是在對以上第一個問題進行考察及解答。

我們對第二個問題的實際考察，就是我們著重考察這種品質究竟是由自愛之心或由理性的推動來促使我們喜愛的，還是由某種被稱為道德意識的特殊的感知力，或者由人類天性中的某些其他性能來促使我們喜愛的。

對於已形成的有關前一個問題的體系，我們應該先進行考察，對於後一個問題，我們則可以隨後進行考察。

道德評論

關於道德原則需要考察兩個問題，一是美德何在，二是我們靠內心的什麼力量來具備這種品質。對這兩個問題的探究，將使我們從本質上更準確地把握美德的要義，更深刻地理解道德哲學體系的精髓。

▌論各種說明美德之性質的學說

美德的本質，或形成良好且值得讚揚的品質的內心性情，可劃分為三種類型。

一些人認為，內心優良的性情並不存在於任何一種情感之中，而存在於對我們所有情感合宜的控制和支配之中。根據他們所追求的目標和他們追求

這種目標時所具有的激烈程度，這些情感既可看成是善良的，也可看成是邪惡的。所以他們認為，美德因合宜性而存在。這是第一種類型。

另一些人認為，美德存在於對我們的個人利益和幸福的審慎追求之中，或者說，存在於對作為唯一追求目標的那些自私情感的合宜的控制和支配之中。所以他們認為，美德因謹慎而存在。這是第二種類型。

還有一些人認為，美德只存在於以促進他人幸福為目標的那些情感之中，不存在於以促進我們自己的幸福為目標的那些情感之中。所以在他們看來，美德因仁慈而存在。這是第三種類型。

美德的性質要麼被無差別地歸結為人們得到適當控制和引導的各種情感，要麼被限定為這些情感中的某一類或其中的某一部分，這是顯而易見的。

我們的情感大致可分為兩種：自私的情感和仁慈的情感。如果美德的性質不能無差別地歸結為在合宜的控制和支配之下的所有的人類情感，它就必然被限定為以自己的個人幸福為直接目標的那些情感，或者被限定為以他人的幸福為直接目標的那些情感。

所以，如果美德不存在於合宜性之中，就必然存在於謹慎之中，或存在於仁慈之中。除此之外，很難想像還能對美德的本質作出任何別的解說。當然，表面上與這三者不同的解說也是有的，但從本質上看，它們無一不同這三者保持一致。對此，我將在下文予以詳細論述。

論主張美德以合宜為本的學說

在柏拉圖、亞里斯多德和芝諾看來，美德寓於行為的合宜性或恰到好處的情感之中。

一、柏拉圖認為，靈魂就像某種類似小國或團體的東西，它由三個不同的功能或等級組成。

第一種是判斷功能。柏拉圖把這種功能稱為理性，並且把它看成是所有情感的指導原則，因為它不僅確定哪些目的是宜於追求的，還確定什麼才是

達到目的的合宜手段。顯然，我們藉以判斷真理和謬誤的功能，及藉以判斷願望和情感的合宜性或不合宜性的功能，都歸屬於這個名稱。

激情和慾望被柏拉圖歸納為兩種不同的類型或等級。前一種由基於驕傲和憤恨的那些激情組成，它被經院學派稱為靈魂中易怒的情緒，或被我們稱為脾氣或天生的熱情。具體來說，這些激情有野心、憎惡、對榮譽的熱愛和對羞恥的害怕，對勝利、優勢和報復的渴望等。後一種由基於對快樂和熱愛的那些激情組成，它被經院學派稱為靈魂中多欲的情緒，具體來說，這些激情有身體上的各種慾望，對舒適和安全的熱愛以及所有肉體慾望的滿足感等。

儘管這兩類激情很容易使我們誤入歧途，但它終究還是人類天性的組成部分。除非受到這兩類激情的煽動和誘惑，我們一般都能按照理性的原則行事。第一類激情使我們保持尊嚴，免受傷害，追求崇高和識別世人。第二類激情使我們自給自足，獲得維持生存必須的生活資料。我們對理性的堅持，讓我們具備了謹慎的美德。

柏拉圖認為，存在於公正和清晰的洞察力之中的謹慎，使人們對自己所追求的目標及達到目標的手段有了正確的理解。人們在追求富貴的過程中，之所以能夠藐視一切危險，是因為靈魂中易怒的激情得到了理性的指引，這種激情正是在這種作用下構成了堅韌和寬容的美德。在柏拉圖看來，這種激情是理性的補充，它使人類粗俗的慾望得到限制，且較人類其他所有天性都更為高尚。

柏拉圖（約前 427~前 347），古希臘著名哲學家、思想家、教育家。他和老師蘇格拉底、學生亞里斯多德並稱為古希拉三大哲學家。

當我們天性中的理性、易怒的激情和由慾望引起的激情這三個部分和諧一致時，我們就會體會到有關幸福的寧靜享受，這種完美而和諧的靈魂構成了我們通常所說的自制的美德。

根據柏拉圖的道德學說體系，當內心那三種功能各司其職時，就產生了正義，這是四種基本美德中最後的也是最重要的一種美德。需要注意的是，表示正義的這個詞彙，不論是在希臘語，還是在其他語言中，都有另外幾種解釋。由此不難想見，這些不同的解釋之間必然存在著一定的相似性。

其中有一種解釋是，當我們沒有給予旁人任何實際傷害，不直接傷害他的人身、財產或名譽時，就說對他採取的態度是正義的。我在前文已論述到此種意義上的正義，這種正義可能被強制要求去遵守，如果違反就會受到懲罰。

另一種解釋是從不義的角度說明的。當他人的品質、地位以及和我們之間的關係使得我們恰當地和切實地感受到他應當受到熱愛、尊重和尊敬時，

如果我們不作出這樣的表示，沒有相應地以上述情感來對待他，我們對他採取的態度就會被人認為是不義的。是的，即使我們沒有在任何地方傷害過他，如果我們不盡力為他做些好事，不盡力去把他放到那個公正的旁觀者將會樂意的位置上，我們對他採取的態度仍會被認為是不義的。

亞里斯多德和經院學派所說的狹義的正義，正與上述第一種解釋相近，勞修斯所說的「justitiaexpletrix」也與此相同。它存在於我們根據禮節而自願做的一切事情之中，同時對他人沒有任何侵犯。正義的第二種解釋同一些人所說的廣義的正義相同，也與勞修斯所說的「justitiaexpletrix」相一致。它因合宜的仁慈而存在，因我們對自己情感的合宜運用而存在，因被用於那些仁慈的或博愛的目的而存在，因被用於那些在我們看來最適宜的目的而存在。從此種意義上說，正義是所有社會美德的高度概括。

亞里斯多德（前 384~前 322），古希臘斯吉塔拉人，是世界古代史上最偉大的哲學家、科學家和教育家之一。

不過，關於正義的第三種解釋，有時甚至比前兩者運用得更為廣泛。雖然這種解釋同第二種解釋異常相似，但據我所知，這種意義的確存在於各種語言之中。當我們對特定的對象似乎並不以那種程度的敬意去加以重視，或者並不以那種程度的熱情去追求時，不義之類的言辭就會強加在我們身上。這樣，當我們沒有對一首詩或一幅畫表示充分的欽佩時，就被說成不公正地對待它們；而當我們對它們的讚美言過其實時，又被說成讚美過度。同樣，當我們似乎沒有對任何與私人利益有關的特定對象給予充分注意時，我們對之不公正的對象又變成了自己。

透過第三種解釋，我們可以發現，這種正義不僅包含了狹義和廣義兩方面的內容，而且也包括一切別的美德，如謹慎、堅強和自我克制。這種解釋，正是柏拉圖對正義的理解，它是一種涵蓋了幾乎所有美德的解釋。

按照以上柏拉圖對美德的本質或對作為稱讚和贊同的合宜對象的內心性情所作的說明，美德的本質在於內心世界處於這種精神狀態：靈魂中的每種功能都在自己正當的範圍之內活動，不侵犯別種功能的活動範圍，並確切地以自己應有的那種力度和強度來履行各自正當的職責。柏拉圖的這種觀點，與我們上文對行為合宜性所作的論述如出一轍。

二、亞里斯多德認為，美德因正確理性所養成的那種平凡的習性而存在。

根據亞里斯多德的觀點，每一種美德都處於兩個相反的邪惡之間的某種的狀態，在某種特定事物的作用下，這兩個相反的邪惡中的某一個因太過度、另一個因太不足而使人感到不快。於是，堅強和勇氣就處於膽小怕事和急躁冒進這兩種相反的缺點之間的中間狀態。在導致恐懼的事物的影響下，前一種缺點因過度、後一種缺點因不足而使人感到不快。

同樣，節儉這種美德也處於貪財吝嗇和揮霍浪費這兩種惡習之間的中間狀態。前一種惡習對自身利益的關心超過了應有的程度，後一種惡習則是漠不關心；高尚這種美德也處於過度傲慢和缺乏膽量這兩種缺陷之間的中間狀態，前一種缺陷對自己的身分和尊嚴具有某種過於強烈的情感，後一種缺陷

則顯得薄情寡義。亞里斯多德的這種觀點，同樣與我們上文對行為合宜與否所作的論述完全相同。

在亞里斯多德看來，美德因適度習性而存在的觀點，比美德因適度和恰當情感而存在的觀點更為合理。

眾所周知，美德既可被看成是某一種行為的品質，也可被看成是某一個人的品質。如果看成是某一行為的品質，即使根據亞里斯多德的看法，它也存在於某種產生上述行為的情感富有理性的節制之中，不管這種控制對這個人來說是不是一種習慣。如果看成是某一個人的品質，美德就因這種富有理性的節制所形成的習慣而存在，就因這種做法日漸成為內心習以為常和常見的控制而存在。

由此可知，真正慷慨的人，並不是偶然做出一些慷慨行為的人。因為這些偶然行為不是其性格中恆定的情緒所引起的，而是源於偶然產生的情緒，所以，它不會給行為者帶來巨大的榮耀。我們說某人具有大方、仁慈或善良的品質時，一定意味著這個人身上經常會出現這些習慣性的性情，而一個人的個別行為無論多麼合宜，也不能將這種行為視作習慣。

一次孤立的行動不足以證明一個人真正具有美德的品質，因為即使品質低劣的人，也會偶爾謹慎、公正、堅忍不拔及有節制地行事。個別值得稱讚的行動不會使行為人得到讚賞，但一貫行事規矩的人一旦有了罪惡的舉動，就會大大影響我們對其品質的評價。一次行動的錯誤就足以表明，他的習慣是不完美的，他不是具有真正美德的人。

柏拉圖似乎認為，美德可以被看成是某種科學，只要有了關於行為的正義的情感和合宜性判斷，就足以構成最完美的美德。亞里斯多德則認為，沒有一種令人信服的理解能夠形成良好的根深蒂固的習慣，美德存在於行為習慣之中，來自行動而非認識。這一點恰好與柏拉圖的認識相互對立。

三、斯多葛派學說創始人芝諾認為，所有動物關心自己、愛護自己的行為實出人類天性。隨著社會的不斷發展，人類的這種情感不僅會盡力維護它

的存在，而且會盡力把天性中各種不同的構成要素保持在它們所能達到的完美狀態。

　　人類之所以不自覺地將自身的各個機能保持和維持在最好和最完善的狀態，是因為人類自私的天性。天性會告訴人們：任何有助於維持這種現存狀態的事物，都是應該選取的；任何傾向於破壞這種現存狀態的事物，都是應該拋棄的。這樣，身體才會健康、強壯、靈活和舒適，財產、權力、榮譽、尊嚴等應該選擇的東西也會接踵而來；反之，身體就會出現疾病、虛弱、笨拙和痛苦，貧困、卑微、被人輕視甚至憎惡等避之猶恐不及的事物亦會不期而至。

　　雖然以上兩種完全相反的類別包含很多近似的事物，但取捨起來並不難，如在第一類中，健康比強壯更可取，強壯比靈活更可取；名聲比權力更可取，權力比富裕更可取。而在第二類中，身體上的疾病同笨拙相比、恥辱同貧窮相比、貧窮同卑微相比，都是更應該避免的。

　　人們自身所面臨的不同事物和環境，都會或多或少地使人類在自身天性的作用下做出取捨。美德和行為的合宜性，就因對它的選擇和拋棄而存在；當我們不能全部獲得那些總是呈現在我們面前的各種選擇對象時，美德就因從中選取最應該選擇的對象而存在；當我們不能全部避免那些呈現在我們面前的各種弊害時，美德就因從中選取最輕的弊害而存在。

　　斯多葛派學者認為，他們之所以保持著那種構成美德實體的行為的完全正確，是因為他們從每個事物在天下萬事萬物中所占的地位出發，運用這種正確和精確的識別能力去做出選擇和拋棄，從而對每個事物給予應有的恰如其分的重視。這就是斯多葛派學者所說的始終如一地生活，即按照天性、自然或造物主給我們的行為規定的那些法則和指令去生活。斯多葛派學者此種關於合宜性和美德的觀念，同亞里斯多德和古代逍遙派學者的有關思想有很大的相似性。

　　與我們密切相關的家庭、親朋友、國家、人類甚至整個宇宙的幸福，是人類天性賦予我們的宜於關心的基本對象。天性總是教導我們，兩個人的幸福比一個人的幸福更可取，所以，許多人或一切人的幸福必然是無限量的，個人的幸福應首先服從於它。

　　無所不能而又善良仁慈的上帝，創造了天地間的一切，所以，我們可以相信，所發生的一切都有助於整體的幸福和完美。如果我們陷入貧窮、疾病或其他任何不幸之中，我們首先應當盡自己最大的努力，在正義和對他人的責任所能允許的範圍內，把自己從這種不利的處境中解救出來。但是，如果在做了自己所能做的一切之後，發現仍沒有做到這一點，就應當心安理得地滿足於整個宇宙的秩序和完美所要求於我們的在此期間繼續處於這種境地。畢竟與宇宙整體的完美和幸福相比，我們微不足道的幸福是多麼的不值一提。而最後，如果使我們解脫的機會真的出現，我們也應果斷地抓住這個機會，因為這是上帝給我們沒有必要再停滯在這種不幸處境中的暗示。

　　對個人是如此，對我們的親人、朋友和國家的不幸來說亦是如此。在不違背自己職責的前提下，如果我們有能力拯救他們，我們就有責任去做。但是，如果我們盡力了卻仍然無法改變現狀，就應該坦然接受，並相信這樣的事之所以發生是基於整體幸福的考慮。正是這樣，我們把自己的利益看成是整體利益的一部分。因此，整體的幸福不僅應當作為一個原則，而且應當是我們的根本目的所在。

　　譬如：當我們把腳看成是整個身體的一部分時，可以說保持其清潔是我們的天性；而當它被看作與身體無關時，似乎就應當去踩汙泥，踏塵垢，甚至被鋸去，否則就不再是一隻腳。又比如說，一個人被單獨看待時，長壽、健康和財富無疑是令天性愉悅的東西；而被認為是整體的一部分時，如果出於整體利益的需要，個人遇到的麻煩、病痛和貧困似乎都是合理且必要的話，那麼，此時他就不應該有任何抱怨。

　　明智的人從來不怨天尤人，他們總能站在一個更廣闊的角度來審視自身，把自己僅僅看作整個宇宙體系中小小的一分子，認為自己應該按照整個體系

的便利行事，對發生在自己身上的一切，都能心平氣和、沉著冷靜地承受，聽憑命運的安排，對生與死都能泰然處之。

一位針砭時弊的哲學家曾說：「我同樣高興和滿意地接受可能落在我身上的任何命運：富裕或貧窮、愉快或痛苦、健康或疾病。一切都是一樣的。我也不會渴望神祇們在什麼方面改變我的命運。如果我要求這些神除她們已經給予我的那些恩惠以外還給我什麼東西的話，那就是，她們肯事先通知我，什麼是她們會感到高興的事情，這樣，我才可能按自己的處境行事，並且顯示出我接受她們的指派時的愉快心情。」

對統治宇宙的仁慈，對賢人哲士的信任及對賢人哲士認為宜於建立的任何秩序完全聽從，必然導致斯多葛派哲人對人類生活中的一切事件漠不關心。他的全部幸福，首先存在於對宇宙這個偉大體系的幸福和完美的思索之中；存在於對神和人組成的這個偉大的共和政體的良好管理的思索之中；存在於對一切有理性和有意識的生物的思索之中。其次，存在於履行自己的職責之中；存在於合宜地完成上述賢人哲士指定他去完成這個偉大的共和政體的事務中任何微小部分的事務之中。

對他來說，這種努力的合宜與否也許至關重要，但其最終成敗與否，卻可能是無關緊要的。它並不能使他非常高興或悲傷，也不能使他產生強烈的慾望或厭惡。如果他喜歡一些事情而不喜歡另一些事情，如果一些處境是他選擇的對象而另外一些處境是他拋棄的對象，這並不是因為他認為前一種事情本身在各方面都比後一種事情好，而是因為行為的合宜性需要他作出這樣的選擇。

並且，他的所有情感，也未被併入和捲進兩種偉大的情感之中，即想到如何履行自己的職責時產生的情感，和想到一切有理性和有意識的生物得到最大可能的幸福時產生的情感。他以一副安然的姿態，信賴著宇宙這個偉大主宰的智慧和力量。他唯一的焦慮是如何滿足前一種情感，這並不是關注結局，而是思慮自己各種努力的合宜性。不管結局如何，他都相信這個結局正

是力量和智慧得以促進整個宇宙大局的必不可少的條件之一，這個大結局正是他極力想要實現的。

雖然這種取捨的合宜性已經指明並為我們理解，但我們在這種合宜行為中辨認出來的正常秩序、優雅風度和美好品質，我們在這種行為的後果中所感受到的幸福，必然在我們面前顯示出更大的價值，即比選擇其他一切對象實際上得到的價值更大，或者比拋棄其他一切對象實際上避免損失的價值更大。對這種合宜性的關注，會導致人類天性中幸福和光榮的產生；對這種合宜性的忽視，則會導致人類天性中苦惱和恥辱的產生。

不過，富有理智的人並不如此。他們將自己的各種激情完全置於自己天性中占統治地位的節操的絕對控制之下，從而使自己能在各種場合對這種合宜性作出輕而易舉且精確無誤的觀察。順境之中，他們不費吹灰之力就能適應，並且不會偏離正確的方向；逆境之中，他們會堅定不移地為勝利拚搏，並且最終的成功會給他們帶來較之順境更大的榮譽。即使最後不幸失敗，他們也會因行為本身的合宜而沒有任何怨言。

勇敢的人在挫折和磨難面前會鬥志昂揚，因為這是錘鍊英雄般的堅強無畏精神的絕佳機會。他的努力使他感到極大的喜悅，這種喜悅來自對更大的合宜性和應得的讚揚的自覺。如果一個人對自己經受考驗的能力頗為自信，他就不會厭惡各種考驗的降臨。同樣，如果一個人能完全控制自己的激情，他也不至於因環境的是否合宜而有任何困擾。

他們之所以具備這樣的能力，是因為神的恩惠已使他們具備了所有美德，足使他們應付所有環境。如果遇到愉快的事情，他們就用克制的態度去約束它；如果遇到痛苦的事情，他們就用堅定的意志去忍受它；如果遇到危險或死亡，他們就用勇敢和堅強來藐視它。總之，人類生活中的一切事情，他們都會處理得十分合宜得體，他們會由此輕易地得到幸福和榮譽。

在斯多葛派學者的眼中，人生似乎是一種需要高超技巧的遊戲，只是這遊戲又包含有一定的偶然性或被人稱為運氣的東西。這種遊戲給生活帶來的

樂趣，全部來自遊戲本身的公正和技巧，賭注的大小是那麼的不值一提。對聰明人來說，即使用盡全部技巧還是因偶然因素輸掉了遊戲，他也會把這看成是一種歡樂而不是傷心的事，他沒有走錯一步棋，他沒有做出自己為之感到羞愧的事情，他充分享受著遊戲所能帶來的全部樂趣；相反，對愚笨的人來說，雖然他走錯了每一步棋，最後卻偶然地贏得了遊戲，他的這種成功也只能給他帶來微不足道的滿足。他想到自己所犯的全部過錯就感到恥辱，甚至在遊戲過程中，他也不能享受到他能從中得到的一部分樂趣。因為沒有掌握遊戲規律，他通常會產生擔心、懷疑和躊躇的情感，這種情感伴隨著他人生的每一步棋，使他感到莫大的不快。

斯多葛派學者對人生及隨之而來的一切好處似乎視而不見，在他們眼裡，這些只不過是微不足道的兩便士硬幣的賭注而已。對斯多葛派的這種行為，我們關注的不是兩便士的賭資，而是他們遊戲時的合宜方式。如果我們把自己的幸福寄託在贏得這個賭資上，那我們的幸福就是偶然的，就是不受我們支配的，就是我們力所不及的。無休止的心神不寧將困擾著我們，悲傷和失望會隨之而來。而如果我們將幸福寄託在遊戲的趣味、公正、智慧和技巧之上，寄託在自己行為的合宜性之上，寄託在適當的訓練、教育和專注之上，寄託在自己完全有能力去控制並完全受自己支配的基礎之上，我們的幸福就會得到可靠的保證。

經濟學祖師爺向自尊開了槍，道德情操論的心靈雞湯

第九卷 論道德哲學體系

芝諾（約前 490~ 前 425），義大利著名哲學家、數學家，斯多葛學派的創始人。

斯多葛派學者認為，我們可以根據不同情況對人類生活本身進行取捨，如果愉悅我們天性的東西多於使我們不快的東西，那麼從總體上說，生活就是合宜的選擇對象。反之，如果讓天性不快的東西多於令我們愉悅的東西，那麼從總體上說，生活就成了我們應該拋棄的對象。甚至個別斯多葛派學者還說，即使我們的處境總體上是令人不快的，也沒有必要滿腹牢騷，而應平靜面對，至少還應感謝神為我們敞開了死亡這扇大門，讓我們還能擁有最後一個安全和寧靜的避風港。

斯多葛派論著中常述及愉快甚至輕鬆拋棄生命的問題。這些學者認為，無論何時，如果感到不適，人們都可以任意選擇以適當的方式放棄生命。不過，在他們看來，生與死還是一件極其嚴肅的需要慎重抉擇的事。在上帝沒有明確要求我們拋棄生命之前，我們絕不應該那樣做。只有當生活徹底拋棄我們的時候，我們才可以考慮是否不要再眷戀生活，才可以認為這可能也是上帝在暗示我們該放棄生活了。

正因為以上原因，斯多葛派學者才有了這樣的觀點：一個智者也許本可以繼續幸福地活下去，但如果天意注定他應該離開了，他也會欣然接受。而一個常常覺得生不如死的意志薄弱者，天意如果要求他繼續活著，那麼他也必須苟延殘喘地活下去。如果智者的處境惡化，即便他自己認為還能繼續生活下去，但神要求他迅速離開，這時他也會釋然地放棄生命。因為他沒有將幸福寄託在生活本身是否順利上，而是寄託在了是否應該根據神的旨意合宜地放棄生命上。他在乎的不是生活本身的成功，而是自己選擇的合宜性。相反，意志薄弱者的處境本身是良好的，但他卻不知道如何去利用，所以他是不幸的。即便他擁有絕佳的運氣，卻不知道如何去進行遊戲，那麼在遊戲終了時，無論是輸還是贏，他都不會得到真正的滿足和快樂。

在某些場合，心甘情願地去死具有某種合宜性。對這種觀點，即使斯多葛派持有強於古代任何其他哲學派別的堅定性，但這種合宜性卻也是古代各派哲學家們共同的說教，甚至也是只求太平不求進取的伊比鳩魯學派的說教。

他們認為，在戰爭中，即使最清白無辜、地位最高並擔任最重要公職的人，也不能保障任何人的安全，即使他的親朋。他的朋友和同胞，也總有一天會因為某種懷有敵意的激烈的派別鬥爭的廣泛開展而被判處最殘酷和最可恥的刑罰。如果他在戰爭中被俘，如果他所在的城市被占領，他受到的傷害和侮辱就會更大。

但是，美德所包括的一切智慧、正直、堅定和克制，已被哲學家們表述成獲得人生幸福的手段，並且這種手段得到了他們充分的認可。然而，這種行為不一定使這樣做的人免除各種災難，有時甚至使他們遭受一些因國家事務風雲變幻而產生的災難。所以，這些哲學家們又努力表明這種幸福同命運完全無關，或者至少在基本上同命運無直接關係。具備美德的明智行為，首先應盡可能保證人們在各項事業中獲得成功；其次，即使行為失敗，也仍能處之泰然，內心依然平靜和諧，他人由此對自己的熱愛和尊敬也足以使自己釋懷。

另一方面，對人生易於遭受的最大不幸，這些哲學家們也努力表明它們比通常所見的不幸更容易忍受。他們不斷強調，那些最大的不幸能使他們得到足夠的安慰。這種安慰，即一個人在遭遇各種不幸，如貧困、流放、輿論指責、年老體衰、雙目失明等時，他通常所能得到的安慰。為了讓人們在遭遇疾病、喪子、親朋離世等極度悲痛之事時能保持堅強的意志，這些哲學家們也作出了充分的考慮，指出了一些切實可行的應對措施。關於這些課題的論述，或許是古代哲學家著作中最有價值的文化遺產。和當代一些理論體系中悲觀、消極的氛圍相比，他們學說中的那種動人氣魄和英雄氣概，的確給人以很大的鼓舞。

不過，在提出各種切實可行的應對措施的同時，這些古代哲學家們也以極大的努力使人們相信：死沒有什麼也不可能有什麼罪惡；如果他們的處境在某些時候過於艱難，以致他們不能恆久地忍受，那麼，辦法就在身邊，大門敞開著，他們可以愉快地毫無畏懼地離開。他們說，如果在這個世界之外沒有另一個世界，人一死就不存在什麼罪惡；如果在這個世界之外另有一個

世界，神必然也在那個世界，一個正直的人不會擔心在神的保護下還會生活在一種罪惡之中。

　　死亡不足為懼，自殺卻也並不多見，尤其是希臘人更是如此。除了克萊奧梅尼之外，我實在想不起還有哪一個非常著名的希臘愛國者或英雄親手結束自己的生命。眾所周知的地米斯托克利之死的故事雖然發生在真實歷史時期，但是這個故事蒙上了很多浪漫色彩。在諸多的希臘英雄中，塞拉門尼斯、蘇格拉底和福基翁，他們當然不乏勇氣去使自己遭受監禁之苦並心平氣和地服從自己的同胞們不公正地宣判的死刑。勇敢的歐邁尼斯聽任自己被叛變的士兵交給敵人安提柯，並挨餓致死而沒有任何暴力反抗的企圖。被梅塞尼亞斯監禁起來的這個勇敢的哲學家，被扔入地牢，據說是被祕密毒死的。當然，用自殺這種方式結束生命的哲學家也有幾個，但是有關他們生平的記述十分拙劣，因此，關於他們的大部分傳說仍然不足為信。

　　希臘人活潑、靈敏、應變能力強，自殺的風氣顯然不如羅馬人那樣盛行。羅馬共和國及之前講究德行的時期，自殺之風也沒有形成。直至共和國後期，才開始顯現。在共和國衰落之前的各種內戰中，所有敵對政黨中的許多傑出人物，寧願親手了結自己，也不願落入自己的敵人之手。為西塞羅所頌揚而為凱薩所指責的加圖之死，是舉世矚目的這兩個最偉大的倡導者之間一個非常重大的爭論問題，它為自殺這種死法打上了某種光輝的印記。這種死法其後似乎延續了好幾個時代。西塞羅的雄辯勝過凱薩。讚美之聲完全淹沒了責備之聲，所以其後好幾個時代的自由愛好者，都將加圖作為最可敬的共和黨殉難者來看待。

　　自殺是實行君主統治國家的流行死法。我們可以在普林尼的書信中見到這樣的記載：一些人選擇這種死法，是出於虛榮和虛飾，而不是出於即使在一個冷靜和明智的斯多葛派學者看來也是合宜或必然能成立的某種動機。即使是很少步這種風氣之後塵的女士們，似乎也經常在完全沒有必要的情況下選擇這種死法。例如：孟加拉的女士們在某些場合伴隨她們的丈夫進入墳墓。

這種風氣的盛行必定造成許多在其他情況下不會發生的死亡，它造成的傷害，比人類最大的虛榮心和傲慢所能引起的一切毀壞都更為深重。

自殺當然也有一定的原則，這種原則，即在某些場合可能開導我們，使我們將這種激烈行為看作是一種值得稱許和贊同行為的原則，或許完全出於哲學上的某種臆想。身心健康的人絕不會驅使自己去結束自己的生命，但人類在各種災難中，很容易發生一種天性的病態，它會導致人們通常所說的那種對自我毀滅的不可抗拒的愛好。另一種病態，即表面看起來非常幸運，甚至還具有極為嚴肅並給人以深刻印象的宗教情感的人，通常也會走向生命的絕境。

對處於以上病態中的結束自己生命的不幸之人，我們不應當予以責備，而應當給以充分的同情。他們不應得到生命的懲罰，對他們施加懲罰的行為，是如同不義一樣的荒謬之舉。懲罰只能落在他們倖存的親朋身上，這些親朋總是完全無罪的，而且對他們來說，自己親友如此不光彩的逝去必然只是一個非常重大的災難。

身心健全的人與生俱來的天性，會促使自己在所有場合避免這種不幸，保護自己對抗這種不幸。雖然自己在這種對抗中會遭遇危險，甚至喪失生命，但是，當我們既無能力保護自己免遭不幸，也沒有在這種保護中喪生時，不幸必將來臨，任何人類天性的原則都無法阻止。在這種情況下，我們之所以下定自殺的決心，只是因為我們的意識過於脆弱，我們無法以適當的勇氣和堅強的意志去面對這樣的不幸。我不曾讀到或聽說過，一個美洲野蠻人在被某個敵對部落抓住並準備關押起來時就自殺身亡，以免其後在折磨中、在敵人的侮辱和嘲笑中死去。他勇敢地忍受著折磨，並且以更多的藐視和嘲笑來回擊敵人給予他的那些侮辱，他將這視為至高無上的榮耀。

斯多葛學派的整個道德學說體系是以這兩個基本學說為基礎的：對生和死的輕視，對天命的極端順從；對眼前的人類生活中所能出現的每一件事表示滿足。那個放蕩不羈、精神飽滿，同時又待人刻薄的愛比克泰德，可以看

成是上述前一個學說的真正締造者；那個性情溫和、寬厚仁慈的安東尼努斯，則是後一個學說的真正傳播者。

厄帕法雷狄托斯的這個被解放了的奴隸，在年輕時曾遭受某個殘暴主人的侮辱，在年老時，因為圖密善的猜疑和反覆無常而被逐出羅馬和雅典，被迫住在尼科波利斯，並且無論何時都可以被同一暴君送去傑爾巴島，或者處死。對此，他不為所動，一直保持著內心的平靜，對人生表現出最大的輕視之心。他從來不過於興奮，言辭也不過於激昂。他聲稱人生的一切快樂和痛苦，都無關緊要和無所謂。

寬厚仁慈和至高無上的君主不會有什麼抱怨，他們對現存的一切都感到非常滿意，甚至還能體會到平凡生活的優美之處。他們認為，時光流轉和生死輪迴都是合乎自然本性的，生病或遭受其他人生苦難都是上帝的安排，我們必須接受現實，並且要努力尋求解脫的良方，因為這是上帝為我們開出的擺脫困境的處方，只有主動尋求才符合上帝的本意。宇宙中的一切事物都是這個巨大的整體的一個組成部分，看似毫無關聯的兩件事，實際上都是整體鎖鏈的必要組成部分。各種聯繫環環相扣，因果關係無始無終，其實都是來自整個宇宙的總體設計並為了整個宇宙的延續和繁榮而存在的。任何想反其道而行之的行動都會失敗，任何逆潮流而動的努力都只能是徒勞。

斯多葛派學者將上帝視為一切的主宰，並盡力站在上帝的角度來審視一切事物。很多事情對我們都很重要，在上帝看來卻不值一提，即使世界的毀滅，也僅僅被看成宇宙大鎖鏈中早已安排好的一個環節而已。斯多葛派學者對這些事件的發生從來都不感到意外，他們認為，所有不同的事件其實都是完全一樣的，一個世界的締造和毀滅，同一個肥皂泡的形成或破滅一樣，都同樣輕而易舉和值得稱讚，都是同一種非凡的智慧和仁慈的結果。同時，斯多葛派學者也認為，在事件的進程中，有一小部分可以為人所控制和支配，人們可以讓自己的行為朝盡可能合宜的方向努力，至於結果的成敗並不重要。

斯多葛派學者還認為，所有沒有達到盡善盡美境界的人都是有缺陷的，而那些達到了盡善盡美境界的人，都擁有著幸福。對那些稍有不足的人來說，

不管他們如何接近這種完美的境界，都顯得同樣不幸。在我們面前，不合宜且沒有充分理由就做出了毫無意義的行為的人，與不合宜且沒有充分理由但做出了意義重大的行為的人，具有同樣的錯誤。即使我們離成功只有一步之遙，但也只能算是失敗。

不過，這也並不絕對。在不具備完美德行和幸福的人中，有一些人可能也獲得了一定程度的成就。這一點，也或多或少地得到了斯多葛派學者的認可。斯多葛派學者根據這些人所取得成就的大小，將他們分為不同的類型。如他們將一些有缺陷的德行稱為規矩、適當、正派和相稱的行為，並對這些行為賦予一定的理性名稱，西塞羅用拉丁文「officia」來表達，而塞內加則用拉丁文「conuenientia」來表達。西塞羅曾寫過一本《論責任》的書，這本書論述的主題是不完美卻可以做到德行的行為。這個主題也被其他作家如馬庫斯·布魯圖等的著述論及，它甚至構成了斯多葛學派實用道德學說的理論基礎。

然而，斯多葛派哲學觀點似乎與造物主為了引導我們的行動而勾畫出來的方案和次序完全不同。在造物主看來，我們最關心的事情，能最大限度地激起我們的興趣和厭惡、希望和絕望、高興和悲傷的事情，是那些能直接影響到多少由我們自己操縱和指導的那一小部分範圍的事情，是那些能直接影響到我們自己、我們的朋友或國家的事情。如果這些事情導致我們的情緒過於激烈，造物主就會適當地予以糾正。我們心中似乎真正地，或是假想存在一個公正的旁觀者，他就像一個大法官，時常出現在我們面前，將我們那些激動的情緒控制在有節制的合宜範圍之內。

當那些能影響我們所管理的那一小部分範圍的事件導致極為不幸的、具有災難性的結果時，即使我們曾經竭盡全力去避免，我們也不會得到造物主絲毫的寬慰。給我們帶來安慰的，只是我們心中那個人給我們的充分肯定。當然，如果可能的話，一種更加崇高和慷慨的原則，一種對仁慈智慧的堅定信任和虔誠服從，也能給我們帶來安慰。世間的所有事情都在這種仁慈智慧

的指引下發生，當不幸之事對整體利益並非必不可少時，仁慈的智慧就會盡一切可能阻止它的發生。

這是一種出色的思想行為，它能使我們在遭遇不幸時得到安慰。造物主之所以要求我們堅持這種思想，就是出於此種目的。斯多葛派學者則不這樣認為。他們將這種思想行為看作是人生偉大的事業和工作，而並不以安慰為目的。他們認為，在自己非常平靜的心情之外，在自己內心所作的那些取捨的合宜性之外，沒有什麼事情會引起我們誠摯而又急切的熱情，這個在一定條件之外的範圍，完全是宇宙也應該是宇宙主宰的領地。

不難看出，斯多葛派哲學要我們保持的是一種絕對冷淡的態度，它要求我們盡力節制甚至根除個人的、局部的和自私的一切情感，即使自己、朋友、國家遭遇到不幸，也不能產生任何同情，甚至對心中那個公正旁觀者的富有同情心而又減弱的激情，也不能給予同情。他們試圖使我們無視那些神指定給我們作為一生中合宜的事業和工作的一切事情的成敗。

雖然這些哲學論斷可能使人們的認識更加混亂和困惑，但它們決無法阻斷造物主所建立的原因和它們的結果之間的必然聯繫。那些自然而然地激起我們的興趣和厭惡、希望和絕望、高興和悲傷的原因，必然會無視斯多葛學派的一切論斷，從而按照每個人對這些原因的實際感受程度，使每個人身上產生的結果都是合宜的和必然的。

不過，我們心中那個公正的旁觀者的判斷，就可能在基本上受到這些論斷的影響。我們內心的這個偉大的居住者，可能在這些推斷的作用下試圖壓抑我們個人的、局部的和自私的一切情感，使它們減弱到大體平靜的程度。所以，對一切道德學說而言，其主要目的都在於引導這個居住在我們內心的人作出合宜的判斷。

斯多葛派哲學對信奉它的人的品質和行為有很大的影響。雖然這種哲學有時可能會促使他們採取完全沒有必要的暴力行為，但它的主要傾向還是在於鼓勵人們做出符合美德的高尚行為和廣泛善舉。

四、與上述這些古代哲學體系不同的是，還有一些現代哲學體系認為，美德存在於合宜性之中，或存在於情感的恰當性之中，人們對激起這種情感的原因或對象採取行動，正是以這種情感為根據的。

例如：克拉克的哲學體系認為，美德存在於按照事物的聯繫採取的行動之中，存在於按照我們的行為是否合乎情理進行調整，使之適合於特定的事物或特定的聯繫之中。沃拉斯頓的哲學體系認為，美德存在於按照事物的真諦、按照它們合宜的本性和本質而做出的行為之中，或者說存在於按其客觀現實來對待各種事物之中。沙夫茨伯里的哲學體系認為，美德存在於維持各種情感的恰當平衡之中，存在於不允許任何激情超越它們所應有的範圍之中。

其實，所有這些哲學體系在描述同一個基本概念時都或多或少地存在錯誤。它們都沒有提出過任何能藉以弄清或判斷情感是否恰當或合宜的明確衡量標準。這種標準除了能在沒有偏見且見多識廣的旁觀者的同情感中找到，在其他任何地方都見不到它的蹤跡。

除此之外，它們還存在一種缺陷。的確，這些哲學體系對美德的描述是非常公正的，沒有合宜性，就沒有美德；哪裡有合宜性，哪裡就有讚賞。但是，這種描述對美德來說，仍是不夠完善的。合宜性是每一種美德行為中的基本成分，卻不是唯一成分。各種仁慈行為中還存在另外一種性質，這些性質甚至是這些行為理應得到讚賞和報答的原因。

對那種似乎應當給予這種仁慈行為的高度尊敬，或這種行為自然會激發出來的不同情感，現代任何哲學體系都沒有成功或充分地予以說明。而對罪惡的描述，則更不完善。不合宜是每一種罪惡行為中的基本成分，卻不是唯一成分。在各種沒有傷害性和無意義的行為之中，常常存在極其荒唐和不合宜的東西。某些對於跟我們相處的那些人具有有害傾向的經過深慮熟悉的行為，除不合宜之外還有其特定的性質，這些行為似乎應該受到責備甚至懲罰，並且，這些行為不只是討厭的對象，也是憤恨和報復的對象。我們因此種行為而感受到的高度憎惡，現代任何哲學體系也都沒有予以準確的闡述。

道德評論

　　根據柏拉圖、亞里斯多德和芝諾的觀點，美德存在於行為的合宜性，或者情感的適度性之中。

　　根據柏拉圖的道德學說體系，當內心那三種功能各司其職時，就產生了正義，這個詞包含了所有盡善盡美的美德。

　　根據亞里斯多德的看法，美德存在於正確理性所養成的那種平凡的習性之中。美德存在於行為習慣之中，一次孤立的行動不足以證明這個行為人就真正具有美德的品質。

　　根據芝諾這個斯多葛派學說創始人的看法，美德和行為的合宜性，就存在於對它的選擇和拋棄之中；存在於當我們不能全部獲得那些總是呈現在我們面前的各種選擇對象時，從中選取最應該選擇的對象；也存在於當我們不能全部避免那些總是呈現在我們面前的各種弊害時，從中選取最輕的弊害。

論主張美德以審慎為本的學說

　　伊比鳩魯學說，是那些認為美德存在於謹慎之中並由此流傳下來的哲學體系中最古老的體系。不過，據說他這種哲學理論的主要原則是從在他之前的一些哲學家那裡抄襲而來。雖然這種疑問至今尚無定論，但至少可以肯定的是，伊比鳩魯闡述那些原則所運用的完全是自己的方法。

　　根據伊比鳩魯的觀點，天然慾望的第一對象是肉體的快樂，天然厭惡的第一對象是肉體的痛苦。肉體的快樂和痛苦作為慾望和厭惡這些激情的天然對象，是人自然而然的天性。

　　不過，人們有時也會迴避快樂，但這樣做並不是因為快樂本身，而是因為享受了這種快樂，就有可能喪失更大的快樂，甚至遭受一些痛苦。同樣，人們有時也會主動選擇痛苦，這樣做也不是因為痛苦本身，而是因為忍受了這種痛苦，就可以避免更大的痛苦，甚至獲得一些意想不到的快樂和幸福。

　　所以，在伊比鳩魯看來，肉體的快樂和痛苦總是慾望和厭惡的天然對象，並且是唯一重要的對象，這是人類的天性，無須任何證明。他認為，即使其他任何東西成了這種渴望或迴避的對象，那也是因為它具有產生上述快樂或痛苦感覺的傾向。權力和財富能引起人們愉快的傾向，所以成為人們渴望得到的對象；貧窮和卑微能引起人們痛苦的傾向，所以成為人們厭惡的對象。聲譽之所以得到重視，是因為他人對我們的尊敬和愛戴使我們感到愉快和免受痛苦；惡行劣名之所以一再迴避，是因為他人對我們的敵意、輕視和憤恨破壞了我們的安全感，使我們感到痛苦。

　　從伊比鳩魯的觀點不難得出這樣的結論，內心的快樂和痛苦，最終都來自於肉體上的快樂和痛苦。想到過去在肉體上的一些快樂，內心就感到愉快，並且希望得到另一些快樂；而想到過去在肉體上忍受的痛苦，內心就感到難受，並且害怕今後遭受同樣的或是更大的痛苦。

　　內心的快樂和痛苦因肉體上的快樂和痛苦而產生，而且，它們比肉體上原來的感覺更為廣泛、更為深刻。肉體只感受到眼前暫時的感覺，內心卻還感受到過去和將來的感覺。它用記憶去感受過去的感覺，用預期去感受將來的感覺，其結果必然導致所受到的痛苦和享受的快樂都比原來肉體的感覺更為廣泛和深刻。

　　伊比鳩魯認為，當我們正遭受著肉體上的最大痛苦時，細心的人會發現，真正折磨自己的往往不是當前的痛苦，而是回想起過去的痛苦或是害怕將來的痛苦。如果將過去和將來的痛苦與現在的痛苦割斷，那麼，眼前的痛苦就不值一提。同樣，當我們正享受著最大的快樂時，細心的人也會發現，真正能使自己感到愉快的往往不是當前的快樂，而是對過去歡樂的愉快回憶或對將來歡樂的喜悅期待。

　　所以，內心的感覺決定著我們的愉快和痛苦，如果我們身上的這一部分天性處於良好的傾向之中，如果我們的想法和看法沒有受到什麼影響，那麼，我們的肉體不論受到何種影響，都顯得微乎其微。即使我們在肉體上遭遇巨大的痛苦，只要我們保持理智和判斷力的統治地位，便仍可享受到愉悅之情。

為了使自己感到快樂，我們可以追憶過去的快樂和展望將來的快樂。甚至，我們可以在必須忍受某種痛苦時回想當初快樂的樣子，以減輕自己的痛苦。我們害怕痛苦持續不斷以及可能遭受更大的痛苦，都是內心某種想法的結果。這種不良想法可以透過某些比較恰當的情感得到改善，即：如果我們的痛苦是巨大的，那麼這種痛苦持續的時間可能很短；如果它們持續的時間很長，那麼這種痛苦可能是適度的，並且其間有許多時間可能減輕。總之，在伊比鳩魯看來，即使是死亡，也只是所有感覺、無論是痛苦還是快樂的終止，不能將它看成是一種罪惡。他說，如果我們活著，死亡就不來；如果死亡來了，我們就不再活著。所以，死亡也沒什麼可怕的。

如果眼前快樂的感覺如同無須害怕的痛苦的實際感覺一樣微小，那麼，它便是不值得追求的。痛苦感覺給人的刺激性比快樂感覺給人的刺激性大得多，所以，如果痛苦感覺只能稍微減少心情的愉悅，那麼，快樂感覺增加心情的愉悅程度就可以忽略不計了。如果肉體沒有受到痛苦，內心也不害怕和擔心，肉體上所增加的愉快感覺可能是無關緊要的事情，雖然情況可能有所不同，但將這種情況視為增加了上述處境中的幸福，仍是不合適的。

肉體所感受到的舒適和內心所感受到的安寧，是人性最理想的狀態，是人所能享受到的最完美的幸福。所有美德的唯一目標，都以人類天性追求的這個偉大目標為標準。伊比鳩魯曾說，一切美德之所以被追求，並不是因為其自身的緣故，而是因為它們具有達到這個目標的傾向。比如說謹慎，作為美德的根源和基本要素之一，它並不是因為本身而被人追求，而是因為內心那種小心、勤奮和深重的狀態，具有促成最大的善行和消除最大的邪惡的傾向。

伊壁鳩魯（前 341~ 前 270)，古希臘哲學家、無神論者，伊壁鳩魯學派的創始人。

　　自我克制是同快樂有關的一種謹慎。迴避快樂，抑制和限制我們對於享樂的天然激情，當然絕不可能是因其自身而被人追求。這種自我克制的美德的價值，全部來自它的效用，來自它能使我們為了將來更大的享樂而推遲眼前的享樂，或者能使我們避免受到有可能跟隨眼前的享樂而來的某種更大的痛苦。

　　我們經常堅強地處於這樣的境況：勤勞不懈、忍受痛苦、勇敢面對危險或死亡。這並不是人類天性所願意追求的境況，我們之所以如此選擇，只是為了避免更大的不幸。我們不辭辛勞是為了避免貧窮帶來的更大的羞恥和痛苦；我們勇敢面對危險和死亡是為了保護自己的自由和財產，保護取得快樂和幸福的方法和手段，或是為了保護自己的國家。堅強使我們毫無怨言地做著所有這一切，它是在面對痛苦、艱難和危險時表現出來的優秀品質。

　　正義也與此相同。放棄屬於他人的東西並不是人的天性所願意的。對他人來說，我們占有自己的東西肯定沒有他們占有好。但無論如何，他們都應當放棄占有任何屬於我們的東西，否則，他們不正義的行為將會引起人們的憎恨和憤怒。他們內心的安寧將會蕩然無存，他們會因可能遭受人們的懲罰

而驚恐不安。還有一種正義，即存在於按照鄰居、親屬、朋友、上司等各種關係來對他們做出相應好事之中的正義。如果我們的行為在這些不同關係中總是合宜得體，那麼，我們就會得到他人的尊敬和愛戴，否則，只會招致他人的輕視和憎惡。前一種行為，必然讓我們實現慾望中最大和最根本的目標，如舒適、平靜等；後一種行為，必然危及這種舒適和平靜。所以，正義作為全部美德中最重要的美德，其本質就是我們對周圍的人和事所採取的謹慎態度。

以上就是伊比鳩魯關於美德本質的主要論述。令人費解的是，這個被描述為和藹可親的哲學家竟然沒有注意到：無論這些美德或者與其相反的罪惡對於我們肉體上的舒適和安全具有何種傾向，它們在他人身上自然而然地激發出來的情感，比起其他的結果來，是更加強烈的慾望或厭惡的對象；成為一個和藹可親的人、成為被人尊重的人、成為尊敬的合宜對象，比之所有這些愛戴、尊重和尊敬所能導致的我們肉體上的舒適和安全來，是每一個善良的心靈更為重視的事情；相反，成為被人憎惡的人、成為被人藐視的人、成為憤恨的合宜對象，比起我們的肉體因為被人憎惡、藐視和憤恨而遭受到的全部痛苦來，是更可怕的事情；結果是，我們對某種品質的渴望和對另一種品質的厭惡，不會來自任何一種這樣的考慮，即對這些品質對我們的肉體所能產生的後果的考慮。

顯然，伊比鳩魯的這種體系完全不同於我一直在努力建立的體系。不過，他的這種體系產生於哪一方面，產生於對天性的何種看法或觀點，是十分明了的。在造物主的安排下，美德在一切場合充當著智慧的代名詞，它是獲得安全和利益的最可靠和最靈活的手段。他人平時對我們看法的好壞，是支持我們還是反對我們，在基本上決定著我們的成功和失敗。要避免他人對我們不利的評價，最好的辦法就是使自己成為前者而不是後者的合宜對象。

正如蘇格拉底所說：「如果你想擁有一個優秀音樂家的聲譽，最可行的辦法就是成為一個優秀的音樂家；如果你想被人認為有能力像將軍或政治家一樣為國效力，最好的辦法就是獲取指揮戰爭和治理國家的經驗，並成為一

個真正的將軍或政治家。」蘇格拉底的話告訴我們，如果你想被人們稱為一個有理智的、自制的和正直的人，最好的辦法就是成為這樣的人。只要你成為一個真正和藹可親的、受人敬重的人，人們對你的愛戴和尊敬便會將你包圍。

踐行美德會給人帶來諸多好處，行為惡劣終會對己不利。這無疑給美德打上了合宜的印記，給醜惡打上了不合宜的印記。自制、寬容、正直、仁厚這類美德不僅因其自身，而且因其具有最高程度的智慧和謹慎這種附加品質而受到人們的讚揚。與此相反的是，無度、怯懦、不義、狠毒這類惡行，不僅因其自身，而且因其最缺乏遠見的愚蠢和懦弱這種附加品質而遭到人們的詰難。

美德的這種合宜性，似乎是伊比鳩魯所注意到的唯一部分。這種合宜性的確也最為常見，人們在考慮自己的行為時最容易想到它。但伊比鳩魯這種將各種美德都歸結為一種合宜性的做法，助長了一種不良習慣，即根據盡可能少的原則來說明一切表面現象。這種習慣是一切人都會有的天然習慣，尤其是某些哲學家，特別喜歡以這種癖好來表現自己的聰明才智。

顯然，當伊比鳩魯這個原子論哲學的偉大支持者，將各種天然慾望和厭惡的基本對象都歸結為肉體的快樂和痛苦時，他便更深地沉溺於這種習慣之中。原子論學從最明顯、最常見的物質細小部分的形狀、運動和排列中推導出人體的一切力量和技能，伊比鳩魯也運用同樣方法根據上述最明顯和最常見的東西來說明內心的一切情感和激情，由此，他在心理上獲得了一種前所未有的愉悅感。

伊比鳩魯認為，美德存在於以最合適的方法去獲得天然慾望的各種基本對象的行動之中。這是伊比鳩魯體系與柏拉圖、亞里斯多德和芝諾體系的相同之處。其與三者的不同之處在於，對天然慾望的基本對象所作說明的不同，及對美德的優點、或對這種品質應當得到尊敬的原因所作說明的不同。

例如：在伊比鳩魯看來，天然慾望的基本對象就是肉體上的快樂和痛苦，不會是別的什麼東西；其他三位哲學家則認為，天然慾望的基本對象還包含許多其他的內容，如知識、親朋好友、國家的繁榮富強等，這些東西都因其自身的緣故而成為人們的基本需求。

又如，伊比鳩魯認為，美德本身並不值得去追求，它也不是天然慾望的根本目標，只是因為具有防止痛苦和促進舒適和快樂這種傾向，才成為適宜追求的東西。對此，其他三位哲學家則持完全相反的觀點。他們認為，美德之所以值得去追求，不僅因為它是實現天然慾望的其他一些基本目標的手段，而且是因為它是比其他所有目標更重要的東西；人的幸福不僅因被動感覺的愉快而存在，也因其自身積極努力的合宜性而存在。

道德評論

最早對美德存在於審慎之中這一認識做出系統論述的是伊比鳩魯的學說體系。伊比鳩魯認為，肉體的快樂和痛苦是天然慾望和厭惡的首要對象。內心的快樂和痛苦，最終來自肉體上的快樂和痛苦，但它們又要比肉體上的感覺更加廣泛。個人所感受到的最幸福的狀態是肉體的舒適和心靈的平靜。伊比鳩魯把各種美德都歸結為一種合宜性，把各種天然慾望和厭惡的對象都歸結為肉體的快樂和痛苦。

論主張美德以仁慈為本的學說

有一種體系認為，美德存在於仁慈之中。這種體系的歷史非常悠久，似乎是奧古斯都時代及其以後大部分哲學家的體系。這些體系的哲學家們以折衷派自居，主要信奉柏拉圖和畢達哥拉斯的觀點，並因此而被人們稱為晚期柏拉圖主義者。

這種體系認為，在神的天性中，仁慈是唯一的行為準則，它指導著其他所有品質的展現。神的善良本性所提出的目標，透過神自身的智慧所產生的無窮力量來實現。仁慈的品質至高無上，且支配一切品質，所有其他品質都

處於從屬地位，神的行為所表現出的全部美德或全部道德也因這種品質而產生。

人類內心的仁慈及其他一切美德，都存在於同神的美德的某些相似或部分相同之中，因而，也都存在於充滿著影響神的一切行為的那種仁慈的相同原則之中。人類因這種目的產生的行為，無疑是值得讚賞的，甚至在神看來可以稱之為優點。人類要想仿效神的行為，要想對神的一切美德表示虔誠的恭順和讚美，要想樹立像神那樣神聖的原則，使自己的情感更接近至善至美的品質，就必須做出充滿仁慈的行為。這正是這種哲學的主要目的。

這種體系一度受到人們的尊敬和追捧，甚至在宗教改革之後，也被一些極其虔誠和博學的以及態度極為和藹的神學家們所接受。其中，最著名的當然是已故的哈奇森博士。他具有敏銳的觀察力、深刻的哲理性，以及非凡的理智和卓越的見識。

哈奇森博士認為，人類天性的許多表面現象已經證實，美德存在於仁慈之中。作為人類所有情感中最優雅和最令人愉悅的情感，合宜的仁慈總能得到人們的認可。並且，由於它必然傾向於行善，所以它總是人們感激和報答的合宜對象。正因為此，仁慈在我們的各種天然情感中占據了比其他各種情感更高尚的地位。

仁慈的癖好會使人感到些許不快，而其他各種激情的癖好，總使人感到極大的憎惡。人們都會憎恨過度的自私、狠毒及記恨，但即使最過度的溺愛、甚至帶有偏心的友愛，也不會招致他們如此程度的厭惡。在他們看來，只有仁慈這種激情，才可以盡情發洩而無須顧及其合宜性，並且仍然保持著一些迷人之處，甚至在某種本能的善意之中，也存在一些令人感到高興的東西。人們在這種本能的善意下不斷地做好事，從不去理會這種行為是責備還是贊同的合宜對象。其他激情則不同，它們一旦為人所棄，缺乏合宜感，便不再令人感到愉快。

由仁慈情感產生的行為，在這種情感的作用下產生了一種優於其他行為的美感，所以，仁慈情感的缺乏，或是同這種情感相反的傾向更多，就會導致道德上的缺陷。道德有所缺陷的行為之所以受到懲罰，又是因為對身邊的人的幸福缺乏足夠的關注，即缺乏仁慈、慈愛。

此外，哈奇森博士還認為，當在因仁慈情感而產生的行為中發現其他動機時，我們對這種行為的優點的感覺就會減弱，甚至完全消失。例如：如果一個被認為出自感激之心的行動，被人發現它是出自一種想得到某種恩惠的期望；或者，如果一個被認為出自公益精神的行動，被人發現它的根本動機是希望得到金錢報酬，這樣一種發現，就會使讚賞這些行為的想法蕩然無存。

摻雜任何自私的動機，都會削減或完全消除行為在不含有任何自私動機時所具有的那種優點，所以，哈奇森認為，美德只存在於純粹而又無私的仁慈之中。

與此相反，那些通常被認為出自某種自私動機的行為，如果被發現其實是出自某種仁慈的動機時，就會大大增強我們對這些行為的優點的認識。生活中，那些努力去增進自己幸福的人，不是出於別的什麼目的，而是想做一些有益的事情和對自己的恩人作適當的報答，他們往往能得到我們的熱愛和尊重。這樣的事實再一次說明，只有仁慈才能為任何一種行為打上美德的標記。

之後哈奇森還想到，對懷疑者們就行為的正當性所展開的全部爭論，究竟什麼證據才能合理證明那種美德的明白無疑。他說，既然所有爭辯者不斷提到公眾的利益，他們便普遍承認，任何有助於人類幸福的行為，都是正確的、值得讚賞的和具有美德的；相反的行為，就是錯誤的、應當責備的和邪惡的。在後來發生的關於消極順從和抵抗的正確性的爭論中，人們看法的截然不同在於：當特殊利益受到侵犯時，常見的屈服是否有可能帶來比短暫的抵抗更大的罪惡？總體來說，最有利於人類幸福的行為，在道德上絕對是善良的，哈奇森對此深信不疑。

作為唯一能使任何行為具有美德品質動機的仁慈，其情感越強烈，行為就越能得到讚揚。以謀求某個大團體的幸福的行為，比謀求某個較小組織的幸福的那些行為具有更大的仁慈，因此，他們相應地具有更多的美德。一切情感中具有最大美德的，是以一切有理智生物的幸福為自己奮鬥目標的情感。相反，在某一方面可能屬於美德這種品質的那些情感中具有極少美德的，是僅以個人的幸福，如一個兒子、一個兄弟或一個朋友的幸福為目標的那種情感。

品德的完美，透過指導我們的全部行動以增進最大可能的利益的過程體現出來，透過使所有較低等的情感服從於對人類普遍幸福的追求這種做法體現出來，透過只把個人看成是芸芸眾生之一，認為個人的幸福只有在不違反或有助於全體的幸福時才能去追求的看法體現出來。

自愛是一種從來不會在某種程度上或某一方面成為美德的節操。它一旦妨害眾人的利益，就成為一種罪惡。當自愛除了使個人關心自己的幸福之外，並沒有別的什麼後果時，它只是一種無害的品質，不應該得到稱讚，也不應該受到責備。人們所做的那些仁慈行為，雖然具有根源於自私自利的強烈動機，但仍因仁慈而更具美德。仁慈原則的力量和活力透過這些行為得到了充分的體現。

在哈奇森博士看來，自愛並不是一種能促成美德行為的動機。它僅是對自我讚賞的愉快的一種關注，是使自己的良心得到安慰的一種喝彩。它削減了仁慈行為的優點。哈奇森認為，這是一種自私自利的動機，就它對任何行為所起的作用而論，它顯示出了那種純粹而又無私的仁慈的弱點。只有純粹而又無私的仁慈的情感，才能給人的行為打上美德品質的印記。然而，按照人們通常的看法，這種對自己內心讚賞的關注遠未被看成是會在什麼地方削弱某種行為所具美德的東西，它更多地被看成是應該得到美德這個名稱的唯一動機。

以上就是這個折中體系對美德本質的論述。這種體系具有一種特殊的傾向，即透過把自愛描述成絕不會給那些受它影響的人帶來任何榮譽，在人們

的心中培養和助長一切情感中最高尚的和最令人愉快的情感，從而有效控制非正義的自愛，並避免受到這種性情的干擾。

對那些未能充分解釋仁慈這種最高尚品質的特殊優點因何而來的體系，我已給予過充分的說明。這個學說體系似乎也有同樣的缺陷，它沒有充分解釋我們對謹慎、警惕、慎重、自我克制、堅持不懈、堅定不移等較低等的美德的贊同從何而起。我們各種情感的意圖和目的都傾向於產生的有益或有害的結果，是這種體系最為關心的唯一要點。而激起這些情感的原因是否合宜，是否相稱，完全被忽略。

在很多時候，對我們個人幸福和利益的關心，通常表現為一種非常值得稱讚的行為原則。節儉、勤勞、專心致志和思想集中的習慣，常被認為是根據自私自利的動機養成的，同時也被認為是一種非常值得讚揚的品質，應該得到每個人的尊敬和贊同。的確，混有自私自利的動機，似乎常常會損害本當產生於某種仁慈情感的那些行為的美感。之所以產生這種情況，是因為仁慈的原則在這種特殊場合併不堅定，而並不是因為自愛之情從來不是某種具有美德的行為動機。

所以，這種品質是有缺陷的，且應該受到責備而不應得到稱讚。在某種本來只是自愛之情就足以使我們去做的行動中混有仁慈的動機，絕不會削弱我們對這種行為的合宜性的感覺，或者削弱我們對做出這種行動的人所具有的美德的感覺。我們並不動輒猜疑某人存在自私自利這種缺陷。它絕不是人類天性中的弱點或我們易於猜疑的缺點。然而，如果我們真的相信某個人並不關心自己的家庭和朋友，並不由此恰當地愛護自己的健康、生命、財產等這些本來只是自我保護的本能就足以使他去做的事，這無疑就是一個缺點。雖然這個缺點在某些方面來說是可愛的，它能把一個人變成與其說是輕視或憎恨的對象不如說是可憐的對象，但是，他的尊嚴和品質會因此受到損害。

判斷人類行為正確或錯誤的標準，會在一定程度上增進社會的福利或促成社會的混亂。有人據此認為，對社會福利的關心應當是行為唯一具有美德的動機。其實這是不妥的。在任何競爭中，對社會福利的關心都應當尋求同

所有其他動機的平衡。對於人這種不完美的生物來說，維持自己的生存需要求助於外界，由此必然常根據許多別的動機行事。如果人類天性中常常影響我們行動的那些情感不表現為一種美德，或不應當得到任何人的尊敬和稱讚，那麼，人類的天性就會變得一無是處。

對美德本質所作的主要說明，都包含在這三種體系之中，即把美德置於合宜性之中的體系，把美德置於謹慎之中的體系，以及認為美德存在於仁慈之中的體系。其他一切有關美德的描述，不管它們看上去是如何不同，都能輕易地將其歸為這三者中的一種。例如：把美德置於對神的意志的服從之中的體系，既可以把美德歸入謹慎之中的那個體系，也可以把美德歸入合宜性之中的那個體系。

道德評論

在認為美德存在於仁慈中的哲學家看來，仁慈是行為的唯一準則，並且指導著其他品質的運用。同時，仁慈還支配著人類的其他一切品質。帶有仁慈情感的行為本身具有一種高尚的美感，而缺乏仁慈總讓人感到某種道德上的缺陷。有害的行為之所以讓人厭惡，一個相當重要的原因就在於缺乏仁慈。哈奇森博士認為，仁慈的行為不能夾雜其他的動機。是否有利於公眾的利益是衡量美德的標準，而仁慈就是以關注別人的利益為出發點，所以仁慈是唯一能賦予任何行為以美德標記的品質。

論善惡不分的學說

到目前為止，我所闡述的所有體系都認為罪惡和美德在本質上有著某種區別。情感的合宜與不合宜、仁慈與邪惡、謹慎與魯莽之間，都存在著一種真正的、本質上的區別。並且，所有體系都流露出某種明確的讚揚或責備的傾向。

某些體系可能會有打破各種情感平衡、過度偏重某種行為原則的傾向。比如：把美德置於合宜性中的體系，著重介紹的是那些高尚、莊重和令人尊

敬的美德，以及堅忍不拔、高度自制和蔑視痛苦、死亡的品質，而很少論及和藹、親切而溫和的美德。斯多葛派的學者們甚至將這類美德視為缺點。

　　認為美德存在於仁慈之中的體系在努力倡導那些溫和美德的同時，忽略了心靈中更莊重和更值得尊重的品質。他們認為，凡是以個人利益為動機的行為，就絕對算不上優良的品行；如果謹慎是為了促進個人利益，也絕不能被看成是一種美德。再比如：認為美德只存在於謹慎之中的那個體系，在它以最大的熱忱去鼓勵審慎、警覺、冷靜和明智去控制那些習性時，似乎在相同的程度上貶低了上述溫和的和值得尊重的美德，並否定了前者的一切優美之處和後者的一切崇高之處。

　　儘管有著這些缺陷，但這三個體系中的任何一個，其基本傾向都是鼓勵人類心中最高尚的和最值得稱讚的品質。如果人類普遍地、甚或只有少數自稱按照某種道德哲學的規則來生存的人，想要根據任何一種上述體系中的訓誡來指導自己行動的話，那這個體系就是對社會有用的。如果用訓誡和規勸可以激勵心靈中的堅忍不拔和寬宏大量的精神，那古代強調合宜性的體系似乎就足以做到這一點。或者，如果用同樣的方法可以使人心變得富有人性，可以激發我們對同自己相處的那些人的仁慈情感和博愛精神，那麼，強調仁慈情感的體系向我們展示的一些情景似乎就能產生這種效果。

　　我們也能從伊比鳩魯的體系中知道躬行溫和與令人尊敬的美德，是如何有助於增進我們的利益、舒適、安全和清靜。由於伊比鳩魯把幸福置於舒適和安定的收穫之中，所以，他努力用某種特殊的方法表明，美德不只是最高尚和最可靠的品質，也是獲得那些估價占有物的唯一手段。美德給我們內心的平靜和安定帶來的良好效果，也被其他一些哲學家著重稱讚過。

　　伊比鳩魯沒有忽視這個問題，他曾經極力強調那種溫和的品質對我們外部處境的順利和安全所產生的影響。正因為這個原因，古時候各種不同哲學派別的人們才去研究他的著作。西塞羅——這個伊比鳩魯學說體系的最大敵人，也正是從他那裡引用了最為人所讚賞的論證：只有美德才足以讓你獲得

幸福。塞內加雖然是一個斯多葛學派的哲學家，但是，他也比任何人更經常地引用這個哲學家的論述。

然而，還有另外一個似乎要完全抹殺罪惡和美德之間區別的道德學說體系——孟德維爾博士的學說體系，這個學說體系導致了十分有害的傾向。雖然這位作者的見解幾乎在每一方面都是錯誤的，然而，以一定方式觀察到的人類天性的某些表現的見解，卻似乎足以支撐他的觀點。這些表現都被孟德維爾博士以看似粗魯、樸素，但卻活潑詼諧的辯才加以誇張描述，為他的學說披上了某種可能是真理的外衣。他非常武斷地將所有根據某種合宜感、根據對什麼值得表揚和稱讚的這個問題的某種考慮所做出來的行為，看成是對稱讚和表彰的愛好，或者出自他所說的那種愛慕虛榮的行為。

孟德維爾博士說，人首先關心的是自己的幸福，他不可能真正地把他人的成功看得比自己更重要。如果他表現出這樣的行為，我們就可以確信他是在欺騙我們，並且會在接下來用同一種自私自利的動機行事。在他的另外一些自私自利的激情中，虛榮心占了很大一部分，因此，他總對周圍那些人的讚賞感到極大的榮幸和振奮。他知道，為同伴利益而犧牲個人利益的這種行為，將大大滿足同伴們的自愛之心，而且，他們肯定會透過給予他絕非尋常的稱讚來表示他們的滿足。他認為他將從這種行為中得到快樂，這種感受將超過他所放棄的一切利益。因此，他的這種行為正是一種自私自利的表現，恰如在其他任何場合那樣，出自某種自私的動機。可是他卻為這種信念而感到滿意，並認為這完全出自於無私。如果不這樣想，在他自己或他人看來，這種行為似乎就不值得提倡。因此，根據他的體系，一切公益精神，以及所有把公眾利益放在個人利益面前的做法，都是欺詐和哄騙。而這種被人們爭相仿效或大肆誇耀的人類美德，都來自於自尊心和奉承。

現在，我不想研究最慷慨大方和富有公益精神的那些行為是否可能在某種意義上不被看成是出自自愛之心。我認為，這個問題的答案對於確定美德的實質並不具有重大的意義，因為，自愛之心常常會成為具有美德這種品質的行為的動機。

我想說明，那些來自光榮和崇高行為的慾望，或是想使自己成為被尊敬和贊同的合宜對象的慾望，不能被恰當地稱為虛榮；甚至對於名副其實的聲望和名譽的愛好，或是人們希望自己身上真正可貴的品質受到尊敬的慾望，也不應該稱為虛榮。前一種是對於美德的愛好，是人類天性中最高尚和最美好的激情。後一種是對真實榮譽的愛好，這無疑比前者稍欠激情，其高尚程度也次於前者。

一個渴望得到別人對自己本不配有的品質而發出的讚歎，或是想用服裝飾品、平日的輕浮做作來表現自己品質的人，才是真正受了虛榮心的支配。就像某些腹中空空的紈褲子弟，經常擺出一副本不屬於他的顯赫氣派；無聊的說謊者則經常將不是他的某種榮譽歸功於自己。這樣的人，並不滿足於那些真正的、有時是無聲的尊敬和讚賞的情感；他似乎更樂意親耳聽到人們喧鬧的喝彩聲。他迫不及待地強求人們對他表示尊敬：頭銜、讚美，受人崇拜，在公共場合總會受到人們的敬意和關注。可見，這種輕浮的激情完全不同於前兩種激情。前兩種是人類最高尚和最偉大的激情，而它卻是人類最淺薄和最低等的激情。

雖然人們總是贊成前兩種激情，而藐視後一種。然而，它們之間卻有著某種細微的雷同與區別：前者是一種正義、合理和公正的激情，後者則是一種不義、荒唐和可笑的激情。渴望以某種真正值得尊敬的品質獲得尊敬的人，只不過是在渴望他本來有資格獲得的東西，或者說是只要不做出傷害公理的事別人就不能拒絕給他的東西。相反，在任何條件下都渴望獲得尊敬的人，則是在要求他沒有權利去獲得的東西。前者很容易被滿足，我們也不會猜疑是否給予了它足夠的尊敬。後者則從來不會感到滿足，它充滿著這樣一種猜疑——我們並沒有給予他自己所希望的那麼多尊敬。這來自他內心的某種意識：他所渴望得到的大於他應該得到的尊敬。而對於被疏忽了的禮儀，他認為是一種不能寬恕的當眾侮辱，是一種極其輕視他的表現。他焦躁且不耐煩，並且始終在害怕失去我們給他的一切敬意。為此，他總是急切地想得到一些新的尊敬，並且只有不斷地得到奉承和諂媚，才能保持他正常的性情。

在使自己成為應當得到榮譽和尊敬的人，以及只是想得到榮譽和尊敬的慾望之間；在對美德的熱愛和對真正榮譽的熱愛之間，都有某種雷同之處。不僅是在真正成為光榮和高尚的人這方面彼此相像，甚至還有對真正榮譽的熱愛都類似被恰當地叫做虛榮心的品質（也就是涉及他人的品質）。然而，即使是最寬宏大量的人；即使是因美德本身而渴望具有美德的人；即使是漠不關心世人對自己實際看法的人，也會高興地意識到雖然他可能既沒有真的得到榮譽或讚賞，但是，他仍然是其合宜對象。並且他認為，如果人們冷靜、公正、切實和恰當地了解他那些行為的動機和詳情，他們肯定會給予他榮譽和讚賞。他認為他的行為中最高尚的動機是：無論別人如何看待他的品質，自己都應該具備那些高尚的情感；如果他把自己放到他人的地位，並且不考慮他人的看法，他總會獲得有關自己的最高評價。

一個人要求得到自己應得到讚賞的同時，還急切地想獲得這種讚賞（雖然他也算是一個值得稱讚的人），那這種動機中多少混雜著人類天性中的弱點。他可能會由於人們的無知和不義感到屈辱，他的幸福可能由於對手的妒忌和公眾的愚蠢而遭到破壞。相反，另外一種人的幸福卻相當有保障，不受命運的擺布，不受同他相處的那些人的古怪想法的影響。在他看來，由於人們的無知而有可能落到他身上的那些輕視和仇恨，並不適合於他。他不會為此感到屈辱。人們輕視和仇恨他，是因為對他品質和行為沒有正確的了解。如果他們更好地認識他，他們就會尊敬和熱愛他。確切地說，他們所仇恨和輕視的不是他，而是另一個被他們誤會的他。這就是一個真正寬宏大量的人在受到不正確的責備時產生的一種情感。然而，人類天性很少達到這樣堅定的地步。雖然除了意志最薄弱的和最卑劣的人之外，沒有什麼人會對虛假的榮譽感到愉悅。但與此相矛盾而令人感到不解的是，虛假的屈辱卻常常使那些表面看來最堅定和最有主見的人感到屈辱。

孟德維爾博士並不滿足於把虛榮心這種膚淺的動機說成是所有被公認為具有美德行為的根源。他盡力從多方面指出人類美德的不完善。他聲稱，在一切場合，美德總是沒有達到它自稱達到的完全無私的地步，它只不過是暗

中縱容了我們的激情。在他看來，每件東西都豪華到超出了人類天性認為絕對必需的正常程度。所以，即使是一件乾淨襯衫或使用一座合宜的住宅，也被認為有罪惡。他認為，在最為合法的結合之中，對於性生活這種慾望的縱容，也是以最有害的方式來滿足的，因此也可以被看成淫蕩。他還嘲笑那些很容易做到的自我克制和貞潔。像在其他許多場合一樣，他那巧妙的似是而非的推理，在這裡也被模稜兩可的語言掩蓋了。

如果某些激情震動了旁觀者自己的情感，使他產生某種反感或是快樂，他就必然身不由己地注意到它們，因此也必然會給它們一個名稱。如果它們符合他心情的自然狀態，他就容易完全忽略它們，或者根本不取什麼名字。就算給它們起了名字，也是由於處在這樣一種受限制和約束的條件中。所以，這些名稱與其說是表示它們還能被允許存在的程度，不如說是為了表示這種激情的征服和抑制。當他能顯示出這些激情還在若干程度上存在時，他就認為自己已經完全揭示出這些美德僅僅是對人類的疏忽和天真的欺騙。然而，對於美德試圖抑制那些激情的對象來說，這些美德並不要求它們處於完全麻木不仁的狀態。美德只是在限制這些激情的狂熱性，使其保持在既不傷害個人，也不擾亂冒犯社會的範圍內。

孟德維爾那本書的大謬在於：無論何種程度的激情都不考慮作用對象。他將每種東西都說成是虛榮心，即關係到他人的情感是什麼或者應當是什麼的那種虛榮心。依靠這種詭辯，他得出了自己最喜歡的結論：個人劣行即公共利益。對富麗豪華的喜歡；對優雅的藝術和人類生活中的一切愛好；對服裝、家具或設施中一切令人感到愉快的東西的愛好；對建築物、雕塑、圖畫和音樂的愛好，都被說成是奢侈、淫蕩和出風頭，甚至對條件允許無所不便地縱容上述激情的那些人來說也是如此。他認為，這種奢侈、淫蕩和出風頭必然是對公眾有利的。因為如果沒有這些品質優雅的藝術，這些激情就絕不會得到鼓勵，也必然因為沒有用處而枯萎凋零。

在孟德維爾時代之前流行的看法是：認為美德是人們的全部激情，要徹底根絕和消除。這樣一些流傳於民間的制欲學說，正是這種放蕩不羈的體系

的真正基礎。孟德維爾博士很容易地論證了：第一，實際上人們從未完全征服過自己的激情；第二，如果人們普遍地做到了這一點，那麼，這對社會也是有害的，因為這將葬送一切產業和商業，並且在某種意義上會葬送人類生活中的一切行業。透過這兩個命題中的第一個，他似乎證明了真正的美德並不存在。而以為是美德的東西，只是一種對於人類的欺詐和哄騙；透過第二個命題，他似乎證明了，個人劣行即公共利益，因為如果沒有這種個人劣行，社會也無法繁榮或興旺。

這就是孟德維爾博士的體系。它一度在世界上引起強烈迴響。雖然同沒有這種體系相比，它或許不會引起更多的罪惡，但是，它卻讓一些負罪的人披著冠冕堂皇的外衣，表現得更加肆無忌憚。無論這個體系顯得如何有害，如果它不在某些方面接近真理，它也就絕不能欺騙那麼多的人，也絕不會在信奉更好體系的人們中間引起普遍的驚慌。

某個自然哲學體系，表面看來也許非常有理，可以在很長一段時期為世人所普遍接受，但實際上卻沒有太多基礎，同真理也毫無相似之處。笛卡爾旋風就被一個富有智慧的民族在將近一個世紀的時間內看成是天體演化的一個最成功的解釋。但是，有人已證明有關那些奇妙結果的虛假原因，不僅不存在而且根本不可能有。如果它們存在的話，也不可能產生這種歸結於它們的結果。但是對道德哲學體系來說卻不是這樣。一個聲稱要解釋人類道德情感起源的作者，不可能用如此糟糕的理由欺騙我們，或是背離真理以致毫無相似之處。

當一個旅行者敘述某一遙遠國度的情況時，他可能會利用我們輕信別人的心理，把毫無根據、極其荒唐的虛構說成是非常可靠的事實。然而，他的最大謊言必須同真情有些相像，其中甚至要有相當多的事實。雖然有時我們會像那些懶惰的主人一樣，將一切託付給某個很可能欺騙我們的傭人。比如：當一個人自稱要告訴我們鄰居，或是我們居住的這一附近發生的一些事情時，雖然我們就住在這裡，但卻由於過於相信而完全不願意親眼看看，反而會被他從許多方面給欺騙了。因此，我們也不能忽視任何與事實完全不符的說明。

一篇文章的最低要求是必須要有充分根據，甚至那些誇張過度的文章也必須以某些事實為依據。否則，欺騙就會被識破，甚至只需要粗枝大葉的察看就能識破。在最無判斷力和最無經驗的讀者看來，如果一個作者想把某種本性作為任何天然情感產生的原因，而這種本性既同這個原因沒有任何聯繫，也同別的本性沒有相似之處，那麼，他就是一個荒唐可笑的人。

道德評論

有一種道德學說體系似乎要完全抹殺罪惡和美德之間的區別，這就是孟德維爾博士的學說體系。孟德維爾博士非常武斷地把所有追求合宜感和意欲贏得別人讚揚的行為，都看成是愛慕虛榮的表現。按照他的學說體系，一切公益行動都是一種欺騙行為，而這種被大加褒揚和所謂的人類美德，也不過是自尊心和奉承的產物罷了。

孟德維爾博士除了把虛榮心這種膚淺的動機歸結為具有美德行為的根源之外，還從諸多方面指出了人類美德的不完善。孟德維爾的致命錯誤在於，他把所有激情都說成是邪惡，同時將虛榮心看作是一切行為的根本動機，並且做了令人震驚的詭辯式的結論：個人劣行即公共利益。儘管如此，孟德維爾關於美德的論述也是值得我們深思的，因為他建立的善惡不分的哲學體系肯定有某種相對真理的成分存在。

▌論各種關於贊同原理的學說

關於美德本質的探討，至此告一段落，接下來進行逐一分析和論證的是贊同本能的各種體系。

贊同本能，即能引起我們喜歡或者討厭某種事物的內心力量或能力的品質。我們表達好惡、判斷對錯，區分值得尊敬和報答的對象與應該受到責備和懲罰的對象，都是借助這種品質。

自愛、理智和情感構成了贊同本能的三種不同根源,由此,贊同本能也就有了三種不同的解釋。第一種解釋認為,我們根據自愛的原則,也就是別人對我們是增益還是損失的傾向,來決定我們贊同還是反對自己以及別人的行為或意見;第二種解釋認為,我們是根據理智的原則,即借助區別真理和謬誤的能力來判斷我們的行為和情感恰當與否;第三種解釋認為,我們是根據情感的原則,即直接從情感的好惡來判斷某種行為或情感。

理智原則在思辨和在美德本質的討論中顯得極為重要,但在實踐和在關於贊同本能的探討中,就顯得不那麼重要。這是在論述之前有必要指出的。

論主張贊同原理本於自愛的學說

自愛、理智和情感構成了贊同本能的三種不同根源,以自愛來解釋贊同本能的那些人,所採用的解釋方式不盡相同,因而在他們各種不同的體系存在大量的混亂和錯誤中。

按某個學者及眾多追隨者的觀點,人處於社會的庇護之中,不是因為他對自己的同類懷有自然的熱愛,而是他想要舒適地或安全地生存下去,就不能離開別人的幫助。正因為此,社會對他來說顯得不可或缺。

他認為,任何有助於維護社會和增進社會幸福的東西,都具有間接增進自己利益的傾向;反之,他認為任何可能妨害和破壞社會的東西,對他自己也具有一定程度的傷害和危害的作用。

人類社會最大的維護者是美德,最大的擾亂者是罪惡。前者令人愉快,後者則令人不快。那種促進社會秩序的美德的傾向與擾亂社會秩序的罪惡的傾向,在我們冷靜和明達地考慮時,正如前一場合所說,前者顯示一種極其偉大的美,後者顯示出一種極其巨大的醜惡。

當我們以不同角度來審視人類社會時,它將給我們顯現出不同的視角效果。當我們以某種抽象和哲學的眼光來凝視人類社會時,她看來就像一架絕

妙的、巨大的機器，她那有規則而又協調的運轉產生了數以千計的令人愉快的結果。

自由企業的守護神──亞當‧斯密

作為優良光滑劑的美德，在所有其他作為人類藝術產品的美妙和宏偉的機器中，任何有助於使它的運轉更為平穩和更為輕快的東西，都將從這種結果中獲得某種美；相反，任何阻礙它的運轉的東西，如同罪惡毫無價值的鐵鏽那樣，使社會的車輪互相衝撞和摩擦時，必然使人不愉快而引起反感。因此，這個體系所具有的可能性完全顯示出來。

有關贊同和不贊同的起源這種說明，就其從對社會秩序的尊重推斷贊同和不贊同而言，離不開那個賦予效用以美的原則。當作家描繪的某種有教養而又喜歡交際的生活的無數好處，勝於一種粗野而又孤獨的生活時；當他們詳述美德和良好的秩序為維持前者所必需，並證實罪惡盛行和違犯法律如何肯定無疑地會促使後者恢復時，讀者們便陶醉於他們向他說明的那些新穎而又宏偉的見解之中：一種嶄新的美在美德中顯現，一種新生的醜惡在罪惡中顯現，他以前從未注意這一切；並且對這一發現非常高興，因而很少花時間

思考在他以前的生活裡從未想到過的這種見解，它也不可能成為贊同或不贊同的根據。

當那些作家從自愛推斷出我們在社會福利中所享有的利益，以及我們因那一原因而賦予美德的尊重時，他們並不是說，我們的情感會因認為自己從前者獲得利益，或者因為從後者受到傷害而受到影響。我們尊重美德而譴責目無法紀的品質，並不是因為在那遙遠的年代和國家裡社會的繁榮或顛覆，會對我們現在的幸福或不幸具有某種影響。

他們從來不曾認為，我們的情感會受我們實際所設想的它們帶來的利益或損害的影響；而是認為，如果我們生活在那遙遠的年代和國家裡，我們的情感就會因為它們可能帶來的利益或損失而受到影響；或者是，在我們自己生活的年代裡，如果我們接觸同類品質的人，我們的情感也會因為它們可能帶來的利益或損失而受到影響。

簡單說，那些作家正在探索的、而且絕不可能清楚地揭示的那種思想，是我們對從兩種恰好相反的品質中得到利益或受到損害的那些人的感激或憤恨產生的間接同情；並且當他們說，促使我們稱讚或憤怒的不是我們已經獲益或受害的想法，而是如果我們處於有那種人的社會，我們可能獲益或受害的設想，此時，他們含糊地指明的正是這種間接同情。

同情在任何意義上都不能看成一種自私的本性。假如，當我同情你的痛苦或憤怒時，它可能被誤認為我的情緒源於自愛，因為它產生於我了解你的情況，產生於設身處地地考慮問題，並由此懷有在相同的環境中應該產生的情緒。

同情雖被極為恰當地說成是產生於同主要當事人有關的某種設想的處境變化之中，然而，這種設想的變化並不假定偶然發生在我們自己的身上，而是發生在我們所同情的那個人身上。

比如：當我為你失去獨生子而表示哀悼時，為了同情你的悲傷，我不必考慮，如果我有一個兒子，並且這個兒子不幸去世，我就會遭受什麼；而是

考慮，如果我真是你，我會遭受什麼。因此，在我心裡的悲傷完全是因你而起，沒有絲毫是因我自己而起。所以，同情根本不是自私。

以我自己本來的身分和地位感受到的這種悲傷，甚至並不是產生於對那種已經落到我自己的頭上的任何事情，或者與我自己有關的任何事情的想像之中，而是完全產生於與你有關的事情之中，這是不能被看成自私的激情的。

道德評論

用自愛來解釋贊同本能的人，由於他們所採用的解釋方式各不相同，所以在他們各自的體系中存在大量的混亂甚至錯誤的地方。人類社會是一架構造精巧、碩大無比的機器，作為有助於其運轉的美德是令人愉快的，而阻礙其運轉的罪惡是讓人厭惡的。我們總是喜歡以效用為原則來表達我們贊同或不贊同的情感。同情無論在何種意義上都不能被看成是一種自私的本性。把自愛作為人們表達贊同情感的解釋是缺乏說服力的，這似乎是對同情體系的一種誤解。

論主張贊同原理本於理性的學說

一種學說認為，人類社會自然狀態就是戰爭狀態；在建立起市民政府之前，一個安全和平的社會不可能存在於人們中間。

在這種學說看來，保護社會就是支持市民政府，而推翻市民政府便可能導致社會崩潰。但是，市民政府的存在卻是依靠對最高行政長官的服從，當他一旦失去自己的權威，所有的政府都將倒台。

因此，這一原則教人稱讚任何有助於增進社會福利的事物，譴責任何有可能危害社會的事物。如果他們能始終一貫地考慮問題和作出表述，同樣的原則就應該教會他們在一切場合對政府官員的服從，所有的不服從和反抗將受譴責。是稱讚還是譴責，是服從還是抗拒，這兩種觀念在某種程度上是一致的。衡量什麼是正義，什麼是非正義；什麼是正確的，什麼是錯誤的，政府官員的法律應該是唯一根本的標準。

　　人們是透過宣傳這些見解，使良心直接服從於市民政府，而不服從於基督教會的權力，當今時代的事實無不說明，應把基督教徒的騷擾和野心看作社會動亂的根本原因。無疑，這種學說觸犯了神學家們，他們極其嚴厲和痛恨地發洩著自己的憤怒。

　　同時，這一學說也冒犯了所有正統的道德學家。這個學說認為，正確和錯誤之間天生不存在區別，它還認為，正解和錯誤是不確定的，是可以改變的，這全取決於行政長官的專橫意志。所以，受到來自四面八方的各種武器、嚴肅的理智以及激烈的雄辯的攻擊，主要是源於對事物的這種描述。

　　要想將這種可憎的學說駁倒，必須證明，在出現一切法律或現實制度之前，人們便被自然地賦予某種功能，這些功能使它在某些行為和情感中區別出正確的、值得稱讚的和有道德的品質，而在另外一些行為和情感中區別出錯誤的、該譴責的和邪惡的品質。

　　也有人認為，法律不可能是那些區別的根源，因為根據法律的假定，要麼服從它必定是正確的，違背它必定是錯誤的，要麼我們是否服從它都是無關緊要的。我們服從與否都無關緊要的那種法律，顯然不能成為那些區別的原因；服從是對的、不服從是錯的，也不能成為那些區別的原因，因為這仍然是以在此之前有關正確和錯誤的看法或觀念為前提，服從法律同正確的觀念一致，違犯法律同錯誤的觀念一致。

　　所以，由於內心先於一切法律而具有關於那些區別的看法，似乎必然會由此推論出，它從理性得到這種看法，理性指出正確和錯誤之間的不同，就像它指出真理和謬誤之間的不同那樣；這一論斷雖然在某些方面是正確的，在另一些方面則是頗為草率的，但是，它在人類內心不同官能的獨特作用和能力得到仔細考察和相互區別之前和很容易在有關人性的深奧科學只是處於初創時期之時，為人們所接受。

　　這個爭論在極其激烈和熱烈的進行時，人們沒有想到，任何其他官能會產生是非觀念。所以，當時就流行這種學說，美德和罪惡的實質不存在於人

們的行為同某一高人一等的法律一致或不一致之中，而是存在於同理性一致或不一致之中，這樣，被看作贊同或不贊同的原始根源是來自理性。

我們說美德與理性存在一致，在有些方面是正確的。在某種意義上，理性被正確地看作贊同和不贊同的原因和根源，也被看作一切有關正確和錯誤的可靠判斷的原因和根源。

我們憑藉這一官能發現了應該以約束自己行為的有關正義的那些一般準則；憑藉理性，我們形成了有關什麼是謹慎和公平，什麼是慷慨或崇高的較為含糊和不確定的觀念，也就是，我們根據隨時隨地帶有的這些觀念為我們行為的一般趨勢盡己所能地努力設計。

道德的一般格言是從經驗和歸納推理中形成的。其他的一般格言同樣是如此形成的。在一些變化多端且特殊的場合，我們觀察到什麼東西使我們的道德官能感到愉快或不快，而這些官能贊同什麼或反對什麼；透過對這種經驗的歸納推理，我們建立了那些一般準則。

歸納推理會認為是理性的某種作用，所以，人們認為，那些一般格言和觀念要從理性來推論。

然而，我們正是透過這些來調整自己的極大部分的道德判斷，這種判斷可能是極其不確定和根據不足的，如果它們全然依靠容易像直接情感和情感那樣發生眾多變化的東西，有關健康和情緒的各種狀況就都可能從根本上改變這種判斷。

因此，當我們關於正確和錯誤的最可靠的判斷為產生於對理性的歸納推理的格言和觀念所調整時，就可以很恰當地說美德存在於同理性一致之中；在此程度上可以把這種官能看作贊同和不贊同的原因和根源。

理性是道德一般準則的根源，也是我們藉以形成所有道德判斷的根源。但是，有關正確和錯誤的最初感覺可能來自理性，甚至在那些特殊情況下會來自形成一般準則的經驗，則是令人費解和不可理喻的。如同形成各種一般

準則的其他經驗一樣，這些最初感覺不可能成為理性的對象，而是直接官感和感覺的對象。

正是透過在一些變化很大的情況中發現某種行動的趨勢始終以一定的方式令人愉快，而另一種行動的趨勢則始終令人不快，我們才形成有關道德的一般準則。

理性不可能使任何特殊對象因為自身的緣故而為內心所贊同或反對。理性可以表明這種對象，是獲得自然令人愉快或不愉快的某些其他東西的手段，並且能以這一方式，使這種對象因為某些其他事情緣故，而得到贊同或反對。但是，任何東西若不直接受到感官或感覺的影響，都不能因為自己的緣故而得到贊同或反對。

因此，像在各種特殊的情況下，如果美德因為自身的緣故使人們的心情愉快，而罪惡肯定使人們心情不舒暢，那麼，就不是理性而是直接的感官和感覺，使我們同前者相一致而同後者不協調，從而產生矛盾。所以，愉快和痛苦都是渴望和厭惡的主要對象，但是這些都不是由理性，而是由直接的感官和感覺來區別。

如果美德因為自身的緣故而為人所期望；而邪惡以同樣的方式成為厭惡的對象，那麼，最初區別這些不同品質的不可能是理性，而是感官和感覺。因為理性在某種意義上可以正確地看作贊同和不贊同本性的根源，所以由於人們疏忽，長久以來都認為這些情感最初是來自這種官能的作用。

哈奇森博士的成就主要在於，最先精確地識別了一切道德差別在哪一方面可以說是來自理性，在哪一方面它們是以直接的感官和感覺為依據。在對道德情感所作的說明充分地解釋了這一點，並且，這一解釋是無可辯駁的。如果人們還在繼續爭論這個主題，那麼，我只能把哈奇森先生所寫的東西，歸為對某些表達形式的迷信般的依戀。

這一缺點在學者當中，特別是在討論像現在這個引起人們濃厚興趣的主題時，是很常見的。在討論這樣的主題時，有品德的人連他所習慣的某一合宜的簡單用語也不願放棄。

道德評論

依靠理性，我們可以對正確和錯誤作出明確判斷，這樣，理性便可被看作是贊同或不贊同的根源。但是，如果我們把理性作為區分所有正確與錯誤的根本判定標準時，就大錯特錯了。我們對任何事物的初步認識都只能停留在直接的感觀和感覺的層面，只有隨著經驗的積累，我們才會對這類感觀現象產生初步的理性認識。

論主張贊同原理本於情感的學說

我們可以將情感當作贊同本能的根源的體系分為兩大類：第一類，是贊同本能建立在道德情感之上；第二類，是贊同本能建立在同情的基礎上，透過人內心的這種能力，便足以解釋這種特殊官能所起的一切作用。

哈奇森博士花費很多精力，也證明了贊同本能不是建立在自愛的基礎上，也不是建立在理性的基礎上，而是建立在一種被稱為道德情感的基礎上。

道德情感是人的一種特殊官能，透過人的內心產生有關贊同或反對的特殊而又重要的作用，所以，造物主讓人擁有這種官能。哈奇森博士還認為，這種道德情感與外在感官是有幾分相似及聯繫的。比如：我們周圍的物體透過一定的方式影響這些外在器官後，就產生了豐富多彩的聲音、色彩和味道，人們內心的各種情感透過作用於道德情感，就得出了關於高尚與卑劣、正確與錯誤的評價。

隨後，哈奇森博士又將人心獲得的對事物品質評價的各種感官或感覺能力分為兩種類型：即直接感官和反射感官。我們內心可以直接透過它而不需要先去感覺別的事物，就能獲得對事物的感覺的一些官能，比如聲音和色彩就是我們直接感官的對象，這即為直接感官。我們內心要對某一事物獲得感

覺，就必須先對另一些事物具有感覺的這樣一些官能，比如：和諧和美就是反射性感官的對象，這即為反射感官。

我們品評一種色彩時，首先就要識別這種色彩。看起來類似作用的一種官能就是道德情感，是透過直接內在感官，產生出對不同激情和情緒的各種觀念。所以，我們透過道德情感的反射性感官評價事物的美醜、善惡。

哈奇森博士竭力以這種學說用於對天性的類推和反射感覺的說明，以此來進一步證實自己的學說。儘管他傾盡心力地證明贊同本能來源於某種特殊的感覺能力，也認同這樣推論也會得出一些矛盾的結論，許多人也許會就此認為，這些結論使其學說體系不成立。

因為屬於官能對象的特性並不屬於官能本身。簡單把一種感覺對象的特性歸結為這種感覺本身是非常荒唐的，這也是哈奇森所承認的。正如我們永遠不會同意將視覺分為黑色或白色，或者把聽覺分為高、低音，把味道稱為甜或苦一樣。同樣，我們並不能把道德官能稱為善或者惡。

比如：當我們看到一個旁觀者對一個暴君的劣行拍手叫好，我們一定就會認為這個旁觀者不僅行為非常惡劣，而且道德異常敗壞。在這個時候，我們可能因為這個旁觀者的如此舉動而產生的厭惡程度已遠遠超過了對暴君的厭惡程度，往往忘了對受害者表示同情，對這個暴君表示憤憎。

做出如此殘忍舉動的人可能受了嫉妒、恐懼或憤怒等激情的驅使，可是作為一個旁觀者，他的情感毫無根據，他的表現破壞了我們正常的心理平衡，所以，我們對他的憤恨遠遠超出對暴君的憤恨程度。

因此，會讓人稱讚的是正確的道德情感，也被譽為道德上的善行。如果某一對象的優缺點能被一個人恰如其分地進行評價，那麼，在某種程度上這個人的道德是值得我們贊同和認可的。

當然，能得到這樣的贊同也不是一件容易的事，因為美德既要內心的習慣和決心的驅使，還需要情感的精確性。有些人已具備了情感表達合宜的條件，但是內心的傾向可能往往是錯誤和罪惡的；還有些人雖然用心良苦，卻

因為情感表達方式要麼過於激烈，要麼是表達不足，或者是太過粗俗等表達方式的諸多不合宜，所以，能夠得到道德情感的贊同不僅需要情感表達方式的合宜，也是需要內心的傾向善意，只有在二者兼備的情況下才能獲得。

贊同本能建立在類似外在感官的感覺能力之上，也仍可建立在這種特殊情感即產生於內心的情感或情緒之上。如果感激是與恩惠有關的感覺，而憤恨是與傷害有關的感覺，那麼，贊同和不贊同也可以很合宜地稱為是非感或道德感。這種叫法依然會受到一些反對意見的駁斥，顯然也不被認同。

首先，某種情緒無論面臨的對象發生了怎樣的變化，或者這種情緒本身發生了何種程度的變化，它都依然會保持這種情緒的一般特徵。比如憤怒，我們對小孩、對大人們所表現出的憤怒之情必然不同，我們所表達的憤怒這種情感也一定是不同於讚賞這種激情的，各種憤怒的差異不過是在細節和程度上有所不同而已，但憤怒這種激情的一般特徵是不變的。所以，某種情緒無論面臨的對象發生了怎樣的變化，或者本身發生了何種程度變化，它都會保持這種情緒的一般特徵。

以上是我們的一貫認識，但是在各種不同的實際場合中，我們往往發現自己在某種場合的情緒全然不同於在另一場合的情緒，而且很難發現它們的共同特徵。

從兩種純粹的贊同情緒的角度來說，我們對優雅、溫和和人道的情感所懷有的贊同與對偉大、高尚的情感所激起的贊同，顯然是不同的。因為，前者的贊同情緒使我們變得溫和，後者的贊同情緒會令我們變得高尚，二者都是贊同，但它們激起的卻是兩種不相同的情緒。因此，我們在某一情況下所感覺到的情緒跟我們在另一情況下所感覺到的情緒不可能完全相同，這些足以說明。

其次，正如前面所述，對我們天生的情感來說，贊同或不贊同表現為道德上的善或惡，同樣，對合宜與不合宜的贊同，也表現為道德上的善或惡。

那麼，我們贊成或否定合宜與不合宜的標準是什麼呢？當然，只能以這個答案來回答，也就是對第三者的行為表示贊同的態度，正好與我們的意見相一致時，我們將這種行為看作是道德上的善行，就會贊同他人的態度。相反，當我們對他人的態度不認同，那麼，相對這種行為也就會被看成道德上的罪惡。所以，只有在觀察者與被觀察者之間的情感出現一致或對立時，才會構成道德上的贊同或不贊同。

以上這種說法，很顯然引起了很多的疑問。比如：為什麼只能在這一情況下是這樣，在別的情況下就並非如此了嗎？為什麼一定要設想一種新的感覺能力來說明那些情感呢？那些認為贊同本能是建立在特殊情感能力上的種種說明，我認為都缺乏足夠的說服力。

至今，這種所謂的應該成為人性指導原則的特殊情感能力，並沒有一個專門的術語來加以指代，這就說明它很少引起人們關注。正因為這種立論缺乏科學性且毫無價值，所以，會遭到這樣的冷落。

綜上所述，來自四個方面的原因影響我們贊成某種品質或者行為的情感。這四個原因是：一、我們同情行為者的動機；二、我們理解行為受益人的感激心情；三、他人的行為符合那兩種激情表現的一般準則；四、這種行為具有促進個人或社會幸福的效用。

我們排除了上述四種獲得贊同的原因之後，對任何一種特殊行為而言，如果真存在某種道德感或特殊本能，可能剩下的就只有道德感或是與其他各種本能相區別的特殊官能。

在這種情況下，我們就應該真切感受到它的存在，正如我們對喜悅、悲傷、希望和恐懼的感覺一樣真實而實在，不過，這些我們找不出足夠證明的實例印證此觀點。因為我們從未聽說過有這樣一種本能：它可以盡力使自己超脫，並且既不摻雜同情或厭惡、感激或憤恨的情感成分，也不產生同既定準則契合或相悖的感覺，同時也沒有由對象激發出來的美或秩序的感受。所以，這種道德感根本就不可能存在，只是我們假設的而已。

另外，這種用同情來解釋道德情感起源的體系，實際上是把美德置於效用之中，說明旁觀者如何對影響人們幸福的效用產生同情，進而審視這一效用如何給人們帶來快樂。

道德評論

將情感當作贊同本能的根源的體系可以分為兩種類型。第一種類型就是某些人認為的贊同本能建立在一種特殊情感之上，這種特殊情感又被稱為道德情感。另一種類型認為，贊同本能建立在同情的基礎之上。那些認為贊同本能是建立在特殊情感能力上的種種說明，往往缺乏足夠的說服力。其實，這種道德感根本就不存在。

▋論不同的作者據以論述道德實踐準則的方式

正義準則與其他一切美德有著明顯的區別。前者是唯一準確和精確的道德準則，甚至可以比作語法規則；後者則具有不明確、模糊和不確定這三種特性，因此，可把它比作批評家們為了優化寫作而規定的準則。然而，這種準則只是對應該努力達到的完美狀態作了一個粗略的介紹，並沒有為如何做到這一點提供任何明確無誤的指導。

一般來說，作者採用什麼樣的方式行事，都取決於不同道德準則的精確程度。總的來說，這些行事的方式大概分為兩種：第一種，始終堅持採用像批評家那樣用不明確的寫作方式；第二種，普遍像語法學家那樣按確定性的戒律的方式寫作。

道德家們擅長用一般的方式描寫罪惡與美德、缺陷與優點，但從來不去探索適用於一切特殊情況下的某一明確的行為準則。所以，在寫作上他們通常使用第一種方式。他們喜歡用語言去鋪陳敘述某種內心情感，並喜歡去探討哪種內心情感能夠構成美德或罪惡的本質，以及一個人怎樣才能使自己的行為符合某種品質等。

以人類現有的智慧與力量，雖然能精確地描述每種特殊美德的內心情感特徵，但是，如果要對每種環境下的每種情感經歷都詳加描述，這顯然很困難，甚至不可能做到。因為，同樣的情感對於不同的人總是有著不同的表現，例如：同樣是友好的情感，我們不可能對老人與年輕人或男人與女人做出同樣的表現；對於不同性格的人，我們也必須採用不同的表現方式。所以我敢斷言，人類有史以來，還沒有哪位作家可以詳盡描述一切情感。

當然，每種事物都存在著一般性與特殊性，情感也不例外。因此，對於一般的友好或依戀之情還是可以確定的，雖然對它們的描繪不可能十分完整，但是我們能夠探其根源，並且能夠將它們與尊敬、欽佩等其他情感區分開來。

不管是批評家作者還是其方面的作者，對於他們的寫作來說，任何事物的描寫或是情感的描寫，都是有依據的，並非空穴來風。換言之，任何寫作的靈感皆來源於某種素材。因此，若要批評家們描寫某種美德是如何促使我們採取行動的，這並不是什麼難事，但如果要求他們把一種根本不存在的美德在人們身上的體現描寫出來，這未免顯得過於讓人為難。

試想一下，一種根本不存在或不具備的美德，它可能體現在人們的臉部表情或行為之上嗎？對於人們臉部表情和行為表現不出來的東西，我們又如何去揣摩他在人們心裡的活動呢？我們無法準確界定它的涵義並把它同其他美德區別開來，我們能做的，只是對這種美德可能產生的結果進行有限的描述。

在《論責任》的第一冊中，西塞羅曾努力引導我們去實踐四種基本美德，並且，亞里斯多德也在《論理學》的實踐部分裡，給我們指明了他認為是人們可以據以調整自己行為的各種習性，例如慷慨、高尚、寬宏大量、甚至幽默和善意的嘲弄等。雖然我們對此表示贊同，但是，對於給予它那樣高貴的稱呼，似乎又覺得不恰當。

類似這樣的著作，往往都是以形象生動的筆調，來勾勒和描繪美德或罪惡的場景，使我們透過對這些場景的間接體驗，更加激起我們對美德的自然

熱愛，或是更加增強我們對罪惡的憎惡；並對它們進行公正細緻的評述，希望能在糾正和明確我們對於行為合宜性的自然情感方面提供幫助，使我們的行為，比缺少這種指導時可以想到的更為正確。

這種方式，雖然因為沒有高度的精確性而受到人們的批評，但是，它所具有的那種的效用以及給人們帶來的愉快，卻是不可否認的。因此，在對道德準則的探討中，這種方式構成了被人們稱為倫理學的科學。

要進一步強調的是，根據倫理學形成的方式與特點來看，它極容易被雄辯裝飾。如果可能的話，便可賦予極瑣碎的責任、準則以及新的重要性。

如果用於年輕人身上的訓導經過這種雄辯的裝飾，因他們可塑性很大的緣故，而這些訓導又與這個年齡層的天生高尚之情相一致，即使不能產生十分崇高和持久的影響，至少也會暫時激發很大的決心，從而幫助他們確立和鞏固最好的、最有益的、人們易於接受的習慣。

例如：我們常說的戒律和規勸，也必須是以這種方式來表達和完成，才能激勵我們去實踐美德。

第二種道德學家，包括了中期和晚期的基督教教會的一切雄辯家和在十七、十八世紀探討過所謂自然法學的所有的人。不管出於何種目的，總之，為了使人們的行為更趨向於他們心中的完美，他們除了以這種一般的方式來表述某種行為一般趨向的特徵以外，還努力為我們的行為方向作出了指引，並規定了正確而精細的準則。

在種情況下，他們都會把關注的目光投向正義，因為正義是唯一可以制定正確準則的美德。但是，由於基督教雄辯家和自然法學家職業性質的不同，他們各自採用的方式也截然不同。

自然法學家常常從以權利人運用暴力可以強求什麼、旁觀者會贊同他強求什麼和法官或仲裁人應該迫使對方履行什麼這三個方面來考慮問題。基督教雄辯家則側重於義務人認為自己應該履行什麼義務，並包含著兩個方面的

內容：一方面是出自對一般正義準則的尊重；另一方面是由於擔心因為損害他人而玷汙了自己的品格。

換言之，法學家的目的在於給法官和仲裁人的規定做出決斷的準則，使我們透過嚴格遵守法學準則來避免外在的懲罰；雄辯學的目的則在於為善良的人規定行為準則，使我們透過遵守這些準則，使自身的行為更為得體與合宜，從而贏得人們更為廣泛和高度的讚揚。

這兩種不同的方式，如果在某一時刻同時作用於一個人，那麼，這無疑是相當矛盾的。也會讓這個人感到無所適從。

舉一個很有代表性的例子：如果一個旅行者，被一個攔路搶劫的強盜，用殺害來威脅或強迫允諾給他一筆錢。對於這種在非正義的暴力強迫之下所作的承諾，旅行者非履行不可嗎？這個問題，法學家與雄辯家們一直各持已見，爭論不休。

法學家的判斷結論認為是：強盜無權要求旅行者履行在不義條件下做出的不公平的承諾。因為在整個情事中，強盜並沒有因旅行者的緣故受到任何損害。最多只是被旅行者的承諾欺騙了而已，而這種承諾，也是旅行者在強盜的非正義的壓迫之下，為維護自己的人身安全與利益才不得不作出的，可以算作一種自衛手段。

如果在雄辯家那裡，答案顯然就要複雜得多。在他們看來，一個嚴格遵守正義準則的人，他們所做的事情都不應該與義務的範圍有關。即使旅行者不履行諾言，也不會使強盜受到任何損害，但是，他們看重的並不是這方面的影響。因為，他們總是把尊重真理法則和憎惡背叛和欺騙行為，視作自己品質中不可褻瀆的神聖部分。

所以，他們的結論是：如果旅行者還是一個遵守正義準則的人，就必須履行任何情況下所做出的承諾，因為一個遵守正義道德的人，不可置自己的尊嚴和榮譽於不顧，更不可褻瀆他品質中神聖的部分。

依上述所言，我們可以看出，包括古代作家西塞羅、在大多數情況下絕不是無所拘束的雄辯家——哈奇森博士、現代作家普芬道夫和其註釋者巴比萊克在內的法學家的一派，他們都毫不猶豫地斷定，這樣的允諾是不值得尊重的。如果背其道而行之，都屬於軟弱和迷信的行為；而在以某些教會的古代神父們和某些著名的現代雄辯學家們為中心的宗教雄辯派則斷定，必須履行所有這類允諾。

我們若摒棄上面的爭議，從人類普通情感的角度去考慮，就會發現人們認為甚至對這類允諾也應有所尊重。但是，卻找不到任何一條一般性的準則來確定它在多大程度上，可以毫無例外地適用於一切場合。

因此，對於那些十分直率地履行這種諾言，或者是隨便違背這種諾言的人，我們都不應把他們視為朋友或敵人。例如：一個允諾攔路搶劫者五鎊錢而未履行該諾言的紳士，必會招致某種指責。

當然，如果在允諾的金額相當大的情況之下，履行這種諾言，卻是極為不合理的，甚至在某種程度上屬於犯罪。例如：允諾的這筆金額關係著承諾人家庭的存亡；這筆金額大到足以促使最有益的目的實現。那麼，如果僅僅是出於那些所謂的正義與真理而把大筆重要的金錢扔到卑鄙的強盜之手，這無疑是缺乏理智的行為，甚至是愚蠢的行為。

正如若某人為了履行對強盜的諾言而不惜使自己淪為乞丐，或闊氣到給強盜十萬英鎊一樣，只要稍有常識的人，都會認為這是極其荒唐和過度的。如此荒唐和過度的慷慨行為，必然使他違背了他對自己和對別人所負有的責任，因此，把這個被迫作出的承諾當作神旨一樣來尊重與履行的人，只會受到人們的譏笑和指責。

對於這種允諾的尊重，是不可能根據某種明確的準則來確定的，並由此確定給予多少金額才算合適，這更是不可能的。那麼，如何才能判斷承諾人的行為是否合理正當呢？

我們只有根據搶劫人的情況或當時的情形而定，比如他們的品質、境況或那種諾言的嚴肅性，甚至是那種衝突的各種情節的變化，不管承諾人對允諾的尊重程度如何，或是給予了多少錢，只要得到了人們的稱讚或是同情，那他的行為就是正當的。

總之，只要不對那些神聖的責任造成危害，即對公眾利益負有的責任和對那些我們出於感激、親情或善心而要贍養和撫養的人負有的責任，任何正確的合宜性的諾言都是需要遵守的。

但是，這些需要遵守的諾言也會在某些情況下與美德發生矛盾，那麼，我們又如何來確定這些矛盾在什麼時候發生呢？總的來說，無論何時，也不管出於怎樣的理由，對於允諾的人來說，只要違背了自己的諾言，也是屬於某種程度上的不光彩行為。

既然它在某種程度上是不光彩的，那麼，就可以由此斷定，這種允諾存在著某種錯誤。至少它違背了人類最高尚的榮譽和情操。一個心中充滿正義而勇敢的人，是寧死不屈的，他既不可能愚蠢地保持，也不可能恬不知恥地違反某種諾言。正是由於這個原因，背信棄義和欺騙都是極為危險、極為可怕的罪行，在許多情況下，人們也非常容易不知不覺沉湎於其中。因此，我們必須對它們加倍小心，必須比對所有其他東西更為戒備。

所以，無論處於何種境況，對於違反一切誓約的觀念，我們都應採取迴避的態度，甚至是羞於想像。在這一方面，它們與破壞女性的貞節很相似。為什麼這樣說呢？其原因在於，女性的貞節也是因為同樣的理由，而被我們視為極其重要的美德。因此，我們對兩者的敏感程度，可以說是難分高下。

如果一個人因自己的一念之差或是行為的不慎，而犯下背信棄義的罪行，那他將一直背負這個奇恥大辱，任何情況和任何懇求都不能使其得到寬恕；任何悲痛和任何悔改都無法彌補這種恥辱。因此，我們也可以想像，即使只是一次的強姦，便足以使我們終身蒙受恥辱，因為那種肉體上的玷汙沒有任何方法可以洗刷得掉，就算是內心的清白也無法做到。

不管這件事情發生在誰身上，也不管這個人的身分地位如何，哪怕只是一個微不足道的小人物，它給這個人造成的影響，也與違背諾言的情況相同。

忠誠是一種人類不可或缺並亟需具備的美德。一個人即便一無所有，也應當具有這種美德。對於那種就算是我們把他們殺死和毀滅也是合法的那些人，也應當具有。

如果一個囚犯因某個違背忠誠之罪的人，為了挽救自己的生命，而強烈要求履行諾言，這顯然是不合宜的，因為在這種情況之下所許的諾言，必定和他所應保持和尊重的責任相矛盾。在前面我們已經說過，任何背棄所應保持和尊重的責任的藉口和理由都是不合宜的。也許，這樣的行為可以挽救他的生命或是減輕他的罪行，但是絕不可能完全洗刷他的恥辱。因為，他那些已經犯下的罪行，在人們的想像中，在某種程度上有著與恥辱不可分割的聯繫。

無論如何，他背棄諾言的行為已成事實，這是任何人以任何手段都無法改變的，即使他的品質並沒有因此而無可挽回地變得敗壞，至少有一種附加在他品質上的嘲弄是極難抹去的。因而，我認為，每一個犯過這種罪行的人，必定會把它當成自己人生中的恥辱，更不可能會喜歡回憶與訴說這個經歷。

我們所舉的這個事例，對雄辯學和法學在研究一般正義準則的義務時，有著很大的幫助。比如：可以用來證明它們之間在哪些地方存在差異。雖然這些差異都是真實和基本的，而這兩種科學也提出了十分不同的目的，但在主題上卻產生了許多相似之處。

因此，法學家在考察實際問題時常常把法學的原則和詭辯學的原則交替使用。但是，雄辯家對這個問題的思考卻遠遠要比法學家複雜得多，其範圍也要廣得多。他們考慮的不僅僅是要考察正義準則對我們行為的要求，那些基督教和道德上許多方面的責任在他們看來也是極為重要的。

　　雖然歷史的變遷改變著一代又一代的人，但並不能由此就說那個野蠻和矇昧時代就此遠去。現在，還有許多人存有那種將自己最隱祕的行為向羅馬天主教懺悔的習慣，以至期望神父能為他們指出一條救贖之路。

　　他們的這種行為，正如一個循規蹈矩的人由於不慎犯了錯誤那樣，內心總是忐忑不安，充滿著憂慮與恐懼。一個人無論是處於何種煩惱之中，他的心情總是一致的——希望透過向自己相信不會洩漏祕密的、謹慎的人傾訴內心的痛苦，以解除自己在思想上的壓力。他們敢於對自己的罪行進行傾訴，其原因在於，他們十分自信這種傾訴必定會引起同情、能減輕自己內心的不安或是得到一定的補償。

　　透過這樣的傾訴或懺悔，他們會發現自己並非完全不值得尊重，雖然自己過去的行為受到了不少指責，但至少自己目前的做法是得到贊同的，不管能否足以補償所受到的指責，只要能得到朋友或其他傾聽人某種程度的尊重，都會讓他的痛苦得以減少甚至是解除。

　　可以想像，在迷信的時代裡，由於人們這種特殊的信任，那些狡猾的牧師只要擁有那些時代可能提供的淺薄的學問，就可以贏得多麼高尚的榮耀與社會地位。以我們現在的眼光來看，他們所使用的方式，有許多方面是那麼的拙劣而又雜亂無章。但在他們所處的那個時代裡，卻顯得那麼完美與有序。

　　這也正是他們被視為一切宗教信徒的偉大指導者與一切道德責任的偉大指導者的真正原因。在這種情形之下，每一個有幸與之親近的人，都會獲得好的名聲。那些與之背道，或不幸被他們指責的行為，則都會被視為罪惡，行為人也將一生蒙受恥辱。

亞當 · 斯密墓

在信徒們的心目中，只有神才是至高無上的，而那些獻身於神的人，也往往被他們看作是正確與錯誤的最偉大的評判者。當人們心存疑惑時，自然會想到他們，並向他們請教。如果請教人的行為，得不到他的勸告和贊同，那他必然無法走出重要而困難的那一步。

因此，牧師若要使祂受到上流社會的歡迎，也並非難事，只要把祂確立為一般準則即可，換言之，就是據此信任他們。即使沒有確立此類準則，他們一般也會得到信任。

為了取得牧師的資格，基督教徒和神職人員就有了必不可少的，且是很重要的學業。於是，他們也開始被引導去收集有關所謂良心、美好和困難境況的例證，而他們卻很難在這些例證中斷定，哪些地方可能存在行為的合宜性。

由此，他們認識到，這類著作必定對良心的指導者們和被指導的那些人有用，在他的精心努力之下，有關雄辯學的書籍就開始出現了。

因為雄辯學家思考的道德責任，基本上都能夠限制在一般準則之內，而且違反它們自然會有某種程度的悔恨和對懲罰的某種恐懼相隨。所以，緩和這種內心的恐懼，便成為了雄辯家撰寫這類書籍的真正意圖。

正如，我在前面所說的那樣，如果僅僅是因為缺乏仁慈，是不會造成犯罪的，因此也不會受到懲罰。那麼，我們可以這樣說，並不是缺少每種美德都會受到懲罰和極其嚴重的良心責備。所以，也就沒有人會因為自己沒有實行極為慷慨、友善或寬宏大量的、處於他的情況有可能實行的行動，而遭受心靈的譴責，並去請求牧師的赦免。

在這種情況下，被違反的準則就顯得很不明確。並且，遵守它還可能會使我們得到一定的榮譽和報答；而違反它呢？似乎也不會受到實際的責備、非難和懲罰。

於是，雄辯家們就把這類美德的實踐看作是一種多餘的工作，在他們看來，既然不能非常嚴格地強求，也就沒有探討的必要。為了使道德的實踐工作更明朗化和簡單化，他們只把三種不同類型的對道德責任的違反行為，交給牧師制裁。

第一種，對正義準則的違反。在這三種類型中它占首要位置。因為，這裡的各種準則是全然明確和確定的，對它的違反可給社會或他人造成極大的損害，那麼，就應該受到，也必須受到神和人的懲罰，同時人們也會恐懼受到這種懲罰。

第二種，對雄辯學準則的違反。對於這條準則的違反，又分為兩種情形：一種是在一切很明顯的例證中；另一種則是在較小的事例中。前者都存在著對正義準則的實際違反，如果人們不對別人作出最不可原諒的傷害，就不可能犯下這種罪行；而後者呢？如果它只是類似於在男女交往時，違反了那些應該遵守的嚴格禮節那樣，的確不足以像對正義準則的違反那樣來看待。但無論如何，他們畢竟是違反了某種相當明確的準則。

第三種，對誠實準則的違反。在許多情況下，違反事實並不等於違反正義，因而也不會遭受任何外來的懲罰；即使是用非常卑劣的行為，犯下了普遍存在的罪行，也並不見得對任何人造成傷害。既然如此，那麼受騙的人或其他人都不應提出報復或賠償的要求。但在某些特殊情況下，違反事實總是對某一明確準則的違反，自然地傾向於以使其羞愧來包庇犯有這種錯誤的那個人的東西。

由於小孩子的內心缺乏防備，總是輕信於人，為了保護他們不受侵害，造物主似乎認為應該絕對相信關心他們的童年，以及那些受託關心他們，或是在他們幼小的時候給予他們不可或缺的教育的人，也應受到這種關心。

然而，與之相矛盾的是，造物主也十分相信，除非讓他們長期體驗人類的許多虛妄的東西，否則，要使他們在某種合理的程度上產生疑惑和猜疑，將是一件極其困難的事。

由於每個人擁有的智慧和閱歷各不相同，他們所輕信的程度也有所不同。一般來說，最聰明和最富有閱歷的人最不容易輕信於人。但是，那種絕不輕信於人的人，即無論在何種情況下都不相信流言蜚語的人，在我看來，幾乎是不存在的。因為，人的天性總是傾向於相信。

如果僅僅是把獲得智慧和經驗當作是學會懷疑的目的，那只能加大學會懷疑的困難。我們也常常聽到這樣的傳聞：那些最聰明與最謹慎的人，有時也會相信那些不值得相信的人或事，但後來都因為自己竟一直認為可信而感到羞恥和驚訝。

一個人之所以會成為我們的精神領袖，只是由於我們在某些事情上對他信任。當然，我們也會對他表示尊重。對於一個心裡有所追求的人來說，自然也希望自己成為這樣的領導者並得到別人的這種尊重。

當然，我們不可能單純地滿足於受人欽佩，除非我們同時相信自己是真正值得欽佩的。同樣的道理，除非我們意識到自己是真正值得信任的，否則，我們也不能單純地滿足於被人信任。正如受人讚揚的願望和值得讚揚的願望，

雖然極其相似，但仍然是有區別的。同樣，受人信任的願望和值得信任的願望，也同樣相似而有所區別。

人與一般動物最本質的區別在於語言能力，正是這種人類特有的能力，才讓我們這種受人信任與領導或指導別人的願望——所有天生願望中最強烈的願望得以產生。正是因為一般動物不具有這種能力，才使得我們不能在牠們中的任何一個動物那裡，發現領導和指導其同類的判斷與行動的願望。

毋庸置疑，領導和指導的巨大野心，即取得真正優勢的願望，是人類所特有的。而語言的特殊功能，卻使它成為了人類實現這一特有願望的重要手段。一個人如果不為別人所信任，必定會感到屈辱，尤其是在為了贏得他人的信任，而不惜運用嚴重的故意欺騙手段時，更是如此。如果此時有人當眾揭穿了他的謊言，那麼，可以想像這是一個多麼嚴重的侮辱。

不過，在他決定運用那種騙人手段時，就應該認識到謊言總會有被揭穿的一天，自己必然不會得到人們的信任或是長久的信任，也必然會受到這種侮辱。那種因信任而得的權利也會隨之喪失——這種權利使他能夠在與他地位相等的人交際時獲得各種安逸、安慰或滿足。而那個在不適宜的情況之下，無意揭穿他人特殊謊言的人，因他犯了不可饒恕的當眾侮辱的罪過，必定會害怕自己處於被人類社會遺棄的境況，我想，他會因此絕望而死。

在我看來，沒有哪個人會接受使自己丟臉的看法，即便是那些令人起看起來十分正當的理由。基於這一點，我也會相信，那個不惜一切代價而說謊的人，也同那些謹慎的人一樣，為了這個嚴重又故意的謊言，不知說了多少次真話。

首先，即使是在那些最不尊重事實的人中，說真話的天然傾向將克服那種欺騙的傾向或在某一方面改變或隱瞞事實的傾向。再者，我們經常會因為欺騙感到恥辱，這裡面不僅是指受到別人的欺騙，也包括欺騙別人時，而且，我們甚至還會因為自己曾經欺騙別人而感到恥辱。

在此，我們可以把它看作一種不自覺的錯誤，這種錯誤總是在某種程度上表示缺乏判斷力、缺乏記憶力、合宜的輕信與某種程度的魯莽和急躁，但它絕不經常表示不誠實，也不絕不表示缺乏對真理的絕對熱愛。

儘管如此，它也總是能給我們的忠誠與信譽方面帶來損害，比如：它會減少我們勸說開導別人的威信；會使我們領導和指導別人的資格受到某種程度的懷疑等。

當然，如果他對別人總是完全的存心欺騙，那麼，他在任何情況下都不可能得到人們的信任；如果僅僅是因為犯錯而誤導他人，人們可能會在某種程度上減少對他的信任，但是在其他許多情況下還是會受到人們信任的。

總而言之，任何的欺騙行為，都可能影響別人對我們的信任，甚至會喪失別人對我們的信任。

要想贏得別人的信任，只有做到真誠和坦率，對於信任我們的人，我們也會對他表示尊重，並加以信任。如果一個領導人不讓我們看到他想帶領我們所走的道路，或是未來的計畫，那我們也必定不願意聽從他的領導。因此，保留和隱瞞必然會引起不和。

在做到真誠和坦率的過程中，我們必須使用語言去交談，進行必須的社交活動。而社交最大的樂趣來自情感和看法的某種一致與內心的某種和諧。就如一場成功的演奏那樣，所有的樂器都相互保持著合拍與和諧。

值得進一步強調的是，要想讓社交取得令人愉快與和諧的效果，就必須保證情感與看法的自由交流。因此，我們都想知道彼此之間是如何受影響的，都想透過對方的內心，看到那裡真正存在的情感。

我們可以根據真誠和坦率的程度，來進行區分：能發揮一種比任何別的東西更使人愉快的殷切之情的人，都是那種使我們沉溺於這種天生激情中，並向我們敞開心扉的人；而那些一般性情良好的人，只要有勇氣，且是出於真誠地表達自己的真實情感，哪怕是像孩子一樣天真無邪的舉動，也會為我們所接受，並讓我們感到高興。

在通常情況下，我們都不會因為坦率的看法顯得淺薄和不完善，從而對他們表示嘲諷；相反，我們不僅會表示理解，在某些時候，甚至還會盡可能降低自己的理解能力，以致與他們的智力水平保持一致。同時，站在他們的角度，以類似他們考察問題的眼光來看待此類問題。

毋庸置疑，這是一種十分強烈的想看出別人內心真實情感的激情。然而，這種激情我們在很多時候都必須加以謹慎的控制，否則，一旦縱容，極易演變成不正當的、令人討厭的打探他人隱私的好奇心。最好的做法，就是把它降低到任何公正的旁觀者都能贊同的程度。

但是，問題的關鍵在於，如果我們的好奇心不去針對有正當理由隱瞞的事情，是不可能得到滿足的，也是令人不快的。

有的人總是將自己隱藏得很深，他會迴避我們所提的最簡單的問題，或是對我們毫無惡意的詢問表示不滿，他的心門總是緊緊地關閉著，甚至還在心中築起了高而厚的牆，以防他人有意或無意的闖入。即使我們滿懷著急切而沒有惡意的好奇心想叩開他的心扉，也會感到自己被他極其粗暴無禮地推了回來。

他們的確令人望而生畏，但是，卻並不會因此受到人們的鄙視。對於他的冷漠，在很多情況下，人們也都會以冷漠的態度報之。如此一來，由於人們與他缺乏情感的交流，人們對他無甚了解，便不可能對他產生讚揚與熱愛的情緒，憎恨與譴責也無從談起。

因此，對於自己的謹慎，他們幾乎找不到悔恨的理由，而且，他們往往會對自己所作的保留，並對其採取謹慎的態度而沾沾自喜。

所以，他們不會因為自己存在或做過某些不正確，甚至是有害的行為，而跑去雄辯家們的面前進行陳述和懺悔，並請求他們宣判無罪或得到他們的贊同。相反，那些由於消息的錯誤和自己一時的魯莽而偶然欺騙了他人的人，為了求得他人的的諒解和消除自己內心的不安，則會立即主動地向別人道明原委、承認錯誤，必要時，還會想盡一切辦法為自己贖罪；會在雄辯家面前

喋喋不休地敘述事情的來龍去脈，乞求他們的贊同，緩解自己內心的歉疚。當然，雄辯家也會對此表示不同程度的譴責。

我們或許都有過這樣的經驗，當自己站在牧師或雄辯家們的面前時，他們總是以一副苦口婆心的姿態，喋喋不休地勸導我們要對正義準則予以真誠的尊重，但其效果卻令人遺憾。

因為，那些實際上只能用情感來判斷的行為，是不可以用所謂的明確準則來進行指導的。可以說情感是一種最難以把握的東西，在某種情形之下，顯得合宜得體的情感，在另一種情形之下又是極為不合宜的。可以說，雄辯家在這方面所做的努力，也都只是徒勞而已。

只有軟弱的人才會把雄辯家們那些所謂的準則作為自己選擇的依據；而果斷的人的行為，則總是與雄辯家的敘述風格背道而馳。在他們看來，雄辯家們的著作並不會使人們變得更加慷慨、高尚、善良和仁慈，相反地，只能從中學會自欺欺人。

因為，著作中那些冗長繁瑣的敘述，只不過是為推脫責任而尋找的種種理由，它們沒有任何實際意義，反而會常常引導人們犯下不可原諒的錯誤，根本不可能激起人們高尚的情感。而且他們的敘述風格缺乏生動、枯燥無味，推斷論說也令人感到費解。可以說，他們的書籍沒有任何價值和實際意義，只會讓人誤入歧途，使人煩躁不安。

我的這種說法，完全是客觀和公正的，並未摻雜任何情感的色彩。我們可以參照古代道德家的書籍，他們在描述什麼是正義、節制和誠實時，並沒有如雄辯學家們那樣採用微妙精確的論說，而是常常採用某種一般的方法。

因此，雄辯學完全沒有資格進入道德哲學的範疇；而倫理學和法學具有客觀性與實用性，且是通俗易懂的，所以，唯有它們可以真正算作道德哲學。

不可否認的是，在哲學家們所考察的範圍裡，也有與雄辯學說裡相同或類似的東西。比如西塞羅，就在其著作《論責任》第三冊中，列舉了許多精

巧的例證試圖為我們的行動提出某些準則，但是他卻無法從這些例證中找到某種真正合宜的行為準則。

的確，西塞羅在這部著作中，和其他一些哲學家一樣，沒有為我們提供一種極其完備的體系。因為，這根本就是任何人都不可能做到的。於是，他不得不改變初衷——只向人們說明，在千變萬化的實際情況中，要想透過所謂的行為準則來尋求行為的合宜點為什麼是不可能的。

因此，對於現今這些明文規定的法律體系，我們都可以把它們看作是試圖建立自然法學體系或試圖列舉各條正義準則的一種粗淺的嘗試。因為，我們必須避免或制止非正義的行為給社會造成的混亂，必須保障人民的安居樂業及統治階級的統治地位，地方行政官員也只得運用國家的權力來強制人們對正義原則的遵守。

我們可以看到，那些文明有序的國家，通常設有專門調節和裁定人們爭端的法官；並為這些法官規定了一些判決的準則，法官都必須公平公正地對案件進行裁決，努力使這些準則與天然的正義原則相一致。

天然的正義準則，在不同的國家裡或是不同的國情之下，它所體現出來的精確度，也往往各不相同。有時甚至會稍稍偏離這個準則。由此，把那些明文規定的法律體系當作天然的正義準則的精確體系，也是錯誤的。

我敢說，沒有任何一國的法律體系，可以作為天然的正義準則。也許有人會想到，法學家們在比較了各國法律的優劣之後，即使他們探索不出一套同實際法律無關的天然正義準則，而這些論證也足以促使他們建立一個比較完備的自然法學體系，來作為指導所有國家法律基礎的一般準則。

而法學家們也正是這樣做的，只不過是經歷了很漫長的時間，才考慮到建立一套有關天然正義準則的一般體系。這個體系只是單獨討論法律哲學，而不涉及任何國家的具體法律制度。

哲學家們也曾討論過正義。例如：西塞羅在他的《論責任》中與亞里斯多德在他的《倫理學》中，都像討論其他美德那樣討論正義。只不過沒有如

我們所願，因為，他們沒有詳細論述應由每一個國家的法律推行的那些天然平等準則。可以說，哲學家的法學不是正義的法學，而是警察的法學。

在人類的苦苦期盼中，終於有人做出了這一偉大的事業，他就是格勞秀斯，他成為了第一個試圖向世人提供這類體系的人，這個體系完全可以從他的關於戰爭與和平法則的論文表現出來，它貫串所有國家的法律，並成為所有國家法律的基礎。雖然論文的描寫並非十全十美，但我可以說，這是現今描述這一論題的最全面的著作。

對於法學史，我不想在此多作說明。因為，關於正義的問題，我準備在以後與公共政策、國家收入和軍備國防以及其他成為法律對象的各種問題加以闡述。並會努力闡明法律和政府的一般原理，以及它們在不同的年代和不同的社會時期經歷過的各種劇烈變革。

道德評論

正義是唯一準確的道德準則，其他一切美德準則都是不明確和模糊的，無法為人們的行動提供具體的指導。由於不同道德準則的精確程度大不相同，所以作者們常常按照不同的方式行事。用一般的方式描繪美德並不難，但是，如果不具備這種美德，卻刻意描繪出這種美德的內在情感或情緒的話，就幾乎是不可能的了。

希望被人相信，希望說服、領導和指揮他人，似乎是我們天生最強烈的一種慾望。真誠和坦率容易獲得別人的信任，我們也更傾向於相信信任我們的人。只有倫理學和法學可以真正算作道德哲學，雄辯學應該完全被排除在道德哲學之外。

論不同的作者據以論述道德實踐準則的方式

國家圖書館出版品預行編目（CIP）資料

經濟學祖師爺向自尊開了槍，道德情操論的心靈雞湯
/ 林真如，劉燁 編著 . -- 第一版 . -- 臺北市：崧燁文化，2020.04
　　面；　公分
POD 版

ISBN 978-986-516-333-4(平裝)

1. 倫理學

190.1　　　　　　　　　　　　　　　　108022341

書　　名：經濟學祖師爺向自尊開了槍，道德情操論的心靈雞湯
作　　者：林真如，劉燁 編著
發 行 人：黃振庭
出 版 者：崧燁文化事業有限公司
發 行 者：崧燁文化事業有限公司
E - m a i l：sonbookservice@gmail.com
粉 絲 頁：　　　　　　網 址：
地　　址：台北市中正區重慶南路一段六十一號八樓 815 室
8F.-815, No.61, Sec. 1, Chongqing S. Rd., Zhongzheng

Dist., Taipei City 100, Taiwan (R.O.C.)

電　　話：(02)2370-3310 傳　真：(02) 2388-1990
總 經 銷：紅螞蟻圖書有限公司
地　　址: 台北市內湖區舊宗路二段 121 巷 19 號
電　　話:02-2795-3656 傳真 :02-2795-4100　　網址：
印　　刷：京峯彩色印刷有限公司（京峰數位）
　　本書版權為千華駐讀書堂出版社所有授權崧博出版事業有限公司獨家發行電子
　　書及繁體書繁體字版。若有其他相關權利及授權需求請與本公司聯繫。

定　　價：399 元
發行日期：2020 年 04 月第一版
◎ 本書以 POD 印製發行